U0114319

博客思出版社

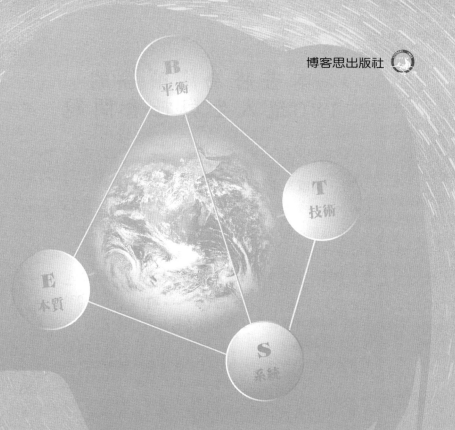

B
平衡

T
技術

E
本質

S
系統

鍾廣喜 著

現代哲學 2

BEST理論
——通往幸福之路

本書將為您解答的
180道人生與社會問題

二、思維，判斷，辯論

三、教育，學習，工作

四、社會與人，戰爭與和平，政治與迷信

五、哲學的真相

前言—幸福的哲學

建立在牢固的理論基礎以及紮實的實驗結果基礎之上的自然科學通過其普遍性真理及通用的計算公式不僅使其自身不斷得到發展完善尤其是給人類帶來了莫大的幸福。

但是，在傳統的哲學界，儘管存在著眾多的「哲學家」及數不清的**「哲學思想」**，但它們大都總是不僅**彼此矛盾，相互對立**，而且本身就**自相矛盾，自我否定**。照此下去，今後也永遠不可能取得統一，達到共識。於是，人們就會根據自己的需要選取各自不同的「哲學思想」，並對其予以各自不同的解釋，從而導致這個世界因思想不同而引發的各種浪費、失誤、徒勞、誤解、不公、矛盾、欺騙、敵視、爭論乃至衝突、戰爭永不停息，真正意義上的**「世界和平、人類幸福」**只會離我們越來越遠。

究其根本原因，就在於這些哲學並非建立在嚴密的邏輯推理和紮實的實踐檢驗基礎上的**「學術」**，而只不過是隨機而想，有感而發的**「說教」**而已。尤其是，由於這些說教幾乎都只是「只見樹木不見森林」那樣的**局部性、片面性、條件性、個別性**的看法，因此不可能到達「真」的領域與「全」的境界。

為此，筆者經過多年的苦心探索與研究，終於發現了主宰這個世界萬物發展變化的**「本質、平衡、系統、技術」**這四大根本要素。並據此建立起了「BEST理論」（四維哲學）這一整套**「系統完整，科學實用，普遍統一，獨一無二」**的哲學新理論。

*親愛的讀者，請先暫時擱置對哲學「神秘莫測，玄妙飄渺，枯燥難懂，華而不實」之類的印象。讀完這本書我相信您將看到的是一個全新真實的「您」和您所在的這個「世界」，認識到的是真真切切實實在在的**哲學真相**，領悟到的是方方面面大大小小的**人生真諦**，掌握到的是隨時可取隨處可用的**生活法寶**，邁向的是一條真正屬於您自己的**幸福之路**！*

導 讀

本書由「**理論篇**」與「**應用篇**」兩大部分組成。

在理論篇中，從分析日常生活中最常見的自然現象入手，自然而合理地引導出這個世界萬事萬物唯一共通的「本質」規律為「平衡」，並進一步尋找到平衡所依存的兩個條件為「系統」與「技術」，從而概括出這個世界萬事萬物皆由「**本質（E）**」「**平衡（B）**」「**系統（S）**」「**技術（T）**」這四維要素所決定的這樣一個哲學結論——「BEST理論」。

在應用篇中，應用「BEST理論」，首先對「**人性**」「**幸福**」「**情感**」這三個在人們實際生活中最為常見且極其重要的問題進行了分析討論，然後就人們日常思維中存在著的具有代表性的**十大「思維誤區」**進行了剖析，並從中引申開發總結出了實用有效的**八種「分析法」**及**九種「邏輯論證法」**。

該理論及本書所體現的突出特點主要有以下幾點：

1，科學性：任何觀點與結論都嚴格遵循**根據→推導→結論→驗證**的自然科學式的論證方式，且盡可能將其**模型化、公式化、定性化與定量化**。從而不僅使該哲學理論的形成顯得極其自然合理，而且使得由該理論所推導出的一些重要哲學思想（因果論、世界有序可知論、真理真相唯一論、人本為『我』論、宇宙自生有限論、完全系統論等）都具有足夠的**科學性、邏輯性、合理性與可信性**。

2、系統性：該理論已形成一套完整的體系，具有嚴密的層次結構，**主線明確，前後連貫，彼此呼應，整體統一**。

3、統一性：首先，由於該理論相當於一個可以適用於萬事萬物的通用公式，因此，它不是與以往的諸多「傳統哲

學思想」矛盾衝突，而是使所有的傳統哲學思想在這裡得到統一（成為本哲學「體」系中的一個「點」或「線」）。其次，**不同的人也將在這裡找到所有問題的統一答案**，從而在諸多哲學難題與社會問題上，為從根本上扭轉「公說公有理，婆說婆有理」「眾說紛紜，永無定論」的傳統局面創造條件。

4、**普遍性**：建立該理論的唯一宗旨便是「**求真**」。因此它作為適用於整個世界的「**自然哲理、客觀真理、普遍規律、統一法則**」而不為**民族國家，時代變遷，政治目的，功利思想**所改變。

5、**實用性**：為方便讀者在各自的實際生活工作中靈活運用，本書還根據BEST理論開發出了最具有代表性的「本質求解法、系統思維法、5W1DEF分析法、加權分析法、情感素分析法、EICL記憶法、幸福度計算法、效率計算法」等具體的「**思維工具**」。

6、**大眾性**：因為本理論純屬自建獨創，它並非來自於主觀性的假設猜想，或歷史上的經典傳說，以及「先哲」們的思想觀點，而是來源於司空見慣的自然現象，誕生於屢見不鮮的日常生活。因此，即使它昇華為一種哲學理論，也絕不會讓讀者感到高深難懂，神秘莫測。**它的每一個論題和觀點都無不與我們所有人的所有生活密切相關，都無不在解答著人們時時刻刻會面臨著的各種實際生活難題**（情感、人際關係、工作、生活、學習、教育、管理、家庭等）。此外，作為論證與闡述方式，本書也儘量做到**圖文並茂、形象直觀、力求達到讓讀者淺顯易懂、立竿見影**的閱讀效果。

目次·····
CONTENT

第一篇

理 論 篇

第一章　導論

第一節　所謂事物的本質究竟是什麼？

1、有關高速公路與普通公路的本質區別的種種回答

對於人們再熟悉不過的高速公路，如果問：「高速公路與普通公路的本質區別是什麼？」，大家會如何回答呢？請看下面的種種答案：

①「高速公路上沒有紅綠燈」；

②「高速公路上不堵車」；

③「高速公路上的汽車限速高」；

④「汽車在高速公路上跑得快」；

⑤「高速公路兩邊有防護欄」；

⑥「高速公路上的高架橋比較多」；

⑦「高速公路造價高」；

⑧「高速公路要收費」；

⑨「高速公路上沒有人行道」；

⑩「高速公路漂亮」；

……

乍聽上去這些回答似乎都有道理，但實際上，我們仔細想一想就很容易弄清楚以下事實。

首先，普通公路交叉口既不一定有紅綠燈也不一定就堵車;高速公路上也不一定就絕對不會有信號燈（比如有的國家為了安全起見，會在高速公路隧道口設置信號燈，以應對隧道內可能出現的危險情況）；有的國家的城市高速公路的時速限制就不一定比

普通公路要高（比如在日本，限速為60公里/小時的道路中，就既可能是高速公路，也有可能是普通公路）；這種情況下當然也就不能說汽車在高速公路上比在普通公路上就一定跑得快；城市間的高速公路上大多即沒有設置防護欄，也很少採用高架橋結構形式（除非渡江過河），其造價也就不一定高;雖然高速公路大多要收費，但也有的不收費（比如在美國或者在該高速公路已收回成本的情況下）；普通公路也不一定就有人行道，而高速公路上的公共汽車站附近卻往往設置有人行道；用了幾十年的高速公路就不見得比新建的普通公路漂亮……等等。

這就說明這些回答都還沒有找到高速公路與普通公路的本質（Ｅ－Essence）區別之所在，它表示的只是由本質區別而導致的諸多現象的不同而已。

反過來說，凡是沒有紅綠燈的，不堵車的，汽車跑得快的，沒有人行道的；或者有防護欄的，造價高的，要收費的，漂亮的是否就一定是高速公路呢？顯然不是。用**「反證論證法」**（見附錄Ｉ）也同樣可以證明這一點。

2、高速公路與普通公路的本質區別究竟在哪裡

實際上，**高速公路與普通公路的本質區別就在於有沒有與其它道路的「平面交叉」**。這也正是建造高速公路時必須遵守不可違背的唯一的一個最基本的原則（見圖1.1）。

因為沒有與其它道路的平面交叉才不需要設置信號燈；因為沒有信號燈堵車現象才會減少，汽車也才不需要停止或減速而可以跑得更快;因為沒有平面交叉而減少了在交叉路口發生交通事故的危險性，才可以使汽車限速提高；而兩邊的防護欄則是為了減輕因汽車跑得快而給城市居民造成的嘈音影響（穿過鄉間的高速公路就不一定有防護欄）；同時，為了避開與其他道路的平面

（圖1.1 高速公路與普通公路的本質區別）

交叉才不得已更多地採用了立體交叉即高架橋那樣的結構形式；這種情況下其造價自然就比一般道路要高，所以大多要收費；此外，由於沒有平面交叉就使得高速公路相當於是一個封閉性道路，自然也就失去了設置人行道的意義；至於漂亮就更與高速公路的本質相去甚遠了。

從上面的分析可以看出，上述答案中無論是「沒有信號燈」「堵車現象少」「汽車跑得快」「兩邊有防護欄」也好，還是「高架橋比較多」「造價高」「要收費」「沒有人行道」「外觀漂亮」也好，它們都體現不了高速公路的本質所在，都只不過是由某一內在的**「本質」**引發出的多個外在的**「表象」**而已。

3、「**透過現象看本質**」至關重要但卻往往被人們所忽視

在這裡需要強調的是，我們沒有必要讓每個人把每件事物的本質都弄得一清二楚，高速公路與普通公路的本質區別這個問題對我們大多數人的生活並不造成絲毫影響，弄不弄清楚也許無關緊要。本書在這裡就這個問題進行如此詳細的分析討論，其本意

當然不在於僅僅是為了搞清楚這個問題本身，而只是想通過這樣一個看似最常見，感覺最熟悉但實際上未必為人們所真正懂得的事例，來說明一個為大多數人所忽略的普遍事實，那就是儘管大家都知道「透過現象看本質」這句話，但一碰到在日常生活或者工作學習中實際發生的一個具體問題，哪怕是看似非常簡單的問題時，卻往往感覺到模棱兩可，似是而非。其首要原因就在於缺乏對認識事物本質重要性的認識和未能掌握具體的認識方法。

4、弄清事物的本質是分析和解決一切問題的先決條件

無論任何事情，不管大小輕重，如果不首先弄清楚其本質，就像醫生不首先找到病根的話，則不可能做到對症下藥，藥到病除也就根本無從談起，充其量只能做到頭痛醫痛腳痛醫腳而已。就使得我們抓不住學習上的要點及工作上的重點，找不到矛盾的要害與問題的關鍵，**「學習效率低，工作成效差，遇事無主見，努力無結果」**的現象在我們的身上便會不斷發生。另一方面，也會造成人際間、群體間、國際間、種族間的種種不必要的誤會、矛盾、爭執、衝突甚至戰爭，嚴重阻礙個人的進步，科技的發展，人際關係的和諧與社會關係的穩定。

因此，真正做到「透過現象看本質」是我們發現問題，思考問題，分析問題，解決問題的最基本的第一步。從而**「本質」**也就自然而然地成為BEST理論（四維哲學）中的首要組成部分。

疑問──世界的本質究竟是什麼呢？

既然「本質」如此重要，那麼是否存在著一個貫穿於我們這個大千世界浩瀚宇宙始終的，支配著我們自然生物人類社會整體的共通的本質呢？如果存在，那又是什麼呢？

第二節　所謂「好壞」「對錯」的本質究竟是什麼？

　　人們每天都在不可避免地需要對於種種事物作出「好壞」或者「對錯」這樣的評價，而人們各自的評價結果往往又會不一樣。而正因為這樣的不一樣，才會不斷地引發大量的矛盾、爭執、乃至發展成衝突、戰爭。因此，如果要解決這樣的問題，我們就有必要首先從分析評價的本質入手，也就是說，從分析所謂「好」與「壞」及「對」與「錯」的本質究竟是什麼這個問題著手。

1、人們通常如何評價「好」與「壞」

　　讓我們首先看看一些人們通常評價為「好」與「壞」的例子。（見表1.1及圖1.2）

2、　所謂「好」與「壞」的本質究竟是什麼？

　　縱觀表1.1所列舉的日常生活中比較常見的對各種事物的評價。雖然看上去表現詞語繁多，各不相同，但有沒有它們的本質規律或共同特點呢？也就是說評價好與壞的最根本的標準究竟是什麼，能不能找到這個概念並用同一詞語來表達呢？

　　其實我們可以發現左－中－右三列所表達的意思並不是截然分斷隔開的，它們實質上只不過是某個特點在**程度**上的差別而已。即某個因素自左至右呈現由弱漸強的趨勢。如果我們把某個程度評定為「好」的話，那麼以此為基準點，無論偏弱或偏強都會被劃分到「壞」的行列中去，這就是它們共通的本質特點。

　　比如，把身材勻稱作為評價體形好壞的基準點的話，那麼無論偏胖或者偏瘦都不好；吃飯既不能挨餓但也不能暴飲暴食；營養不良會生病，營養過剩照樣也會引發各種肥胖病；穿衣服即要

表1.1 事物好壞評價表

事物		評 價		
		壞	好	壞
身材		太瘦	勻稱	太胖
氣溫		太冷	不冷不熱	太熱
穿衣服		太少	不多不少	太多
吃飯		不飽餓肚子	適量	過飽撐肚子
營養		不良要得病	適當	過剩也得病
清潔衛生		不講衛生	講究衛生	潔癖症
口才		笨嘴笨舌	能說會道	強詞奪理
說話速度		太慢	不緊不慢	太快
自我評價		過低	客觀實際	過高
自我意識		自卑	自信	自負
待人態度		卑躬屈膝	不卑不亢	傲慢自大
自我表現		膽小害羞	落落大方	愛出風頭
肚量		鼠肚雞腸	豁達大度	麻木不仁
膽量		膽小怕事	有膽有識	膽大包天
性格		柔弱可欺	剛柔相濟	橫蠻霸道
他人意見		一概聽取	選擇吸收	一概排斥
理想與現實		太重現實	立足現實追求理想	好高騖遠
未來與現在		得過且過	居安思危	杞人憂天
學習與應用		不學無術	活學活用	書呆子
工作與休息		好逸惡勞	勞逸結合	過勞死
維護權益		被侵權	維權	侵權
金錢觀		吝嗇	適度	打腫臉充胖子
子女教育		過嚴	適度	放任自流
國外文化		一概排斥	取其精華去其糟粕	全面引進
性生活		性冷淡	適度	荒淫無度
籃球投藍	高低	太低	不高不低	太高
	左右	偏左	不偏不倚	偏右
打網球	範圍	落網	既過網又不出界	出界
	力度	太輕遭回擊	既不出錯又有威力	太重易失誤

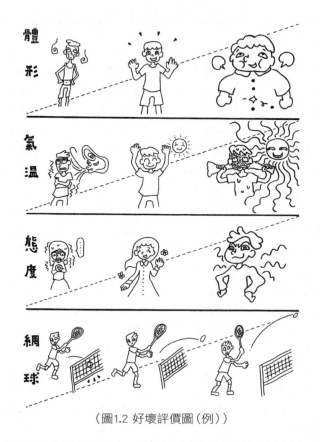

（圖1.2 好壞評價圖（例））

風度（不能穿多影響形象），但也要有溫度（不能穿少以免著涼）；天氣既不希望太熱也不希望太冷；既不能不愛清潔也不可愛清潔過頭成為潔癖症；說話既不能太言過其實，也不能水壺裡煮餃子——有貨倒不出；即不能沒有抱負，也不能抱不切實際的空想；對自己既不能自信不夠成自卑，也不能自信過剩成自負；對人態度既不可目中無人也不可卑躬屈膝；性格既不能太軟弱遭欺負，也不能太霸道惹人恨；處事既不能優柔寡斷，又不可草率從事；既不能毫無主見，也不能固執己見；在花錢上要大方但也不能打

腫臉充胖子；要注意節約但也不能節約過頭成為吝嗇鬼……。

由此可見，無論是被稱為好的事物也好，還是被貶為壞的事物也罷，其根本區別，從本質上講也就是「程度」的不同。我們可以簡稱為**「度」**。如果我們把某一個「度」評價為「好」，那麼，以這個「度」為「基準點」，無論是向左偏還是向右偏，或者說無論是偏上還是偏下，都是偏向壞的一方。且偏的程度越大就說明其「壞」的程度也越大。這意味著什麼呢？這就意味著與「好」相對應的這個「基準點」恰好體現的是**「平衡點」**的特性——無論偏左還是偏右，都會失去平衡。因此，我們就可以很自然地把這個狀態稱為**「平衡」**，而把偏離「平衡點」的現象稱做**「失衡」**。需要特別說明的是，為了便於理論上的推理和說明問題的方便，就象數學上雖然承認不存在絕對的「點」和絕對的「線」但照樣使用「點」和「線」這一概念一樣，我們也往往會使用平衡「點」這一概念，但實際上往往代表的是一個線（區間）或者一個面（區域）甚至一個體（空間）。

由上所述，我們就有足夠的理由得出這樣的結論。即如表1.2所示的那樣，我們對於事物「好」與「壞」的評價，歸根結底其本質就是對於事物所處的平衡狀態的評價。評價的基準點其實就是「平衡點」，**所謂「好」與「不好」實際上就是「平衡」與「不平衡」**（失衡），好與壞的程度實際上就是**「失衡度」**。這樣，我們也就可以把好的行為稱之為**「維衡」**行為，把不好的行為稱之為**「損衡」**行為，總而言之，**所謂好與壞的本質（Essence）就可以歸結為兩個字——平衡（Balance）**。

不過，值得說明的是，我們這裡所講的「平衡」理所當然地也包含了「不平衡」這一涵義在內，即實際上指的是「失衡度」。我們往往只用「平衡」這個詞來做代表，只是為了表達的簡便而沿用了慣用的說法。

表1.2 平衡與對錯好壞評價關係表

平衡線	失衡度增大 ↑ ------- ↓ 失衡度增大	失衡度 > 0 失衡度 = 0 失衡度 < 0	錯、壞 對、好 錯、壞	損衡 ↑↓	維衡 ↓

3、 萬事萬物的本質均在於「平衡」

從上面的分析中，我們推導出了平衡是評價所有事物所謂好與壞的唯一的本質因素這個結論。既然所有事物的好壞都取決於其自身的平衡，而好壞又是所有事物各自發展方向的決定因素（比如，高燒則打針退燒，低溫則取暖保溫），那麼，這就意味著所有事物的發展變化原因都取決於且只取決於平衡這一內在的本質因素，都無一不受到平衡這一槓桿的約束。因此我們可以說，**世界上萬事萬物的本質根源均在於「平衡」**。它在自然界社會中**「普遍存在，萬物共有；無時不有，無處不在；大小不同，強弱不等；形式多樣，變化多端」**。它**「決定著所有事物的存在與變化，支配著所有生物的動機與欲望」**。因此它也就自然而然地成為了BEST理論（四維哲學）中的B（Balance）這一重要組成部分。

兩點疑問

雖然我們對於評價「好壞對錯善惡」的本質有了明確的認識。但仍然不免會有以下兩點疑問。

疑問之一：雖然我們在表1.1裡列舉了各種事物的評價標準，但一旦具體到某件事情上時，其評價結果有時往往又會因人而

異。無論是人與人之間產生矛盾時也好，還是國與國之間發生衝突也罷，雙方大都認為是對方做得「過分」或者是對方「侵權」，己方為「善」，對方為「惡」；己方為「正」，對方為「邪」。也就是說大都會認為「損衡」的是對方。即使是與矛盾雙方毫無任何利害關係的人對於同一問題的看法也會千差萬別。這又是為什麼呢？其中又潛藏著怎樣的深層哲理呢？

　　疑問之二：雖然大多數事物都存在一個可以評價為「好」的平衡點，但也有的事物並不一定存在。比如難道不是「錢賺得越多越好」「官當得越大越好」嗎？人難道不是越能「隨心所欲」，即越「自由」越好嗎？對此我們怎樣才能作出合理的讓人信服的解釋呢？

第三節　對於同一事物的評價為何因人而異？

在上節我們闡述了對於事物好與壞的評價本質上就是對於其平衡與否的評價這個道理。那麼，既然我們找到了共同的評價標準，對於同一事物的評價結果照理也就應該一樣。比如前節所列舉的一些例子中，對於諸如生理上的飽暖饑寒，幾何意義上的上下高低等具體性客觀性自然性事物的評價大多相差無幾。但對於其它諸如性格、金錢觀等主觀性、人為性、模糊性評價則會因人而異甚至完全相反。無論是對於歷史人物或者當代名人的褒貶也好，還是對於各種社會現象或者政治經濟形勢的評價也好，小到家庭瑣事大到國際大事，每個人的觀點和看法都不一定會一樣，這是為什麼呢？

對於這個問題也許我們可以很輕鬆的用一句話「人不一樣當然不一樣啦！」來回答。但如果反問一句「為什麼有的時候又一樣呢？」，恐怕就回答不上來了。因此根據本質的「唯一性」特性 （參見第二章第一節〈本質論〉），人的不同不是看法不同的本質原因所在。那麼，產生這種現象的本質原因究竟是什麼呢？

1、評價會因人而異的根源在於各自所設定的平衡線位置的不同

實際上，對於某個事物產生不同評價的根本原因就在於不同的人（即使是同一個人而在不同的情況下）看待該事物時所認定的平衡線位置的不同。

比如，如果兩歲的小孩會背幾首唐詩，大家都會稱讚這小孩「聰明」，但若換成成年人則不值一提；人們會稱讚一個搞出某項發明的普通工人「了不起」，但一個大學教授不會因為搞出幾項科研成果就指望會受到吹捧；在乒乓球錦標賽上，當日本在為

僅僅得到的一枚銀牌而歡呼的時候，中國卻在為僅僅丟失的一枚金牌而遺憾；在世界盃足球賽上，當中國在為能夠出線而興奮的時候，日本卻在為未能進入八強而懊悔；同樣是「雁雀安知鴻浩之志哉」「老驥伏櫪志在千里」這句話，如果是為一般人所言，恐怕只會被罵作「大言不慚」。但因為出自具有雄才大略的諸葛亮和一代梟雄的曹操之口，才使得這樣的名言為人們所津津樂道，傳頌至今。

上述種種現象的根本原因就在於，評價者給小孩與大人，普通工人與大學教授，日本乒乓球隊與中國乒乓球隊，中國足球隊與日本足球隊，普通人與偉人各自所設定的平衡線位置的不同。即後者遠遠高於前者。

再比如，對於女性的身材。雖然大多數人都喜歡苗條，但也有人喜歡豐滿，甚至有的人就喜歡胖妞（唐朝人及現在的茅利塔尼亞，斐濟及一些阿拉伯國家就以胖為美）。這個問題的實質是什麼呢？實質就是胖與廋的最佳位置（即平衡線位置）在每個人眼裡都不一樣。有的偏胖，有的偏廋。

此外，無論是買賣雙方在產品價格上的意見分歧也好，事業夥伴在利益分配上的糾紛也好，還是各種民事或刑事案件中當事人雙方在賠償問題上發生的爭執也好，相鄰兩國在領土上發生的衝突也好，其根本原因也不外乎當事人雙方各自所設定的平衡線位置的不同而已。這才是問題共同的本質。為方便起見，我們把這種站在各自的立場上單方面主觀設定的平衡線稱之為各自的**「主觀平衡線」**，把最能維持該系統平衡狀態的平衡線稱之為**「系統平衡線」**，而把最後的事實結果稱之為**「事實平衡線」**。

對此，我們姑且以朝鮮戰爭（圖1.3）為例來說明。

朝鮮戰爭經歷了北韓軍隊南侵南韓至南端，後國際聯軍又將北韓軍隊壓回至平壤，最後支援北韓的中國人民志願軍又再次南攻至三八線。這三個過程也正是體現了北韓、南韓各自的「主觀

平衡線」以及最後雙方共同接受的「事實平衡線」。只是「系統平衡線」至今仍然無法實現。作為整個朝鮮民族來說，仍然處於嚴重

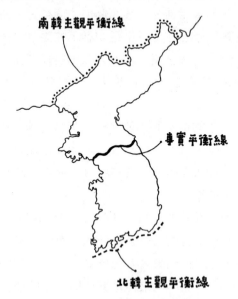

（圖1.3 朝鮮戰爭平衡線示意圖）

「失衡」狀態——整個朝鮮民族都為此在付出著沉重的代價。

　　「主觀平衡線」與「系統平衡線」及「事實平衡線」三者既可能相差很大，也可能彼此接近甚至重疊。如何使這三者接近就成為解決矛盾問題的關鍵。前者取決於我們平衡地「認識問題」的能力，我們稱之為**「平衡視力」**。後者取決於我們平衡地「解決問題」的能力，我們稱之為**「平衡能力」**。

　　因此，本質上講，**所謂對事物的正確認識與判斷就是指對這一「系統平衡線」的正確認識與判斷。我們認識事物的目的也就在於如何使我們的「主觀平衡線」與「系統平衡線」及「事實平衡線」三者盡可能地靠近乃至重疊。**

2、產生「滿意與失望」或「感激與不滿」情緒的本質原因

對人的行為，我們有時會「大喜過望」，也有時會「大失所望」。有時會「感激不盡」，但有時也會「憤憤不平」。這些情緒的表現不一樣，但其本質都一樣。那就是這些現象都源於「自我估量」與「實際回饋」這兩條平衡線之間存在著的落差所致。

比如，我們不妨以父母資助兒子結婚為例（見圖1.4.1）。兒子認為父母應該至少可以拿得出50萬，要是60萬以上就好了。而父母呢？他們根據自己的經濟能力認為資助30萬就差不多了。但

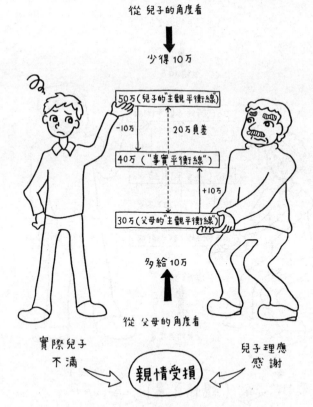

（圖1.4.1　在子女結婚資助費上的平衡線作用效果比較圖一）

想到反正只有這麼一個兒子，自己省吃儉用點也不是過不下去，還是資助了40萬元。本以為這樣兒子會滿意感恩，哪想到卻遭到埋怨指責。矛盾便由此而生（請注意，不要把思維往誰對誰錯的岔路上引，這不是我們現在分析的目的，我們現在只是想弄清楚「為什麼」）。因為在父母眼裡，相當於多給了10萬（＋10），而在兒子心目中呢，卻是少給了10萬（－10），這一多一少就負向性地相差了20萬（（－10－10）＝ -20）！「滿意」變「失望」，「感激」變「不滿」。感情受傷，親情受損。我們不妨把這種低於對方希望值的「主觀平衡線」稱之為**「負差主觀平衡線」**。

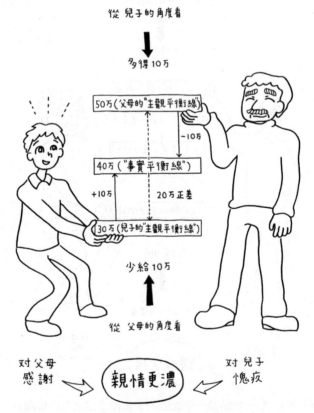

（圖1.4.2　在子女結婚資助費上的平衡線作用效果比較圖二）

反之，如果讓實際給予的金額不變，只是把兩者設定的平衡線調換一下（見圖1.4.2），即，假設兒子設定的平衡線為30萬，而父母設定的平衡線為50萬，其結果又會怎樣呢？可想而知，在父母眼裡，相當於少給了10萬（－10），而在兒子心目中呢，卻是多給了10萬（＋10），這一多一少就正向性地相差了20萬（10－（－10）＝＋20）！父母心存愧疚，而兒子卻會滿懷感激。感情加深，親情愈濃。這樣，我們又可以把這種高於對方希望值的「主觀平衡線」稱之為「**正差主觀平衡線**」。

由此可見「主觀平衡線」的設定才是左右人們看法與評價的根本性原因。

3、交涉、談判、裁判的本質目的就是為了將各自的「主觀平衡線」調整到「系統平衡線」

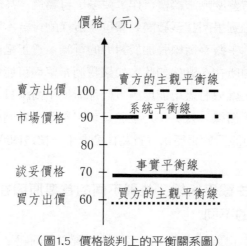

（圖1.5 價格談判上的平衡系關係圖）

如圖1.5所示，假設有某種商品，賣方出價100元，而買方卻只願出60元，市場價格為90元，最後雙方談妥為70元。那麼，這裡的100元、60元、90元、70元從本質上講就分別是賣方的「主

觀平衡線」、買方的「主觀平衡線」及雙方共同的「系統平衡線」與「事實平衡線」。討價還價的過程就是一個將雙方各自預先設定的不同的「主觀平衡線」位置圍繞著「系統平衡線」（這裡的系統具體地說就是市場上這一商品的集合體）調整的過程。所有交涉本質上都是在圍繞著這個「系統平衡線」展開。作為最後結果的「事實平衡線」（也可以說就是由買賣雙方組成的這一小系統的「系統平衡線」）與「系統平衡線」的偏差無非是雙方談判技巧（T）或其他內部因素（比如產品積壓或者資金周轉問題等）作用的結果。左右「事實平衡線」的本質原因仍然還是「系統平衡線」。前者為表象，後者才是本質。

世界上隨時隨地都在不斷發生著的商量、商議、調解、調節、交涉、仲裁、裁判等行為也都是同樣道理。不過一旦這些行為達不到預期的目的，即無法將雙方的平衡線調節到同一位置的話，那麼雙方要麼無法繼續合作，要麼反目為仇，甚至從怨恨到報復，從爭論到爭鬥甚至發展到戰爭。這樣的行為本質上講就是試圖將己方的主觀平衡線強加於對方的行為。這正是所有社會矛盾產生的根源所在。既然如此，如果我們希望盡可能地對此加以避免或減少，就只有盡可能地讓人們都能把平衡線設定成正差、零差（雙方平衡線一致），乃至於負差。為此，我們就有必要首先弄清楚各自設置的平衡線位置為什麼會不一樣這個問題。

4、產生「主觀平衡線」位置不同的首要原因在於各自所站立場的不同

為什麼各自所設定的主觀平衡線位置會不同呢？其首要原因又往往在於每個人所站的立場（或者說看問題的角度）的不同。立場大致可分為己方、他方、雙方、第三方（無利害關係）四種。

個人的評價，意見，看法等大都是站在自己的立場上。而為

解決各種分歧，糾紛，爭執，衝突而實施的交涉，談判則必須是站在雙方的立場上。仲裁及裁判則應當是站在第三方的立場上。這就是造成對同一事物的評價因人而異的第一原因。

那麼，這裡所講的「立場」或「角度」的本質又是什麼呢？

5、所謂「立場」的本質究竟是什麼？

為什麼人與人所站的立場會不一樣呢？所謂的立場不一樣的涵義究竟是什麼呢？也許有人又會說人與人不一樣其立場當然也就會不一樣。但如果反問一句「同樣的人為什麼有的時候所站的立場不一樣，而不同的人有時所站的立場又一樣呢？」，恐怕就回答不上來了．因此根據本質的「唯一性」特性（參見第二章第一節〈本質論〉），人的不同不是立場不同的本質所在。

但我們卻可以從上面的「同樣的人為什麼有的時候所站的立場不一樣」這句話中得到啟示。比如，一個男人在家裡是處於「丈夫與父親」這個立場。這個立場就決定了他在對於家庭負有「養家糊口」的責任的同時，也有享受「家庭服務」的權利。在公司是處在「銷售經理」這個立場。這個立場就決定了他對於公司負有完成銷售任務責任的同時，也享有工資待遇上的權利。作為酒吧裡的「客人」，在負有遵守店規義務的同時，擁有享受服務的權利等等（見圖1.6）。

看來，「丈夫與父親」「銷售經理」「客人」等這些立場是分別相對於「家庭」「公司」「酒吧」而言。也就是說它們都是在某一特定「環境」中的特定的「立場」。相當於同一演員隨著「舞臺」的不同而扮演著各種不同的「角色」。這些「角色」如果分別離開了「家庭」「公司」「酒吧」這些「舞臺」也都將不復存在。那麼，這些所謂的「環境」（或舞臺）的本質又究竟是什麼呢？實際上就是**系統**。而與之相對應的「立場」（或角

（圖1.6 已婚男人在不同場合下的不同角色示意圖）

色）便是在系統中有確定位置的**「要素」**。而要素本身又往往由其它諸多要素所組成。因此，為統一方便起見，我們還可以把它們分別稱之為**「母系統」**與**「子系統」**。

在上述例子中，所謂「丈夫與父親」「銷售經理」「客人」本質上就是「家庭」「公司」「酒吧」這些內容各異大小不等的各個母系統的子系統之一。

不用說人本身也是一個系統（而且是經過上億年的艱苦進化才得以建成的世界上最偉大的生物系統）。

由此可見，我們無法離開系統這個概念來單純的談論平衡問題。因為平衡關係的成立只可能存在於某個特定的系統之中。平衡與否的判斷也只可能就某個特定的系統而言。比如，一家公司的老闆在公司內部（公司這個系統）中可以施號發令。你不能毫無根據的說他的行為是獨斷專行。因為這與他在公司這個系統中的地位是平衡的（地位與行為的平衡）。因此在公司這個系統中

是一種維衡行為。但如果把在公司的做法照搬到家庭或者酒吧這樣的系統中，那麼就只能成為一種損衡行為。人們通常所說的「行為與身份相不相符」的問題本質上說的正是以系統為前提的平衡問題（雖然人們沒有能夠把它提到這樣一個哲學高度）。

由此看來，立場的不同對我們作出好與壞的判斷的影響實在太大了。下面我們不妨就以評價昆蟲的好壞為例來進一步說明這個問題。

6、「益蟲」與「害蟲」的說法從何而來？

人們講到「益蟲」自然覺得可親，提到「害蟲」自然覺得可惡。而且，這種感覺天經地義，太自然不過了。這種認識無可指責，太正確不過了。果真是這樣嗎？

首先讓我們看看對於所謂害蟲與益蟲的定義吧。所謂害蟲就是損害人類生存的蟲類，而益蟲則是有益於人類生存的蟲類。具體地說，害蟲就是與人類爭搶食物的蟲，而益蟲就是吃害蟲的蟲。這個定義已經把評價好與壞的立場暴露無遺。即這是完全站在人類這個角度，也就是說局限於人類這一系統作出的評價結果。從人類的立場來講，不能馬上說這就有錯，因為這作為人類的**「為我」**行為也許無可厚非（參見第二篇第一章第二節）。

但是，如果我們站在蟲子的立場上來看就能明白，對於蟲子本身來講，它們根本不知道自己做的事情是好是壞，它們僅僅就是一個目的——生存。害蟲也並非想「與人民為敵」，益蟲也絕非想「為人民服務」。充其量不過是它們的生活方式給人類造成了兩種絕然不同的結果。因此，如果站在整個生物系統來講，這些蟲的行為作為與人類同樣的「為我」行為，難有「好壞」之分。強行給以好壞評價這種行為如果僅僅站在人類立場上講也許無可厚非，但如果站在整個生物系統來看顯然是偏頗不公的。恰

恰相反，人類每天都在不斷地大量地食用著地球上幾乎所有的肉類、魚類、禽類動物。如果從它們的立場上看，無疑人類才是地球上唯一最殘酷最野蠻而且是最龐大的「害蟲」集團！

總之，在作出好與壞的評價以前，首先必須確認好評價系統。否則，就不會有實際意義，站在不同立場的人之間也就永遠達不到共識——而人們往往容易忽略的恰恰就是這最關鍵的一點。

7、無限制的「隨心所欲」與「絕對自由」就能幸福嗎？

講到這裡，我們便可以回答上節遺留的「疑問之二」了。

如果單單只是就「人越能隨心所欲就越好」這一說法而言，我們是無法對其給予好還是不好的評價的。為什麼呢？這除了上面所講的會因評價者所站的立場的不同而不同以外，還有一個原因就是正如上節中所闡述的那樣，任何事物的「好」與「壞」本質上講就是該事物在某個關係上所體現的「平衡」與否。那麼，這裡的平衡又是體現在哪個關係上呢？這裡就是體現在「願望」與「能力」的關係上。一個本來在各方面都毫無建樹的普通人，如果說發誓一定要當上總統；或者本無多少音樂細胞的人一心想成為歌唱家的話，顯然是癡人說夢。從平衡上講也就是一種典型的損衡行為。反之，如果因過低估計自身的能力水準而失去晉升致富，成名成家的機會的話，也同樣屬於損衡行為。因此，無論前者還是後者都同樣只能得到「壞」的評價。

其次，如果我們把視野跳出具體的某個人這一小框框（小系統），而擴展到整個社會大構架（大系統）來看這個問題，那麼就更容易發現這樣的想法又是不切實際的。為什麼呢？因為對於社會這一大系統而言，它同樣遵循著它自身的平衡原則。比如就財富而言，一個國家的GDP增長不可能是無限的，而且是非常有限的（發達國家甚至還會出現負增長）。這意味著什麼呢？這就

意味著社會總財富是有限的（社會這一大系統的總能量是相對有限和穩定的）——參見第二章第三節中有關系統「能量有限性」特性的闡述）。既然如此，要讓整個社會中的每個人都不斷的發大財升大官顯然也就變得不可能。剩下的則只能寄希望于社會財富的不均勻分配——如何把本應該賺到別人手上的錢盡可能賺到自己手上來。這樣一來，就又回歸到了上面已經說過的個人**「願望」與其「能力」的平衡問題**了——能力大希望才大，能力小則希望就小。也就是說，這種說法本身不具有任何實際意義。

　　儘管如此，也許有人會說，就算這種說法沒有實際意義，但至少作為空想在理論上總歸是成立的吧！？

　　實際上，這種說法就連作為空想都不能成立。其原因依然在於平衡二字。比如，我們假設自己有一天達到了隨心所欲的境地。也就是說在金錢，美女，名聲，權力等欲望上達到了完全自由的狀態。這時我們是否就能讓自己一直感到幸福無比呢？可想而知，開始也許會如此，但時間一長，其幸福感必定會逐漸降低乃至到最後蕩然無存（參見第二篇第二章〈幸福論〉）。為什麼呢？原因就在於完全「失衡」。在哪裡失衡呢？就是在**「自由」與「不自由」兩者之間的嚴重失衡**（見圖1.7）。這種情況等於**「不自由」已經不再存在，從而使得「自由」本身也失去了存在的意義**。這點也能從我們的日常生活中深刻體會到。比如，沒有饑餓口渴就沒有吃飯喝水的快感；沒有炎天暑熱就體會不到涼風習習的涼爽；沒有重力的束縛就感受不到飛翔的愜意；沒有對走路跋涉攀登樓梯的辛苦體驗就不會對坐車坐電梯產生幸福感；沒有壽命的有限性就不會有我們對生命的珍惜；沒有經歷過煩惱憂鬱痛苦就不可能體會到輕鬆愉快幸福等等。不僅如此，人們往往還會故意設置出不自由的環境，目的就是讓人們在從不自由求自由的過程中獲得幸福。最典型的就是體育競賽。其中，諸如球門（足

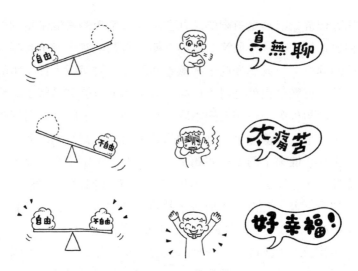

（圖1.7　自由與不自由的平衡關係示意圖）

球）、球網（排球）、球籃（籃球）、欄杆（跨欄）等就是被人為設置的各種障礙，本質上就是故意製造「不自由」以讓人們從突破這些障礙封鎖而得到自由中獲得快感。難怪日本著名思想家福澤諭吉也說「得到自由的結果是感覺到不自由」。

　　可見，**我們所追求的幸福並非在那隨心所欲的只有幸福沒有煩惱痛苦的幻想世界，而就在這個不僅不能隨心所欲而且充滿束縛，煩惱，痛苦的現實世界當中。**只有認識到這一點，我們才能在困難失敗打擊面前做到真正意義上的「**淡定**」「**寬容**」，才能真正讓我們正確認識人生價值，樹立努力進取的人生觀。

　　尤其是，我們在此也就很自然地找到了**所謂的「天堂」「極樂世界」「世外桃源」之類的東西是不可能存在也沒有必要存在**的理論根據。

8、「系統」是「BEST理論」的又一個重要組成部分

　　實際上，我們無論綜觀現代萬象社會，還是回顧人類悠悠

歷史，系統與平衡一樣，在這個世界上**「普遍存在、萬物共有；無時不有、無處不在；大小不同、強弱不等；形式多樣、變化多端」**。而且是「平衡」不可缺少的依存母體。

通過以上討論，我們不僅弄清楚了人對於同一事物的評價不一樣的原因之一在於所站立場的不同這一道理，而且還由此推導出了左右世界萬事萬物的，與平衡相互依存不可分割的又一個重要因素——**系統（S－System）**，它也就無可非議地成為了BEST理論（四維哲學）中的又一重要組成部分。

那麼，人對於同一事物的評價不一樣的第二個原因又是什麼呢？從中又能給我們以怎樣的啟示呢？

9、產生「主觀平衡線」位置不同的第二原因

對於某個事情來講，即使是立場完全相同的人，為什麼對於平衡線的認識也會不一樣甚至完全相反呢？大到在遭受外國入侵情況下國內出現的主戰與主和的派別鬥爭，小到家庭在買房時應該何時何地以何種價格買的問題上夫妻之間的意見分歧。其原因除了上面所講的各自的小立場（小系統）的不同以外，還有一個重要的原因就在於每個人對於平衡線認識能力與水準的不一樣。

無論是不識時務、鼠目寸光、粗枝大葉之類的貶義詞也好，還是審時度勢、深謀遠慮、明察秋毫之類的褒義詞也好，表示的不外乎就是一個人認識問題的能力。本質上就是前面講過的找准「系統平衡線」的能力——**「平衡視力」**。比如對人的能力的評價，對商品的估價，對事物真偽輕重的識別，變化原因的推斷及發展趨勢的預測等等。產品價格定得過高會造成滯銷，過低又會虧損。以卵擊石自然是不自量力，過於謹慎也會錯過良機。

由此可見，所謂**認識問題、分析問題、解決問題的能力的本質就在於認識平衡、分析平衡、解決平衡問題的能力**。而從能力大小無非源于技術水準的高低這一點來看，技術這一因素又自然

而然地成為我們在認識問題、分析問題、解決問題上不可缺少的重要的因素之一。那麼，如果我們把「技術」這一概念擴展到世界上的萬事萬物的話，其重要性又究竟有多大呢？

10、 萬事萬物的進步發展離不開「技術」這一要素

　　毋用多言，人類社會歷史的發展無一不與技術的進步息息相關。比如，在硬體技術方面，從刀耕火種的類人猿時代發展到今天的機械化、電氣化、自動化、高度信息化的現代化時代。在軟體技術方面，從部落制的原始社會開始，經過奴隸社會，封建社會，發展到今天的相對自由的民主主義社會。從只有唱歌跳舞這一單調的娛樂活動的遠古時代，發展到擁有文學、美術、電影、電視、音樂、體育等諸多豐富多彩的文化娛樂活動的今天。這些都源於技術的進步。足見技術的力量之巨大，其作用之重要。

　　不過，值得強調的是，在這裡所講的**技術**，是一個廣義的技術概念。**泛指為實現某個目的而採取的一切手段、方法、技術、技巧、技能、技藝**。它除了包括人們通常所講的專業技術（Technology）以外，還包括技巧技能（Technique）。因此，它包括從政治、宗教、軍事、經濟、文化、藝術、教育、心理、管理等社會科學到數學、物理、化學、天文、地理、生物、醫學等自然科學，從土木建築、農林牧魚，到機械電子、紡織化工、情報通信、電影電視等包含在內的各個行業所需要的各種技術，以及諸如體育、演講、辯論方面的技巧技能等等。總之，「技術」與「平衡」和「系統」一樣，在這個世界上**普遍存在、萬物共有；無時不有、無處不在；高低不同、難易不等；形式多樣、變化多端**。它也就順理成章地成為了BEST理論（四維哲學）中的最後一個重要組成部分。

第四節 「BEST理論」(四維哲學)的誕生

1、本質,平衡,系統,技術(BEST)構成了這個世界的軟體結構

綜觀整個世界萬事萬物的發展變化,我們還可以發現,正是因為本質,平衡,系統,技術這既是最基本又是最重要的四個因素構成了這五彩繽紛氣象萬千的豐富世界。**如果說物質(M－matter),能量(E－energy),空間(S－space),時間(T－time)這四個要素(MEST)構成了這個世界的硬體結構,那麼本質(E－Essence),平衡(B－balance),系統(S－system),技術(T－technical、technology、Science)這四個要素(BEST)就恰好形成了這個世界的軟體結構**(圖1.8)。

因此,我們在分析和解決問題時就必須運用「本質(E)、平衡(B)、系統(S)、技術(T)」這四大法寶。也就等於從**深度、廣度、尺度、力度**這四個方面為分析問題和解決問題提供了最有力且最全面的保障。而這四大法寶又恰恰對應著我們通常所說的**「客觀、正確、全面、有效」**。只不過後者只能給人一個**模糊的、籠統的、抽象的、目標性的、非邏輯性**的印象,而前者才是既是哲學理論上的高度概括,又是實際應用中的有力工具。且也只有這樣才能使其得到廣泛應用,才能真正給我們以**清晰具體的、方法手段性的、系統邏輯性的**有效指導。

從而,我們就可以說,要做到在分析和解決問題上的「客觀、正確、全面、有效」,就要求我們在觀察、分析和解決問題上,具有**透視本質(E)的視力、俯瞰系統(S)的視野、衡量平衡(B)的視線和運用技術(T)的手段**。

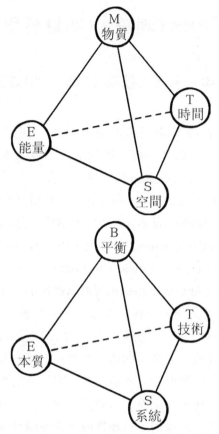

（圖1.8 「MEST」與「BEST」立體圖）

2、概括整個世界萬事萬物存在發展的「BEST理論」（四維哲學）的誕生

至此，雖然我們只是從日常生活中的普普通通的例子出發，卻順理成章地引導出了普遍存在於這個世界且主導著這個世界一切事物的四個決定性因素——本質（E）、平衡（B）、系統（S）、技術（T）。它們又恰好組成了英文單詞BEST（最佳）。因此我們又可稱之為「**BEST理論**」或「**BEST法則**」的同時，還可以稱之

為**「最佳哲學」**。又由於這四個要素概括的是萬事萬物的四個方面，且相互依存，共同作用，相當於由四個座標所組成的四維空間。因此，我們又可稱之為**「四維哲學」**或**「立體哲學」**。還由於它是闡釋萬事萬物，解決所有問題的根本方法，從而我們還可以稱之為**「百事通哲學」**。

此外，又由於這一理論是迄今為止真正具有科學性、系統性、統一性、實用性、大眾性的哲學，因此，我們又把它稱之為**「科學哲學」「統一哲學」「實用哲學」「大眾哲學」**（不過，真正的「哲學」作為一門嚴謹的學問，在其前面是不應當帶有任何名詞或形容詞的。上述這些稱呼只不過是為了與「傳統哲學」區分而已。**當BEST理論足夠成熟且為人們普遍認可的時候，它們就都統一為「哲學」二字了**）。

由這四個要素且只由這四個要素所組成的有機結合體才是主宰世界萬事萬物發展變化，貫穿世界每一事物始終的根本。它們在這個世界**「普遍存在，萬物共有；無時不有，無處不在」**。且**「大小不同，強弱不等；形式多樣，變化多端」**。它們彼此之間又**「緊密相連，相互依存，共同作用，缺一不可」**。

既然如此，**如果我們希望整個世界多一些和平與進步，少一些戰爭與倒退；整個人類社會多一些輕鬆與幸福，少一些辛勞與痛苦，那麼，無論遇到什麼問題，我們就只有從這四個要素著手分析，運用這一BEST理論去解決才是唯一有效的途徑**。為此，我們將在以後的章節中對此作出更為細緻深刻的討論。

本章小結

（1）高速公路與普通公路的本質區別就在於平面交叉的有
　　　無。信號燈及人行道的有無等均只為其表象差異。

（2）「透過現象看本質」至關重要但往往被人們所忽視，其
　　　主要原因之一就在於沒有掌握具體的識別方法。

（3）弄清「本質」是我們發現問題，思考問題，分析問題，
　　　解決問題的最基本也是最關鍵的第一步。

（4）好壞與否的本質其實就是平衡與否。

（5）評價好與壞的基準點就是「平衡點」。所謂好與不好實
　　　際上就是「平衡」與「不平衡」，好與壞的程度實際上
　　　就是「失衡度」。「維衡」行為就是「好」的行為，而
　　　「損衡」行為就是「壞」的行為。

（6）「平衡」普遍存在，無時不有，無處不在。它決定著所
　　　有事物的存在與變化，支配著所有生物的動機與欲望。

（7）人們對於同一事物評價的不同源於各自所設定的「平衡
　　　線」位置的不同。

（8）我們認識事物的目的就是如何使「主觀平衡線」「事實
　　　平衡線」「系統平衡線」這三者靠近或者說使雙方的主
　　　觀平衡線形成「正差」，而不是「負差」。這就取決於
　　　我們的「平衡視力」與「平衡能力」。

（9）交涉、談判、裁判的本質目的就是為了將各自的「主觀
　　　平衡線」調整到「系統平衡線」。而指責、報復、爭
　　　論、爭鬥、衝突、戰爭的本質則是試圖將己方設定的主
　　　觀平衡線強加于對方。

（10）人們各自主觀平衡線位置不同的原因就在於其所站的
　　　　「立場」和對「系統平衡線」認識的「能力」的不同。

（11）所謂「害蟲」與「益蟲」完全只是站在人類角度按人

的需要做出的分類。如果站在整個生物系統上來看，人類才是最殘酷最野蠻且最龐大的「害蟲集團」。

（12）人的幸福正是在從不自由向自由求衡的過程中獲得。我們所追求的幸福並非在那隨心所欲的「幻想世界」，而就在這個不能隨心所欲的「現實世界」當中。理解了這一點，我們就能在困難失敗面前真正做到「淡定」「寬容」。這對我們正確認識人生價值，樹立努力進取的人生觀起到真正意義上的啟示作用。尤其是，在此也就找到了所謂「天堂」「極樂世界」之類的東西是不可能存在也沒必要存在的理論根據。

（13）如果說物質，能量，空間，時間（MEST）構成了這個世界的硬體結構，那麼本質，平衡，系統，技術（BEST）就恰好形成了這個世界的軟體結構。

（14）如果站在哲學的角度來講，所謂「客觀、全面、正確、有效」地分析和解決問題，就是指本質性（E）、平衡性（B）、系統性（S）、技術與技巧性（T）的分析和解決問題。即需要具有透視本質（E）的眼力，俯瞰系統（S）的視野，衡量平衡（B）的視線和運用技術（T）的手段。這也就等於從深度、廣度、尺度、力度這四個方面為分析和解決問題提供了最有力且最全面的保障。

（15）由BEST這四個要素組成的有機結合體主宰著世界萬事萬物的變化發展，支配著世界所有生物的行為動機。它們在這個世界「普遍存在、萬物共有、無時不有、無處不在」，且「大小不同、強弱不等、形式多樣、變化多端」。它們彼此之間又「緊密相連、相互依存、共同作用、缺一不可」。

第二章　　主　論

第一節　本質論（E）

1、本質的哲學定義與其解釋

　　說到**「本質」**（E－Essence）這個詞大家都知道，且大多數人也許都認為自己對本質這個詞已經很懂，不必認真考慮，更不用說特地去查字典找定義加以仔細研究了。但究竟僅僅是處於「知道」的狀態還是已經達到「理解」的水準呢？或者還只是處於「似懂非懂」的中間過程呢？恐怕就因人而異，千差萬別了。

　　那麼，在詞典裡是如何定義本質這個詞的呢？與其它一些意識形態方面的定義一樣，人們往往無法對其作出更具體的直觀的解釋，卻只能給我們一個抽象的，甚至是模糊的概念。「本質」這個詞的定義也不例外。比如在中國社科院語言研究所編輯的《現代漢語詞典》上的定義為「指事物本身所固有的、決定事物性質、面貌和發展的根本屬性」。這個定義中的「根本」這個詞又作何種解釋呢？字典上解釋為「事物的本源」，依此查下去，「本源」就是「事物產生的根源」，而「根源」則是「事物產生的根本原因」……。如此追究下去還是在一些不確定的，抽象的概念中轉來轉去，直到轉回到原來的詞語上。

　　於是，也有不少專家學者試圖做出更具體、更詳細、更直觀的解釋。比如有的學者將其解釋為「規律性和必然性」。還有的學者乾脆斷言本質就是「本來的目的」等等。但我們不難看出，這樣的解釋顯然已經偏離了本質的原始定義。因為作為與「本質」相區別的「現象」也同樣具有「規律性和必然性」。比如，

頭髮長與來月經基本上可以說分別是女人共有的規律性與必然性，但它們都不代表作為女人的本質。至於所謂「本來的目的」就更與原意相去甚遠了。

因此，對「本質」一詞的理解，既然在專家學者之間都無有定論的話，一般民眾對此捉摸不透，理解不深也就不足為奇了。

既然如此，按以往習慣自然應該就此認命而可以束手無策無所作為了。但本理論絕不敢苟同。因為如果我們不能給一些抽象名詞以準確的定義，那麼我們大家對於這些詞的理解就都永遠只能停留在抽象，模糊，飄浮不定的水準上。這樣一來，遇到任何事情，都會很容易形成**「公說公有理，婆說婆有理」「各執己見，互不相讓，長久分歧，永無共識」**的局面。**而這恰恰是本哲學理論所要重點解決的問題。**

因此，我們不能否認以往的「哲學家」們，在解釋各種哲學概念上所作的努力與功績。但我們不得不說。他們的工作還很不到位。什麼地方不到位呢？主要有兩方面。拿「本質」這一概念來說就是，其一，沒有明確分析出本質的根本特性，自然也就無法告訴人們判別本質與否的**「標準」**。其二是沒有告訴人們如何找到本質的**「方法」**。而在自然科學技術領域中，正是這兩點保證了各種自然科學技術的正確性、準確性與實用性。說到這裡，自然有人會說，對於哲學，社會學上的抽象性東西，當然是說不死定不准的了！果真是這樣嗎？

2、本質的根本特性及其判斷標準

本質既然是該事物的「根本屬性」，那麼無疑它存在於事物的屬性當中。而事物的屬性又多種多樣，比如人的「品行能力」「性格興趣」「體格相貌」等。對某一商品來說，就有「功能」「構造」「材料」「造價」「形狀」「顏色」等等。那麼就意味著

這其中既有「本質性屬性」也有「非本質性屬性」。比如說「他本質上好逸惡勞」，這是指他在勞動態度上的本質特點。「她本質上是一個愛情至上主義者」，這是講她在愛情觀上的本質特點。因此，作為尋求事物本質的有效途徑，我們就有必要從分析事物的屬性著手並從中把「本質性屬性」與「非本質性屬性」區分開來。為此，我們就有必要從探討本質所具有的特性著手。

（1）唯一性

所謂本質的「唯一性」特性就是指，同一事物在同一屬性上只存在一個本質。比如桌子，作為材料，既有鋼制的也有木制的，那麼這兩者就都不能算作其本質，這同時也就意味著桌子在材料這一屬性上不存在本質。即屬於「非本質性屬性」。想反，如果事物在某一屬性上存在著本質，那麼這個本質最多只能存在一個。再比如前述的高速公路，它在「交叉方式」這一「屬性」上就只有唯一的「立體交叉」這種方式。所以，我們可以說它就屬於「本質性屬性」。而其它方面的屬性，比如材料、非交叉點的構造形式、用途、造價、管理、外觀等等各個方面，都不體現任何「唯一性」特點。所以我們才可以說只有「立體交叉」才是高速公路的本質。這就是本質的第一大特性——**在同一屬性上的「唯一性」**。

（2）同一性

在導論中我們已經詳細討論過，事物的本質與現象的根本區別就在於，後者可以在該事物上表現得可有可無或時有時無，但前者則與該事物本身同生共死。我們可以把這個特點稱之為本質的第二大特性——**與該事物存在的「同一性」**。而這種存在的「同一性」也正是區別事物的現象與本質的根本標準之一。

（3）　相對性

　　同時，在上面的說法中，我們還會注意到，無論我們講到任何事物的本質時，實際上都是在自覺不自覺地與其它相類似的事物進行比較而言的。比如，說這個人懶惰是相對於那些勤奮的人而言；說那個人是愛情至上主義者是相對於那些物質至上主義者而言；講公路的本質，就意味著與鐵路、航空、船運等其它運輸手段相比較來說；如果進一步講到高速公路，那麼自然而然就是與普通公路相比較而言——即使人們往往並不一定會明確提出。

　　從另一個角度來講，雖然我們可以分析出**公路與鐵路的本質區別**在於「有軌」和「無軌」，我們也還可以分析出高速公路與普通公路的本質區別在於「有否平面交叉」。但如果說我們僅僅著眼於公路本身，也就是說如果完全沒有意識到「鐵路」「有軌」這一事物的存在的話，那麼我們永遠也發現不了公路所具有的「無軌」這一屬性（古代人便是如此）。同樣，在不知道有「水運」存在的話，也就永遠無法形成「陸運」這一概念。

　　此外，我們還可以注意到，公路或鐵路都既有「平面交叉」，也有「立體交叉」，因此在這裡，也就是說在由鐵路和公路組成的系統中，它們都不屬於其中任何一個事物的本質——儘管它們作為一種現象在兩者中都真實的存在。而只有當我們把考察的範圍縮小到公路系統範圍中並把高速公路與普通公路拿出來比較時，它們才得以凸顯出來。也就是說，各種本質會隨著我們所考察的系統範圍的變化而「顯現」或「消失」。

　　總之，所謂「本質」只能是在某一系統範圍內相對於其它同類事物而言。這就是本質的第三大特性——**「相對性」**（這也正是系統論在研究本質問題上的體現）。因此，在實際運用中，當我們講到「本質」這一詞時，實際上就意味著在講與其它同類事物的**「本質區別」**。這也是鑒別不同事物的根本標準。

（4）「可變性」與「教育三要點」

此外，我們還可以注意到，本質並非一成不變，就像水在「物相」這一屬性上的本質就會隨著溫度的變化而變化一樣。溫度為0度時水會變成冰，溫度為100度時水又會變成氣。所謂的**「量變到質變」**就是這個道理。5度的冷水與50度的熱水雖在溫度這一屬性上有數量上的很大區別，但在「物相」這一屬性上沒有任何本質區別，都處於水這一「液體」狀態。但它與0度的冰這一「固體」狀態卻有著本質區別。考試也一樣，如果把錄取分數線定為60分的話，那麼，59分雖比39分多出高達20分，但它們在「結果」這一屬性上同樣都是「不錄取」，沒有本質區別。而61分雖只比59分多出2分，但它卻會被「錄取」而體現出其本質區別。

此外，如果事物的本質發生了變化，就意味變化前後的兩件事物已經不是同一事物了。就像水與冰，合格者與落選者之間已經不是同一件事物那樣。這就是本質的第四大特性——**「可變性」**。這也恰恰相當於用**「反證論證法」**（參見附錄Ⅰ）證明了本質的第二大特性——與事物存在的「同一性」特性。

因此，如果一個人的思想方法行為準則發生了質的變化，那麼我們就不能把他視為同一個人。儘管他的各種看得見的其它表象，比如姓名性別，外貌長相等並未發生變化。從這個意義上講，一個人的本質也不是絕對不變的。因此，**所謂對於人的思想教育就是要對人的思想及思維方式進行本質性改造**。否則，如果只是對人的言行進行空洞教條式的規勸與強制命令性的限制，即使能夠起到表面性、一時性作用，也必定達不到根本性、長久性效果。為此，我們必須首先要教的重點有三點。一是那**「是什麼」**（What：**本質性解釋**），二是**「為什麼」**要那樣做（Why：**本質性目的**），三是應該**「做什麼」**（How：**根本性手段**）（**這恰恰是以往教育家及傳統哲學家們最為欠缺甚至根本忽視的三點**）。第一點給人以**智力**，第二點給人以**動力**，第三點給人以**能**

力。只有這三點齊備了，人們才能夠在將我們所教的東西充分消化吸收的基礎上，沿著所教育的方向行動。這才是教育的基本點，也應該是建立學說、探求真理的基本點（參照第二篇第四章第二節〈盲信盲從〉）。因此，我們稱這三點為**「教育三要點（3W）」**（表1.3）。

表1.3 教育三要點

What	是什麼	智力
Why	為什麼	動力
How	做什麼	能力

（5）多層性

在分析問題時，我們碰到最多的恐怕是對問題本質原因的追究。因為它是解決問題不可缺少的先決條件。

比如，以房子被地震震垮為例（表1.4）。我們用後面將要講述的「尋根法」很快便能夠找到其本質原因就在於房子抗震能

表1.4 本質「多層性」特性示例（房屋倒塌）

本質層次	本質內容				
1	房屋抗震能力不夠				
2	設計				施工
3	結構計算錯誤				……
4	設計者		公司		
5	能力不足	疏忽大意	管理不善	質檢不力	……
……	……	……	……	……	

力小於地震力的緣故。但是，如果我們繼續追究下去，也就是說，繼續考慮抗震能力為什麼小於地震力的話，其原因就有兩種可能。一是房子沒有具備通常應該具有的抗震能力，二是地震超

出了我們通常設定的規模。而前者又可能源於設計或施工上的問題。而產生設計或施工問題的原因又既有可能在於個人失職，也有可能在於公司品質管理上的缺陷。個人的失職又會是因為能力不夠或疏忽大意……。這些都可以說是本質原因。只不過它們所體現的範圍不同而已（這也正是本質的「相對性」這一特性的體現）。即從依次逐步縮小的系統範圍中分別體現出「房子抗震能力小於地震力」→「設計錯誤」→「結構計算錯誤」→「設計者問題」→「疏忽大意」等相關但不同的本質原因。我們依此把它們稱為第一層、第二層、第三層……第N層本質原因。我們把這一特性歸納為本質的第五大特性——**在原因上的「多層性」**。

上面我們分析出了本質的五大特性，即本質在同一屬性上的「唯一性」，與事物本身存在的「同一性」，與其它同類事物比較才能凸顯出來的「相對性」，自身並非永恆不變的「可變性」以及在原因上的「多層性」（圖1.9）。這五大特性特別是前兩種

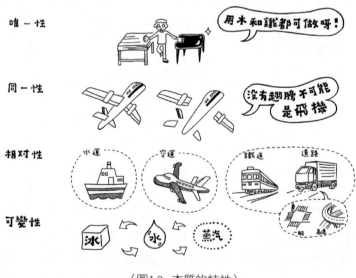

（圖1.9　本質的特性）

特性不僅為我們提供了判別本質與否的標準，同時還將為我們如何尋求到本質提供有益的線索。

雖然我們通過尋找本質的上述根本特性，達到了使本質的定義明確、具體、直接的目的，但正如我們前面在有關教育與學說的基本點的論述中所闡述過的那樣，作為一種教育理論還只是完成了讓人懂得是什麼（What）這第一部分（第二部分的「為什麼」已經在「序論」裡講過），而對於剩下的「做什麼」（How），即關於尋求本質的「方法」這第三部分就需要我們在下面繼續討論了。

3、尋求「本質」的方法

（1）數學給我們在尋求事物本質方法上的啟示

在尋求事物本質的方法上，現代自然科學是否也有值得我們借鑑或參考的地方呢？實際上，與其說是借鑑，還不如說既然我們追求**哲學的科學化**，就只有遵循嚴謹的**科學思維方式，邏輯推理與科學論證法**，才能達到我們的目的（這樣的基本指導思想將貫穿於本理論的始終，其基本研究方法也將在本書得到充分運用——這也正是**作為本哲學理論之特點而與「傳統哲學」的最根本的區別之一**）。

讓我們看看在數學中對一元一次方程是如何求解和驗證解的正確性的吧。其方法與步驟為：

①　求解；主要採取「移項」的方法，即通過在等式的兩邊

$$2X+5=9（原方程式）$$
$$2X=9-5（移項）$$
$$X=2（求解）$$

同時加上或者減去某一數的方法，把已知項移到等式右邊，把未知數項留在等式左邊。或者在等式的兩邊同時乘以或者除以某一

個數以使得未知數完全「凸顯」出來（即只要除掉未知數身邊和周圍的 「衛士」使其成為「光杆司令」，那麼就能讓它「原形畢露」「真相大白」了）。

② 驗證；為了驗證答案正確與否，我們會把已經求得的未知數解再重新代入，如果成立就說明正確，否則就是錯誤。

$$2×2+5＝9（代入驗算）$$

兩邊相等（解答正確！）

上面的方程求解與驗證的過程究竟能給我們在尋找事物本質的方法上以怎樣的啟示呢？

實際上，我們從中可以饒有興趣地注意到，這裡的未知數恰恰就相當於隱藏著的看不見的「本質」，而等式就是由該本質所導致的看得見的「表象」。這個等式可以有多種變換，這也就恰似本質的「諸多表象」。

下面，我們就根據上述的本質的各種特性並參照求解數學方程式的辦法來探討一下尋求本質的具體方法。

（2）尋根法

我們就以分析高速公路與普通公路的本質區別為例（圖

（圖1.10 高速公路與普通公路本質區別求解圖）

1.10）。首先我們從「高速」這個詞以及對高速公路的直觀印象中就很容易聯想到「汽車在高速公路上跑得快」這一表象，那麼，為什麼能跑快呢？其直接原因不就是不堵車嗎。為什麼不堵車呢？不就是沒有信號燈嗎？為什麼沒有信號燈呢？不就是沒有交叉路口嗎。為什麼沒有交叉路口呢？不正是因為沒有平面交叉嗎？如果再繼續問為什麼，恐怕就只能回答「因為是高速公路」了。這就對了，為什麼說對了？這就說明沒有平面交叉這一結果的原因只能歸結於高速公路本身了。這就正好是前面所說的本質的第三特性——**「同一性」**的體現。所以，我們可以說這就是其本質區別。而這樣步步尋根、層層剝皮的方法恰似我們上面講過的解方程用的「移項」法一樣。也就是把「表象」一層層剝掉，最後就只剩下「本質」了。至此，我們實際上就等於摸索出了第一個也是最基本的尋找問題本質的方法，我們稱之為**「尋根法」**（或稱**「剝皮法」**）。

（3）替代法

再比如說汽車、輪船、飛機的本質區別是什麼呢？我們應用上述的尋根法可以找到切入口。因為很容易聯想到它們分別是地上跑、水上行、天上飛，而之所以這樣又是因為它們各自的推動力分別來源於路面、水面、空氣的反作用力（即使沒有學過物理的人，只要想想車後的塵土飛揚、船尾的浪花旋渦、機尾的長長汽霧也就不難理解這個道理）。那麼、這是否就是它們的本質區別呢？我們就有必要用本質的「唯一性」特性來加以檢驗。也就是說，汽車、輪船、飛機是不是分別只能在地面上、水面上、空氣中才能行走，而絕不能用其它材料代替呢？顯然不是，因為汽車除了可以在地面上跑以外也可以在木板上、鐵板上、岩石上跑。船一般都在水裡走，但如果把水換成油是不是就不能走了呢？當然不是。飛機一般是在空氣中飛，但把空氣換成氧氣、氫

氣也不是就絕對不能飛。由此來看，它們不能滿足本質的「唯一性」特性，因此還不能算做其本質區別。

那麼，它們的本質區別究竟是什麼呢？實際上，在我們剛才的分析中就已經有了答案。如果把與汽車相對應的土、混凝土、木板、鐵板、岩石歸為一組，把與輪船相對應的水、油歸為一組，把與飛機相對應的氧氣、氫氣歸為一組，那麼同一組中的各個要素的共性是什麼，不同組之間的個性又是什麼呢？不難發現它們之間的共性是「物相」，而個性則分別是固體，液體，氣體。而且它們各自的對應關係就再也不能互換了。這也就等於滿足了本質的「唯一性」這一特性。所以我們才可以說這才是它們三者之間的本質區別。且體現在「物相」這一「屬性」上。

可見它們三者的本質區別並非體現在空間範圍（陸地、水上、天空），而是體現在產生驅動力（反作用力）的物體的物相（固相、液相、氣相）上（表1.5）。而且如果我們把這三者按上述關於本質的其它特性加以檢驗，可以發現它們均符合本質的五

表1.5　運輸工具本質區別分析表

事物 （慣用名稱）	第一表象 （工具）	第二表象 （場所）	第三表象 （動力來源）	本質 （動力來源之物相）
陸運	汽車	地上跑	路面	固體
水運	輪船	水上行	水面	液體
空運	飛機	天上飛	空氣	氣體

大特性。我們把這種尋找事物本質的方法稱之為**「替代法」**（恰似解方程的「代入法」）。其步驟可以總結為：

① 把直觀表象暫且看作「本質」（「假設本質」），並明確本質的屬性（比如材料、構造、組成、顏色、形狀等手段類或運輸、賺錢、勝利、幸福等目的類）。

　　② 用與「假設本質」同屬一類的其它因素代替「假設本質」，看事物是否仍然成立。

　　③ 如果不能成立則可視其為「本質」。

　　④ 如果仍然成立則「假設本質」不為其真正的「本質」。我們便需要繼續找出可以替代的諸多同類要素的共性，直到不可替代為止。此時的共性中的個性就是該事物的本質（區別）。

　　上述的**「尋根法」**與**「替代法」**運用得當，可以為我們尋求事物本質提供極大方便。但並非能保證所有的人都能運用它找出所有事物的本質。因為它們受到人的能力大小以及事物本質的複雜性程度的約束。所以，我們不妨試試是否還有其它的方法。

（4）定位法

　　比如認人。本質上講人與人在物質結構上最本質的區別就在於遺傳基因（DNA）的不同。那麼是不是每次見面都非得要進行一次遺傳基因檢查才能確定是誰呢？當然不是。那為什麼對熟人可以做到一眼便知呢？實際上，在人的下意識當中已經把人的各種外形特點，比如性別、高矮、胖廋、容貌、聲音、舉止等等存入腦中，在見面的一瞬間便立刻可以讓其對號入座了。

　　這實際上就像我們在數學上用 x、y、z 三個座標值來確定一個點的準確位置一樣。雖然只一個 x 不能確定，但再加上 y、z 這二個座標就使得這個點的位置固定了。解連立方程組也是一樣，雖然一個方程式求不出解，但如果能找出可以從幾個方面表示它的方程式——方程組，那麼我們就可以通過解這個方程組來把它求出來。換句話說，雖然通過一個現象我們還無法確定其本質所在，但我們可以通過多個現象把唯一的本質逐漸確定出來。

　　這也正如化學實驗一樣。當我們需要檢驗某種化學物質的成分時，我們往往無法直接看到其內部的分子結構。但我們可以通過讓它與其它化學物質進行化學反應後的生成物來推定其化學成

分。如果與酸反應生成鹽即可推斷該物質屬城，與城反應生成鹽則可確定該物質屬酸。

這裡就給我們一個啟示，那就是，在無法直接找到或者無法完整準確地表達事物本質的情況下，我們可以借助於區分該事物與其它事物的眾多的表象特徵來推斷或者確定其本質特點。我們把這種方法稱之為**「定位法」**。

同樣，在判別是男人還是女人時，雖然我們知道其本質區別也在於DNA的不同，更具體地說就是第23對軟色體的不同。但我們大可不必一定要去查其DNA才能確認。因為運用**「定位法」**，我們綜合其諸多表象，便可基本確定。如長相身材，服裝打扮，皮膚聲音，舉止言談等等。當然，這種方法的不足之處在於有可能為本質的「逆表象（假象）」所迷惑。這裡的**「逆表象」**就是指以與本質相反的方式表示出來的表象。比如男扮女裝，笑裡藏刀等等。與此相對應的就是**「正表象」**，比如喜形於色或者怒髮衝冠等等（此外還有**「無表象」**）。這就需要我們具有識別真假現象的能力。儘管如此，這也不失為一種可以適用於大多數情況下的簡便而有效的方法。

綜上所述，我們可以看到，只要正確運用尋根法，替代法，定位法或者綜合運用，便能夠順利地找到事物的本質。由此，我們還必須特別注意的是，即使是哲學概念，我們也完全可能給予其明確的**「判斷標準」**與具體的**「求解方法」**。而**「傳統哲學」**似乎名正言順地可以對此毫不顧及。這也正是導致直到今天仍未將哲學作為一個系統的「學科」建立起來的重要原因之一。

本節小結

（1）以往對於「本質」這一概念，專家們的定義抽象含混，
　　　人們的認識空洞模糊。因此、我們有必要對其在建立明

確的「判斷標準」的同時，找出具體的「求解方法」。

（2）「判斷標準」與「求解方法」這兩點使自然科學技術上的有關概念的真理性，正確性，實用性得到了保證。而以往的「傳統哲學」卻對此基本不予重視。這也是導致直到今天仍未將哲學作為一個系統的「學科」建立起來的重要原因之一。

（3）經過討論我們找到了本質所具有的五大特性。即在同一屬性上的「唯一性」，與事物本身存在的「同一性」，與其它同類事物比較才能凸顯出來的「相對性」，自身並非永恆不變的「可變性」以及在原因上的「多層性」。特別是前兩種特性正是本質與否最根本的「判斷標準」。

（4）我們借助于自然科學的智慧，成功地開發出了象解一元方程式那樣，層層剝皮步步求根式的「尋根法」和相當於方程式驗算用的「代入法」的「替代法」，以及類似三維座標定位或解多元連立方程組那樣，根據多重表象進行逐步定位的「定位法」等三種具體的本質求解法。

（5）當我們講到「本質」這一詞時，實際上就意味著在講與其它同類事物的「本質區別」。這也是鑒別不同事物的根本標準。

（6）所謂對於人的思想教育就是要對人的思維方式進行本質性改造。如果只是對人的言行進行空洞教條式的規勸與強制命令性的限制，那麼即使能夠起到表面性、一時性作用，也必定達不到根本性、長久性效果。而「教育三要點（3W）」則能夠給予人以智力、動力和能力。

（7）表象作為本質的表現方式有「正表象」「逆表象」「無表象」三種。而是否具有識別真假表象的能力就顯得至關重要。

第二節 平衡論（B）

在「導論」中我們推導出了**「所謂好壞對錯的本質就在於平衡與否」**這樣的結論。並由此提出了**「世界萬事萬物的本質均在於平衡」**這樣的觀點。對此，我們將在本節中運用上節本質論中所闡述的有關本質的各種理論和方法進一步給予充分的論證。同時我們還將從平衡的物理學概念模型入手建立起平衡的哲學概念模型並對其所具有的特性進行歸納總結。

1、生病治病的本質與平衡的「普遍性」特性

人為什麼生病？人們自然會說是因為嚴寒酷暑，因為暴飲暴食，因為勞累過度，因為工作壓力太大等等。但我們更應該注意到的是，即使是同樣的受寒受熱，暴飲暴食，操心勞累，承受同樣的工作壓力，但有的人生病，而有的人卻不生病。這又是為什麼呢？其本質原因又究竟在哪裡呢？

其實，就正如我們在「導論」中已經闡述過的那樣，它們的本質原因就在於是否「失衡」。即「寒與熱」的失衡、「進與出」（吃進與消化）的失衡、「工作與休息」的失衡、「承壓與減壓」的失衡。作為中醫精華的所謂的八綱辨證（陰陽、表裡、寒熱、虛實）的本質實際上也就可以歸納為「平衡」二字。即陰陽平衡、表裡平衡、寒熱平衡、虛實平衡（表1.6）。平衡即健康，失衡即亞健康，失衡過度就會生病。而且因病引起的一些症狀，比如發燒、化膿等實際上也是身體自身抵抗病菌的一種行為。治病的過程也就是把病人失衡的狀態重新矯正到平衡狀態來的過程。我們稱之為**「求衡」**。其手段也就緊緊圍繞著這一目的展開。缺什麼補什麼，多什麼除什麼，低了的抬高，高了的壓低，偏了的弄直，歪了的矯正，矯枉過正的再矯正。正所謂**千變**

不離其本，萬變不離其宗。這裡的「本」就是平衡，這裡的「宗」也還是平衡。

表1.6 中醫八綱辨證本質

陰	⟺	陽
表	⟺	裡
寒	⟺	熱
虛	⟺	實

⇩

平衡

　　實際上，正如在「導論」裡所講過的那樣，**平衡在這個世界上「普遍存在，萬物共有；無時不有，無處不在」。它「決定著所有事物的存在與變化，也支配著所有生物的動機與欲望」**。這充分體現了它在這個世界存在的**「普遍性」**——這就是平衡的第一特性。

2、平衡的「初步物理模型」

　　根據上面的論述，我們可以暫時建立如下關於平衡的「初步物理模型」（圖1.11）。

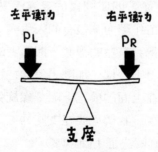

（圖1.11 平衡的「初步物理模型」圖）

　　這個物理模型表明了一個事物（**槓桿**）的穩定（平衡）與否取決於兩個相矛盾（作用方向相反）的要素（作用力P_L、P_R）的

大小對比。我們可以把由這兩個要素組成的一對平衡關係總稱為「**平衡對**」，把P_L與P_R又分別稱之為「**左平衡力**」與「**右平衡力**」，把兩者大小之差（$P_L - P_R$）稱之為「**失衡力**」P。不過，這裡的左右並沒有嚴格的本質意義上的區分，可以任意假定。此外，這裡的三角支座則相當於該事物與其所在系統的連接關係。

從圖中我們可以看出，只有當P_L與P_R這一對平衡力正好相等的時候才能使槓桿平衡而處於水準狀態，否則就會失衡而順時針或逆時針方向旋轉。

雖然這個模式簡潔而直觀地表達了有關平衡的本質，但我們不由得會產生這樣的疑問，即要讓這兩個力絕對相等在現實世界中幾乎是不可能的。拿走路來說，不可能保證身子不歪一點。拿生病來說，不可能讓人不受一點寒熱，不多吃一點飯或多喝一點酒，不受一點勞累。也就是說世界上的事物並非是只要有一點不平衡就維持不下去了的。這是為什麼呢？是什麼在起著維衡作用呢？怎樣才能使這個模式更反映真實符合實際呢？

3、平衡的「標準物理模型」（平衡物理模型）

實際上，我們從「即使同樣的受寒受熱，暴飲暴食，操心勞累，承受同樣的工作壓力，但有的人生病，而有的人卻不會生病」這樣的事實中得到有益的啟發。即兩者的根本區別就在於每個人的「抗病能力」不一樣。那麼，怎樣把這裡所謂的抗病能力形象而確切地表現在上面的模式上呢？**螺旋彈簧**為我們提供了極大的方便。也就是說，我們只要在支座的上方加一個螺旋彈簧就可以使這個問題得到解決了（圖1.12）。

這個螺旋彈簧加上以後，無論槓桿向哪個方向傾斜，螺旋彈簧都會產生與傾斜方向相反的抵抗力。這個抗旋轉力雖然不能完全阻止槓桿的傾斜，但能夠在一定程度上阻止槓桿的傾覆。換

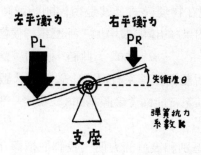

（圖1.12 平衡的「標準物理模型」圖）

句話就是說它能夠對槓桿起到一定的**「維衡」**作用（雖然這樣的「維衡」作用會使螺旋彈簧自身的功能降低或壽命減少）。其「維衡」作用的大小我們可以用**「抗力R」**來表示。這裡所謂的「一定」就是說其維衡能力是有限的。一旦超過它的抗傾斜能力，槓桿依然會傾覆。這個限度就是它的**「最大抗失衡力（Rmax）」**（或簡稱**「最大抗力」**）。

在這裡，我們把槓桿處於水準的狀態叫做**「平衡」**，把槓桿處於傾斜的狀態叫做**「失衡」**，其傾斜角 θ 叫做**「失衡度」**。並規定逆時針方向為正，順時針方向為負。那麼，「失衡度」θ 的數值範圍就在 $-90° \sim 90°$ 之間（$-90° < \theta < 90°$）。$k = R_{max}/90$ 則表示單位旋轉角所產生的彈簧力的大小，我們稱之為該彈簧的**「抗力係數」**。它與「最大抗力（R_{max}）」一樣表示彈簧的抗傾斜能力。它們之間的關係為：

$$K = R_{max}/90$$
$$\theta = R/k = 90R/R_{max}$$

由上式可知，當 $P = P_L - P_R = 0$ 時，$\theta = 0$，$R = 0$。表現在物理模式上就是槓桿處於水準狀態，彈簧抗力為0。我們把這種狀態稱之為**「絕對平衡」**狀態。但由於事物總是在不斷變化，因此實際上這理論上的「絕對平衡狀態」是很難繼續存在下去的。也就是說，當失衡力P的值不等於零時，比如，P＞0時，θ 和R也

隨之＞0。表現在物理模式上就是槓桿開始逆時針方向旋轉，彈簧產生抗力。如果P的值繼續增加，那麼槓桿便會繼續旋轉，直到$P＝R_{max}$時，$R＝R_{max}$，$\theta＝90°$。此時，彈簧「斷裂」，槓桿「傾覆」，也就是說整個槓桿系統已完全毀壞（**「毀衡」**）跌入最低的平衡狀態。其系統能Es（參照本節8）為零。我們稱之為**「零平衡」**狀態。

為了便於區別和表述的方便，我們把槓桿介於「絕對平衡」狀態與「零平衡」這兩者之間的狀態稱之為**「亞平衡」**狀態。

在這樣的「亞平衡」狀態下，旋轉彈簧總是不斷地在為阻止槓桿時而順時針時而逆時針方向旋轉而發揮著抗力作用。長期下去也就會產生疲勞，既抗旋轉能力就會逐漸下降（抗力係數k值變小），最終失去抗力作用（k→0），導致彈簧「斷裂」，槓桿「傾覆」，系統「毀滅」（表1.7）。我們把這一特性稱為系統的第一特性——系統的**「存在的有限性」**。

表1.7 平衡的「標準物理模型」狀態一覽表

	槓桿	彈簧 （ 抗力係數 K ）	傾斜角 θ	失衡力 P	彈簧抗力 R
絕對平衡	水準	鬆弛	0°	0	0
亞平衡	傾斜	緊張	0～ 90°	$P＜R_{max}$	$R＝P$ $＝k\theta$
零平衡	直立	斷裂	90°	$P≧R_{max}$	R_{max}

這一特性表明，**任何系統的壽命和大小都是有限的**。也就是說，**世界上的所有事物包括宇宙本身都既不可能在時間上「永恆」，也不可能在空間上「無限」存在（人不可能「長生不老」也就更是自不待言了）**。

到此為止，我們似乎只是在說明「有」的有限性，即某種「有」的狀態不可能永遠存在下去。但實際上，「無」也作為「存

在」的一種特殊方式，同樣具有「有限性」特點。即，「無」的狀態也不可能永遠持續下去，遲早要會變成「有」。至此，我們**也就順理成章地找到了「宇宙自生有限論」的哲學理論根據**。

有趣的是，這裡的「自生」與「有限」看法似乎彼此無關，但實際上，正因為是「自生」，所以只能是「有限」。且正因為是「有限」，所以不得不來源於「自生」。

這樣的結論實際上也可以從另一個方面用**「反證論證法」**使其得到驗證。首先，如果假定宇宙不是自生，那麼就必定存在著它的創造者。而這個創造者如果不是自生，也就必然存在著它自身的創造者。如此類推，將永無結論。因此這樣的假設無法成立。再次，如果假設宇宙是無限的（無論時間或空間上），那麼，無論是往回看還是往前看都應當是無限的。而事實上，往回看是有限的（現代科學證明宇宙年齡為138億年），那麼這就意味著，宇宙的將來也只能是有限的。這恰恰與現代天文學結論不謀而合。

上面我們從物理學角度分析描述了帶有彈簧的槓桿的平衡模式。那麼這樣的模式是否能夠恰當地反映哲學上的平衡問題呢？下面我們就繼續以**人體健康（生病）為例**來驗證一下。

此時，這個模型中的槓桿就表示人體本身，螺旋彈簧則表示人體自身具有的抗病本能，抗力係數k（或R_{max}）則表示其抗病能力的大小。P_L與P_R則表示上述的「寒」與「熱」、「進」與「出」、「勞」與「逸」等各自對應的「平衡對」。θ則表示健康度（失衡度）。當$P＝P_L－P_R＝0$時，$\theta＝0$，$R＝0$。也就是說，當影響人體健康的各種「左平衡力」和「右平衡力」大小相等的時候，人體處於絕對健康狀態（「絕對平衡狀態」）。但實際上這種理論上的絕對健康狀態幾乎不會存在。假設人因天冷受涼，也就是說，當「寒」與「熱」大小不等（P的值不等於零），即「寒」＞「熱」（$P_L＞P_R$）時，身體開始不適（$\theta＞0$），但同時身體自身也開始

啟用抗寒本能，比如縮緊毛孔、發抖、打噴涕等。此時人體雖然處於亞健康狀態（「亞平衡狀態」），但還沒有致病（$\theta < 90°$）。如果，這種受涼狀況得到改善（P的值趨於減少），且在人體自身免疫力（旋轉彈簧的抗力R）的作用下，健康狀況就會恢復（槓桿順時針方向回轉，θ 值變小），打噴涕等現象便會減少（R值變小），直到最後完全恢復正常（$P \rightarrow 0$、$\theta \rightarrow 0$、$R \rightarrow 0$）。

相反，如果受涼狀態繼續下去，也就是說，如果「寒」與「熱」的差距繼續拉大（P的值繼續增加），且又不吃藥打針（不改變P_L與P_R的差）的話，健康狀況便會惡化（θ 值增加）。雖然自身抵抗力也會隨之增加（R值增大），但一旦達到或超過其最大抗病能力（$P \geq R_{max}$），則終究會導致生病（$\theta \geq 90°$）。

實際上這種情況下的$-90° < \theta < 90°$ 之間的狀態就是一種「亞健康狀態」。我們為提高身體免疫力增強健康素質而鍛鍊身體，食用各種健康食品的行為，也就是一種為提高彈簧抗力係數k（或R_{max}）的行為。

因此，我們可以說上面所建立的關於平衡的物理模型完全可以適用於對「生病」這一現象的**本質性、邏輯性、規律性、系統性**的解釋。

實際上，不僅如此，**對於世界上所有事物的產生、變化、發展、衰退、消亡的過程都同樣可以應用這一模型使其得到充分合理的解釋**。下面就讓我們對此作進一步的完善和多方面驗證。

4、系統的「維衡性」特性

我們在上面的討論中提到過「無論槓桿向哪個方向傾斜，都會產生與傾斜方向相反的抵抗力」這樣一個「螺旋彈簧」的特點。也就是說事物都具有「試圖維持自身原有平衡狀態」這一本性。無論人還是群體都自覺不自覺地有著維持現狀這一潛在的保

守意識。這樣的特性除了像人體自身免疫力那樣的積極作用以外，有時也會有像人的自我改造或者社會變革都會受到自身的惰性或者社會保守勢力的阻撓那樣消極的一面。特別是社會的變革往往需要付出巨大的努力甚至犧牲——歷史經驗也如實地證明了這個道理。

此外，當系統即使依靠上述的「螺旋彈簧」的抗力來「維衡」也未能達到目的（系統恢復到亞平衡狀態）時，有時會採取通過縮小兩平衡力之間的差（$|P_L-P_R|$），即減少失衡力 P 來達到「維衡」的目的。

因此，系統的「維衡」主要靠加大「螺旋彈簧」的抗力係數或者縮小失衡力。比如鍛煉身體便是前者，打針吃藥做手術則屬於後者。

系統的這一特性恰恰類似於物理上的「慣性定律」。因此，我們可以把事物的這一共性稱之為**哲學上的「慣性定律」**。如果說物理學上的慣性定律只適用於物理界，那麼這裡所說的哲學上的慣性定律則適用於整個世界。而且實際上我們還能夠更深刻地認識到，前者只不過是後者所表示的普遍規律在物理學上的應用而已。

5、平衡的「相對性」特性

所謂平衡的「相對性」包含著兩個方面。一方面是正如上面所說的那樣，世界上不存在絕對的平衡。任何事物都是在源於外界的「損衡」與源於自身的「維衡」這兩個不斷變化的因素的作用下保持著相對的平衡。即事物的平衡狀態並非固定不變，而是不但隨著外界因素的變化而不但變化著。騎自行車就是平衡的「相對性」在現實生活中的最突出的體現（圖1.13）。

我們知道，自行車只有繼續行走才會保持長時間不倒，一旦

停下來，就需要人扶著。這就說
明，儘管自行車可以通過連續行走
保持著平穩狀態，但如果考察某一
刻則幾乎都是不平衡的。只不過通
過人對於自行車的調節（方向和重
心）能夠使之不但恢復平衡而已。
失衡→維衡→平衡→再失衡→再維
衡→再平衡……，如此周而復始循
環往復，才得以維持自行車不倒
而行。這就說明這種平衡是**「相對
平衡」**，我們還可以形象地稱之為
「動態平衡」（圖1.14）。

（圖1.13 自行車平衡狀態正面圖）

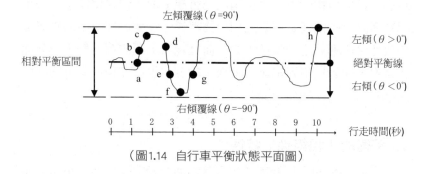

（圖1.14 自行車平衡狀態平面圖）

在圖中，平衡線表示的是自行車完全直立這一平衡狀態（相
當於平衡的標準物理模型上槓杆處於水準的狀態）。左傾覆線及
右傾覆線則分別表示向左和向右傾倒的狀態。曲線則表示自行
車在各個時刻的平衡狀態。往上表示左傾（$\theta > 0°$），如圖中
的b、c、d點。往下則表示右傾（$\theta < 0°$），如圖中的e、f、g
點。與平衡線相交則表示瞬間的絕對平衡狀態（$\theta = 0°$），如

圖中的 a 點。與傾覆線相交,則表示自行車傾倒,如圖中的 h 點
($\theta = 90°$)。

由此可知,自行車在行走過程中大多處於失衡狀態,只不過
在騎車人為恢復平衡而不斷進行的操作下,也就是說,在由人和
自行車組成的系統自身的維衡作用下,使自行車的失衡度控制在
-90° 與 90° 之間(相對平衡範圍),從而使自行車在這種相對平
衡狀態下得以完成「行駛」這一系統目標。但一旦過於失衡,也
就是說失衡度達到 90° 或 -90°,則自行車傾倒(槓桿「傾覆」,
「自行車行走」這一系統便遭「毀滅」)。

從上面例子中我們還可以注意到,任何事物的「系統平衡狀
態」都不是一成不變而是隨著時間與環境的變化而變化的。比如
自行車的「系統平衡狀態」會隨著路面狀況,交通狀況,乃至氣
候(颱風下雨)的變化而變化。因此,系統平衡線在其平衡幾何
模型上往往不會是直線而只會是一條曲線。

實際上,世界上萬事萬物平衡狀態的變化都可以用與此同樣
的物理與數學模型來表示。無論是家庭公司,還是團體國家這樣
大大小小的系統,其平衡狀態時時刻刻都在變化著,且都在時時
刻刻努力維護著自身的平衡。只要這樣的「相對平衡」狀態不被
打破,事物便會繼續沿著既定的目標前進發展。這就是**平衡在時
間上所表現出的「相對性」特性**(「動態平衡」特性)。

除此以外,我們還注意到,平衡是相對於某一系統而言的。
比如說把一個人的病治好這件事,如果只是站在這一個人的角度
來看,雖然是維衡行為,但如果這個人是危害社會的破壞分子甚
至是危害整個人類的極端恐怖分子,那麼從整個人類的角度來
看,這反而是一種損衡甚至毀衡行為。

再比如,某個經濟大國大力擴充軍備,若只就該國本身來
講,是其軍力與經濟實力的平衡行為。但若放到該國所處的區域
或全世界來看,就很有可能是一種打破軍事平衡的損衡行為。這

是一種局部平衡整體失衡的情況。相反，像冷戰時期的前蘇聯那樣，雖然國內的經濟實力與軍費開支極不平衡，但在國際上卻維持了與美國在軍事上的抗衡，使在全世界相當長的一段時期內沒有爆發大規模的戰爭衝突。這就是整體平衡局部失衡的例子。

這也就意味著，事物的平衡與否會隨著我們所考察的系統的變化而變化——這就是**平衡在不同系統上所表現出的「相對性」特性**。

我們把上述的平衡在時間上以及不同系統上所表現出來的這種「相對性」特性歸納為平衡的第二特性。不過，這實際上也不過是系統論在平衡問題上的理所當然的體現而已。

根據平衡的這一特點，我們不可能也沒有必要追求絕對的平衡。我們只需正確分析和合理運用相對平衡，也同樣能夠實現我們的目的。同時，平衡的這一特性就要求我們在考察事物的平衡問題時，不僅需要重點分析局部系統平衡關係，還需要全面考察相關系統在內的整體系統平衡關係。

由此，我們便可以總結出**「平衡是相對的，不平衡是絕對的」**或者**「絕對的平衡都是相對的，而相對的平衡才是絕對的」**這樣的道理。這也就意味著我們在處理事情時，應該以**「著眼局部，放眼整體；不求絕對平衡，但求相對平衡」**為指導思想。

6、「系統平衡結構模式」與平衡的「系統對應性」及系統的「相關性」特性

根據上述平衡的相對性特性，我們可以從平衡的角度對這個世界做如下的整體性本質性描述。也就是說可以建立如圖1.15的「系統平衡結構模式」。

圖中符號分別表示為：

P_L、P_R：「左平衡力」與「右平衡力」

S1、S2、S3……Sn：　系統階層。分別為第1層，第2層，第3層……第n層系統。後者依次包含前者。

Sn_L：作用於n系統的左平衡力

Sn_R：作用於n系統的右平衡力

$$P_L = S1_L，P_R = S1_R$$

$S1 = S2_L$ or $S2_R$，$S2 = S3_L$ or $S3_R$……$Sn = S(n+1)_L$ or $S(n+1)_R$

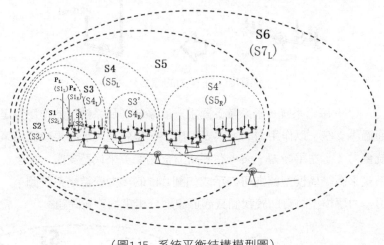

（圖1.15　系統平衡結構模型圖）

　　上述等式表示任何一層系統（子系統）都屬於高一層系統（母系統）的左部分或右部分。究竟屬於左部分還是右部分，則由該子系統在其母系統中所處的位置所定。

　　該圖所表示的涵義主要有以下幾點：

　　① 從圖中我們可以注意到，每一個平衡關係都一定存在於且只存在於某一個特定的系統中。既平衡關係與系統形成一一對應的關係。任何一種平衡關係都依賴於某個系統而存在，任何一個系統也同樣依賴于該平衡關係而存在（對此，我們在「系統論」中還將詳細論述）。換句話說就是，如果不首先劃分好系統，我們分析平衡關係就無從著手。我們把這一特性稱之為平衡的第三

特性——**平衡的「系統對應性」特性**。

　　② 我們可以把存在於某系統內部的各種力綜合到「左平衡力」或「右平衡力」這兩大平衡力中去，並將位於支座同側的力相加（圖1.16）。這將使問題變得簡單化、單純化，從而為我們有條理有重點地分析問題帶來極大的方便。

（圖1.16　平衡力的綜合）

　　③ 每一系統（子系統）對上一層系統（母系統）的作用都是通過「支座」以作用力的方式表現出來。也就是說，如果我們用系統合力（「左平衡力」與「右平衡力」的和）來代替支座，那麼，系統平衡結構模型圖則可表示成如圖1.17的「力學結構系統圖」。這一力學模型將有助於我們直觀形象地分析事物平衡問題。

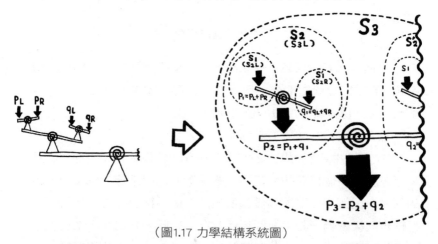

（圖1.17 力學結構系統圖）

　　④ 從圖1.17中還可以看出，如果增大P_L，會促使S1系統槓桿更加向逆時針方向傾斜。因此對於系統S1而言是一種「損衡」行

為。但對於S2系統來說呢？因為它會使已經向順時針方向旋轉的
槓桿向逆時針方向恢復，因此對於系統S2而言則是一種「維衡」
行為。而進一步對S3系統而言，則按同樣道理，又反而是一種
「毀衡」行為……。這恰恰在模型圖上也印證了我們在前面論述
過的平衡的相對性特性——事物的**平衡**與否會隨著我們所考察的
對象系統的變化而變化這一結論。

　　⑤　此外，我們還可以從圖中發現，子系統的失衡或傾覆會影
響到母系統的平衡乃至傾覆；同時母系統失衡或傾覆也同樣影響
子系統的平衡甚至導致子系統的傾覆。這就是子系統與母系統的
相互依存相互制約的關係。表現在現實上就是，比如局部戰況會
對整體戰局造成影響，而整體局勢無疑也會影響甚至決定局部戰
局等等。我們把這一特性歸結為系統的第三特性——**「相關性」**
特性。

　　⑥　如果我們把這個模型的系統範圍擴大到整個宇宙，那麼我
們就可以用這個圖表示出這個世界的內部本質結構。相當於是一
張**「宇宙本質構造圖」**。

7、事物興亡的本質就是舊平衡系統的毀滅與新平衡系統的誕生

　　如圖1.18所示，本質上講，任何一個事物的消亡都是由於舊
的平衡系統的「毀滅」，而新的事物的誕生也都是意味著新的平
衡系統的「建立」。

　　比如，當日本侵略中國時期，國共兩黨協作抗日，就中國政權
這一系統（S）範圍來說，此時如果把日本在中國的勢力比作P_R的
話，那麼國共兩黨均屬於P_L的範圍。但一旦打敗日本（$\theta=90°$），
也就是說舊的平衡系統徹底毀壞，那麼原本同屬於P_L的國共兩黨
則被分化到了對立的兩邊。比如說，國民黨站到了P_R一邊，而共

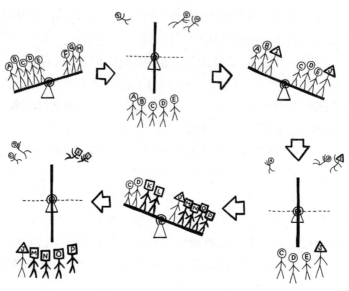

（圖1.18　事物誕生與消亡的本質（平衡與再平衡））

產黨則站到了P_L一邊。這樣一種新的國家政權體制的建立也就意味著一種新的平衡關係的形成。這也正是所謂事物興亡的本質所在。在新的平衡系統下，起初是國民黨力量強大共產黨弱小（$P_R >> P_L$、$\theta << 0°$），但後來共產黨從劣勢（$P_R < P_L$、$\theta > 0°$）逐漸轉化為優勢（$P_R > P_L$、$\theta < 0°$），到最後雙方力量對比發生重大逆轉（$P_R << P_L$、$\theta >> 0°$），最終國民黨被徹底打敗（$\theta = 90°$）。即國民黨統治下的舊中國的滅亡（舊平衡系統的「毀滅」）和共產黨統治下的新中國的誕生（新的平衡系統的「建立」）。而恰恰因為新政權的誕生使得在舊中國時代原本同屬於P_L的共產黨集團內部開始分化。也就是說，在如何執政問題上，往往會出現互為對立面的「左」「右」兩派（比如說右派屬於P_R，左派則屬於P_L）。從此，共產黨政權及其政策路線就開始在P_R和P_L這一對平衡力的彼此較量下，時左時右地向前延伸，永不停止──直至共產黨政權這一系統本身消亡為止。

　　地震現象也同樣是地殼變形能量的積累→釋放→再積累→再釋放……這樣一個循環往復的過程。既平衡系統不斷被破壞又被更新的過程。

　　實際上，人類社會與自然世界發展變化的歷史本質上就是一部系統平衡關係的建立→較量→毀滅→再建立→再較量→再毀滅……這樣一部由平衡關係所決定的周而復始循環往復的歷史。

8、平衡狀態的高低與「系統能」

　　由 $\theta = P/k$ 這個公式，我們知道槓桿的平衡狀態（θ）只取決於左右平衡力合力P和旋轉彈簧的抗力係數 k 這兩個因素。既平衡狀態與平衡力本身（P_L 及 P_R）大小無關。也就是說，P_L 和 P_R 的值不管是為 6 和 4 也好，還是60和58也好，其平衡狀態（θ）都一樣。因為它們的差都為 2。

　　這樣一來，是否就意味著平衡力本身大小沒有任何作用呢？當然不是，這裡的 P_L 與 P_R 體現的正是該系統能量的大小。

　　比如體育比賽，雖然都會產生冠亞軍（彼此相對差別一樣），但其份量就大不相同。市級就遠不如國家級，而國家級又遠不如世界級等等。

　　再比如南韓與北韓邊境局勢目前保持著相對穩定狀態（亞平衡狀態）。在冷戰時代，蘇美兩國之間也保持著相對穩定狀態。如果單從表面結果來看，兩者都處於同一或相近的狀態，但是其緊張程度顯然差別極大。朝鮮半島如果發生戰爭只是地區性，局部性的。而如果蘇美之間打起來，則可想而知必定是大規模甚至是全球毀滅性的。它們兩者之間的差別就在於其系統能量的差別──蘇美兩國擁有的核武器足以毀滅整個人類！

　　因此，為了分析問題的方便，我們就又有必要引進一個新的概念──**「系統能（Es）」**。其大小等於一對平衡力大小的總和

（Es＝P_L＋P_R）。這樣我們就可以把系統在高能量下的平衡狀態稱之為**「高級平衡狀態」**，反之則為**「低級平衡狀態」**。

因此，如果說 θ 表示的是槓桿的傾斜大小，那麼 E 則表示槓桿的彎曲程度。從系統平衡來講就是 θ 表示的是「失衡度」，Es 表示的則是「系統能」。前者取決於左右平衡力的差（P_L－P_R），後者則取決於左右平衡力的和（P_L＋P_R）。

系統能的大小對於系統的影響主要體現在以下兩個方面。

一是對於子系統而言，系統能 Es 越大，事物進步的可能性及其程度也就越大。

二是但當子系統「毀滅」時，系統能 Es 越大，對其母系統所造成的破壞性也就越大。

比如，蘇美兩國的軍備競賽使雙方的軍工產業迅猛發展，也使軍事技術及武器裝備水準得到顯著提高。這樣的競爭無疑對於軍事領域的進步起到了巨大的推動作用。但如果一旦爆發戰爭，則對人類社會的破壞力也就相應的巨大。

人與人之間的**競爭**也同樣如此。如果兩人互為競爭對手，那麼在由這兩人組成的系統中，彼此不斷競爭的過程就是一個相互刺激相互進步提高總體水準的過程。也就是說，由於P_L及P_R本身也是一個系統，在系統的「進取性」（參見下節〈系統論〉）特性作用下，雙方都力圖超過對方（P_L＞P_R或者P_R＞P_L）。而一旦一方超過另一方，既兩者之間出現差距（失衡）時，在系統的「維衡性」作用下，被超過的一方便會朝著縮小差距（P→0）的方向努力。於是，雙方的實力便在平衡→失衡→再平衡→再失衡這樣的循環往復中不斷得到提高。也就是說，這樣的循環往復不是單純的重複，而是一種螺旋式的上升運動。按系統平衡理論講，這就是一種提高系統能量的所謂的「好」的行為。相反，如果不是採取這種「積極進步」性的手段，而是採取「消極退步」性的方法進行競爭，比如，不是考慮刻苦努力提高自身的能力，

而是通過各種不正當手段削弱對手的力量。這樣做的結果就是使其「系統能」降低。因此，我們可以說，對該系統而言是一種「壞」的行為。

至此，我們就可以把在「導論」裡闡述過的所謂好與壞的評價標準做進一步的深化完善。即從如下兩方面來衡量：

① 從系統的「失衡度」來看，是「維衡」還是「毀衡」。前者為「好」，後者為「壞」。

② 從系統的「系統能」來說，是「提高」還是「降低」，前者為「好」，後者為「壞」。

當然，這裡的好壞評價標準同樣只是就站在某特定的立場（系統）而言，其結果同樣也會隨著立場的變化而變化。

有了這樣的理論為依據，我們才有可能對社會上發生的各種競爭、矛盾、摩擦、沖突、戰爭的「對」與「錯」、「好」與「壞」、「是」與「非」、「正義」與「邪惡」作出具有統一性、客觀性、合理性的事實求實的評價。也只有這樣的評價才有可能在盡可能廣的範圍內求得盡可能多的共識（公約數），從而有效地防止或減少不必要的競爭、矛盾、摩擦、沖突與戰爭。

此外，人們常說的**「良性循環」**的本質就是一個系統由「低級平衡」狀態向「高級平衡」狀態不斷變化的過程，其結果造成「系統能」的不斷增加。同樣，所謂**「惡性循環」**其本質也就在於一個系統由「高級平衡」狀態向「低級平衡」狀態不斷變化的過程，其結果造成「系統能」的不斷減少。因此，如果希望事物的變化避免陷入「惡性循環」的模式而使之進入「良性循環」的軌道，就只有從分析事物內外平衡關係入手。

9、系統的「進取性」特性與「生物進化論」的理論根據

前面我們講過，人類社會發展變化的歷史就是一部系統平衡

關係的建立→較量→毀滅→再建立→再較量→再毀滅……這樣周
而復始循環往復的歷史這樣的道理。那麼我們便要問，為什麼會
這樣呢？或者說為什麼必須這樣呢？

雖然我們在上面講過系統的「維衡性」特性。就是說系統具
有維持自身平衡不至傾斜倒塌的本性。但是，僅有這點還不夠。
因為如果僅此而已的話，我們就無法對於社會的發展與人類的進
步做出合理的解釋。

實際上，系統除了具有「維衡性」以外，它還具有提高自身
能量的本性。不僅如此，「維衡性」的目的又恰恰是為提高自身
能量做準備。因為，如果自身都不穩定的話，進步就無從談起。
這就跟「站都站不穩還想走？」是相似的道理。也就像人爬樓
梯一樣（如圖1.19所示）。要爬上去首先必須讓自己身子穩（平

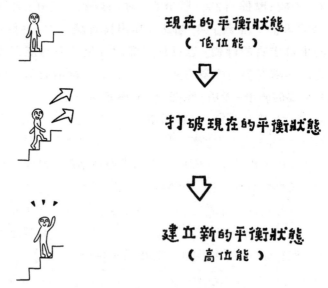

（圖1.19　上樓梯與平衡的關係）

衡）。但如果僅此而已，則只能讓自己永遠原地踏步踏。因此必

須打破原有的平衡狀態，用力抬起左腳（打破舊平衡），然後讓右腳也跟上去（建立新平衡），再抬起左腳，跟上右腳……。如此周而復始循環往復就能一步步爬上去。在上面的過程中，雖然人在每一個樓梯上都處於平衡狀態，但顯然有「高低」之分，「等級」之別。按物理學就是其所處的能量（位能）也就不一樣（上層大於下層）。

這就是系統所具有的第四特性——**「進取性」**。也就是說系統都具有在維持平衡的前提下試圖提高自身能量，使自身從低級平衡狀態不斷向高級能量狀態進取的特性。

因此，任何事物都兼有「維衡」與「進取」這兩種本性。只不過在目的上，前者是為了事物的「存在與延續」，後者則是為了事物的「進步與發展」。且後者的實施必需以前者為條件。

正因為如此，無論是個人、團體、組織、國家、還是整個人類社會系統都因為毫無例外地遵守著這一規律，才會有包括人在內的所有生物的不斷進化，也才會有經過不斷改朝換代，破舊立新而逐步繁榮發展到今天的人類歷史，而不會再倒退回去。

而更令人難以置信的是，這樣的結論又無意中恰恰**為達爾文的「生物進化論」提供了確實可信的理論依據**。

有了這樣的理論思想為依據，我們才能對於社會新事物的出現有客觀正確的認識，也才能對於那些毫無根據地反對和抵制新事物的言論給予有力的反駁。

比如對於現代社會出現的追求**名利享樂**，性開放的蔓延，傳宗接代宗氏家族觀念的淡薄，晚婚晚育或者不婚不育乃至婚外戀同性戀等現象的增加等等。如果有人單純地認為那是腐朽墮落，那是因為他站在舊的社會立場（舊系統）上看新社會問題，用舊觀念要求新時代的緣故（比如所謂的男女授受不親）。新事物的誕生往往是與新的社會環境（新系統）相平衡的結果。上述的這些變化，其原因就在於社會制度的進步，科學技術的發展，生活

水準及女性地位的提高以及社會通信與人際交往手段的多樣化、廣泛化等等各種各樣的社會環境條件（S）的變化。因此，我們就不應該僅僅按舊的倫理道德、封建觀念不分青紅皂白一律視之為「壞」的現象而予以排斥打擊。而是要具體情況具體分析區別對待。而**判斷其好壞的唯一標準仍然是在所考察的系統範圍內的平衡與否**。

即使對於現代人在物質生活上似乎有著永無止盡的追求這一現象，也不能簡單的扣上一頂**「貪欲」**的帽子打入道德世界的牢獄批臭批倒就完事。因為一方面這是一種由系統的「進取性」所決定的自然欲求。當然，這並不意味著這種欲求可以無條件無限制的膨脹，而是有條件有限制的增長。這個條件、這個限制就是「欲望」與其「能力」的平衡。也就是說，只要這種欲求與其自身能力相平衡，從本人的角度來看就是一種維衡行為而無可非議。何況這樣的欲求又恰恰是社會進步發展的根本原動力呢？另一方面，即使從整個社會（母系統）來看是一種損衡行為（比如會因貧富懸殊太大而激化社會矛盾），那麼其根本癥結在於社會制度與政策導向，而不在於所謂個人「欲望」（因此，要解決這個問題只有首先從改革或改進社會制度與政策方面著手）。

10、系統存在的兩大目的——「維衡」與「進取」

根據上面的論述，我們可以說，無論是人也好，動植物也好，社會團體組織也好，世界上的任何事物從其誕生的那一刻起，其行為無一不以「維衡」與「進取」這兩個目的為中心。且兩者均需要消耗能量。

也正因為系統具有的「維衡」與「進取」這兩個特性，才使得人類本身的「體能」與「智慧」在歷史的進程中不斷取得進步。而且還會一直延續下去，直到人類社會本身消亡為止。

　　無論是人與人之間的競賽（比如職場晉升，體育競賽，商業競爭等），還是國與國之間的競爭也都是同樣道理。就跟人上樓梯時左腳與右腳的動作一樣，既相互合作（落後的跟上去——維衡），又彼此競爭（跟上後又超過——損衡）。它們都客觀上起到了促進人類社會穩定與發展的作用。從這個意義上講，建立所謂完全平等絕對平均的社會是不可能的。因為它違反系統的「維衡性」與「進取性」這兩大基本特性。也是從根本上否定了系統本身存在的意義。這也就等於讓我們找到了**這種理想社會不可能實現的理論根據**。

　　但是，**建立盡可能相對平衡的社會則不僅是完全可能而且是完全必要的**。對此，我們將在「應用篇」裡再做進一步的論證。

　　此外，也許有人還會提出疑問，照此說法豈不是人人都會積極向上，社會只會進步不會倒退呢？

　　實際上，對這種現象的解釋並不難。其原因就在於上面所講過的「進取」必須以「維衡」為前提這個道理。也就是說，一個人要想求上進或者一個國家要想謀發展，必須以自身各方面的穩定為前提，且要有相應的足夠的能量。

　　因此，任何人都不是不思進取，而是要麼自身穩定性不夠。比如非進取性的私欲（玩、酒、色、賭等）尚未得到滿足，要麼就是自覺能力（能量Es）不夠或者兼而有之。

11、哲學的真相

　　我們所建立的「系統平衡結構模型圖」（圖1.15）是所有事物存在方式的本質縮影。其系統的大小則隨著我們所分析問題的範圍大小的變化而變化。比如，如果分析的是某個家庭，那麼，我們所設定的系統範圍就主要是包括夫妻子女在內的子系統和包括親屬、公司等在內的母系統。如果分析的對象是一個公司，那

麼就是包括部門、員工在內的子系統和包括行業、區域、相關政府部門等在內的母系統。如果我們研究的是整個世界，那麼，這個系統就是包括所有星球、國家、民族、群體、組織、部門、家庭、個人及其它動植物、結構物、物體及內部的分子、原子、電子直到素粒子等子系統在內的最大的系統S_{max}。**而以該系統（Smax）整體為對象，以研究其固有的普遍存在的本質規律為目的的學科就是「哲學」**——這才是哲學的科學性本質性定義。即，這才是「真正的哲學」或者說**「哲學的真相」（「哲學論」）**。

12、系統平衡模型與理論在分析各種事物上的應用示例

有了上面的系統平衡模型與理論，我們就可以很方便地對於世界上的各種事物與現象作出具有本質性、規律性、一貫性、客觀性、合理性的解釋。

（1）男女相愛的本質原因究竟在哪裡？

男女為什麼相愛？也許有人會說因為可愛，因為帥氣，因為心地善良，因為性格溫和，因為能幹等等。這算不算本質原因呢？當然不算。因為我們只要用**「替代論證法」**加以驗證一下就明白了。也就是說，同樣長相同樣性格同樣能力的同一個人為什麼有的人愛而有的人又不愛呢？對此也許還會有人說「因人而異嘛」。但若再反問一句，「為何有時又會有不同的人愛上同一個人的情況呢？」，恐怕就再也回答不上了。這就說明上述的這些因素都還不是本質原因。那麼，本質原因究竟在哪裡呢？實際上，我們可以從人們通常所講的「蘿蔔白菜各有所好」這句俗話裡尋找到答案。這句話的本質可以說就是「各取所需」。而這裡的「所需」的本質又是什麼呢？實際上就是「求衡」。既然是「求衡」，那麼必定是因為有「不平衡」。那麼，是什麼不平衡呢？實際上就是在「性」上的不平衡（DNA即第23對染色體的不

同）。具體地說就是，如果把人當作一個完整的平衡體，那麼，無論是男人還是女人終生都只能得到這個平衡體的半部分。即如果假設男性是其左部分（左平衡力），那麼女性就只有右部分（右平衡力）。從這個意義上講，兩者均屬於**「半殘人」**。這就使得他們無論在身體結構還是在心理狀態上都恰好構成了兩個正好相反的極端面。它們分別是：

男性：強壯、粗糙、突起、嚴厲、堅強、膽大、粗心、
　　　主動、外向、理性、好勝……

女性：柔弱、細嫩、凹陷、溫柔、脆弱、膽小、細心、
　　　被動、內向、感性、隨和……

我們把上述的屬性統稱為**「性屬性」**（或稱**「性素」**）。因此，不論是男人還是女人都不得不終生處於「非男即女非女即男」這樣一種極端不平衡的狀態。也就使得男人和女人不得不每時每刻都會為這樣的一種處於不平衡狀態的屬性而承受終生煩惱，又不得不為求得這樣的平衡而作出堅持不懈的努力，甚至耗盡畢生的心血。而同時也會終生從男女相愛這一平衡狀態中得到無窮的幸福與快樂。即男女對愛情的追求本質上就是「強壯、粗糙、突起、嚴厲、堅強、膽大、主動、外向、理性、好勝」等男性不平衡狀態與「柔弱、細嫩、凹陷、溫柔、脆弱、膽小、被動、內向、感性、隨和」等女性不平衡狀態之間的相互求衡行為。這才是男女之間會產生愛情的本質原因之所在（圖1.20）。

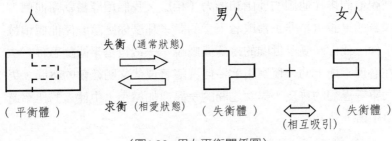

（圖1.20　男女平衡關係圖）

69

　　講到這裡，也許有人會說上面所列舉的一些表現男女特徵的屬性不僅同性之間在程度上各不相同，即使在異性之間也會出現逆轉現象。比如，有的女人就甚至比有的男人更強壯，更堅強，更膽大，更粗心。相反，有的男人就甚至比有的女人更柔弱，更脆弱，更膽小，更細心等等。但這也毫不奇怪，因為這些都只是男女在性上的表象而非本質。這也恰恰證明了男女之間在性屬性上並不存在絕對不可逾越的鴻溝。沒有哪個人身上只有男性因素而沒有絲毫女性因素。同樣也不會有哪個人全是女性因素而沒有一點男性因素。也就是說，任何人都不可能是100%的男人或女人。按照系統論的觀點就是說，每個人的男女性素存在著比例分配關係。比如，男人可能是80：20或70：30，而女人則大都是20：80或30：70。

　　按照上面的分析我們就能理解，在男女性素比例不斷隨機變化任意分配下，偶爾出現60：40，40：60，甚至50：50這種情況也非常自然。也就是說偶爾出現比男人還男人的「假小子」，比女人還女人的「人妖」，乃至不男不女的「兩性人」也不足為奇（圖1.21）。這也正好從理論上證明了「兩性人」並非「怪人」，也非「異類」，只不過正好處於比較特殊的位置（就像坐標軸上的0點一樣）而已。**只有具有這樣根本性的認識，我們才能真正從思想上根除對這類群體的歧視**。才能真正理解他們同樣有追求性幸福的權利以及為此採取的適合於他們自己的性行為方式的自由。比如**「同性戀」**以及所謂的**「性變態」**等等。我們沒有絲毫歧視他們排斥他們的理由和權力（相反，我們還應當感謝他們，因為如果說這是非正常或者不幸的話，那麼你應該慶倖他們頂替了你，代你承受了世間的冷落與歧視——這也是平衡論思維方法在心理平衡上的一種應用）。何況隨著現代文明社會的發展，男女平等思想的普及，男女之間的差異愈加縮小，中性人的比率還將不斷上升。

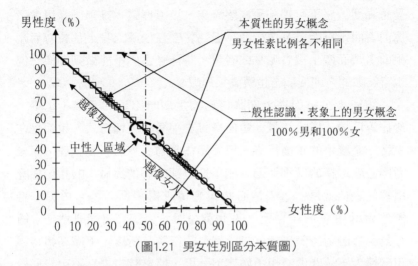

（圖1.21　男女性別區分本質圖）

　　此外，按照平衡論理論，就如評價事物的好與壞一樣，從根本上講男女之別歸根結底只不過在於「度」的區別。這也正好與我們在論述**「反義詞」的本質**時的觀點恰好相同（參見第二篇第一章第二節1及第四章第五節1）。這裡的「度」是什麼呢？不外乎就是**「性失衡度 θ」**或稱之為**「性別度」**。如果把男性的「性失衡度 θ」（**男性度**）定義為正（$>0°$），那麼女性的「性失衡度 θ」（**女性度**）便為負（$<0°$）。且其絕對值大小表示的就是人們通常所說的「男人味」或「女人味」的多少。也正是每個人「性別度」的不同，才導致每個人各自對於愛情的渴望程度（性欲度）的不同。

　　此外，人們所追求的對象會因人而異的原因就在於人們各自的「性別度」會因「性屬性」的不同而不同。但不管如何不同，在「求衡」這一點上無論何人何事、何時何地都是不會改變的。

（2）人的心情與表情的關係就是一對裡與表的平衡對應關係

　　人為什麼會有各種不同的表情呢？既會有喜笑顏開，也會有

71

憂愁滿面，怒不可竭甚至痛哭流涕。按道理講，誰都應該只會選擇前者而不可能會選擇後者。但為什麼在任何人身上都會時而產生前者時而產生後者呢？或者說，為什麼人們不能做到即使悲傷也喜笑顏開，即使痛苦也興高采烈呢？

實際上，這與在上面講述過的生病時出現的發燒、化膿、疼痛等現象一樣，正是人體自身謀求平衡的一種方式。也都是在人這一系統中的求衡行為。只不過在原因上有前者屬生理，而後者屬心理這樣的區別而已。如果把這裡的心情比做P_L的話，那麼這裡的表情就是P_R。表情必須與心情求得平衡（$P_R \fallingdotseq P_L$）、身體才會健康（系統穩定）。也就是說，表情在這裡既然是求衡行為，那麼對身體來說就是「好」的行為。所以，不僅高興時盡可開懷大笑，悲傷時也不妨痛哭一場，憤怒時也未必不可怒形於色。因為其結果都會對恢復心情上的平衡狀態起到有效作用（當然不可過度）。

有很多女性在做煩惱諮詢時，其實並不是真正為了把某件事情弄個清楚辯個是非，本質上講其真正原因在於自身心理的不平衡，就像積滿了空氣的氣球。這時最有效的手段就是洩氣（不管是香氣還是臭氣）。所以，高明的心理諮詢者並不是與她講道理論對錯，而是做一個忠實的聽眾，哪怕她說的是一派胡言。等到她氣消了也就是說恢復到了平衡狀態了，根本不用多費口舌就能讓她心平氣和，抱怨憤怒之情也就煙消雲散了。但如果一味給她講道理指責其錯誤則無疑是在往已經裝滿空氣的氣球裡強行打氣，其結果汽球越脹越大，最終爆炸了事。很多高明的男人獲得女人的芳心其實不是博學多才，也並非能說會道，他所有的本領只有一個那就是傾聽。有不少婚外戀就是從男人傾聽女人的訴苦開始的這個事實也證明了這一點。

此外，世界上大多數國家女性比男性壽命要長，其中一個重

要原因恐怕就在於女性比較忠實的表現自己的真實感情而男人則不得不偽裝。「男兒有淚不輕彈」就說明了這一點。因為他們肩負的擔子與承受的壓力往往比女人要大得多，他們必須時常為維持自身的平衡而與各種毀衡行為做鬥爭，這樣的維衡行為則是需要耗費精力的（螺旋彈簧的老化）。而女人動不動就訴苦，動不動就掉眼淚，看上去似乎她們比男人要可憐得多。實際上她們內心處於平衡狀態的時間往往比男人要長。從而使得她們無論是韌勁還是耐力都往往強于男人，壽命長於男人。

因此不管是強裝笑臉，還是忍氣吞聲（強迫彈簧工作），都是有損身體健康（促使彈簧疲勞，減低彈簧抗力係數）的行為。如果實在忍不住了（$R \to R_{max}$）、便會「氣急敗壞」或者「兇相畢露」（彈簧斷裂、槓桿傾覆、系統毀滅）。忍受越多（系統能越大）、脾氣便會發得越大（對系統的衝擊力就越大）。彼此之間的關係受損程度也就越大（母系統遭受的破壞性就越大）。之所以一貫不發脾氣的人往往一發就很大，而時不時發點牢騷的人一般很少發大脾氣就是這個道理。因此，如果我們從平衡論角度懂得了這一點，我們就能對平常溫順性格的人偶爾發點大脾氣給予更多的理解和諒解。同時也會注意當有不滿情緒時要儘量想辦法發洩出來。從而有益於我們的身心健康和人際關係。

當然，我們無法離開系統談平衡（平衡的相對性特性）。單從由某個人的「心情」與「表情」這一平衡對組成的系統來講，性格豪爽要比深藏不露要有益於健康。但我們必須考慮到人的健康同樣由遺傳、運動、生活條件、工作狀態、環境等諸多因素共同決定，不可以偏概全。何況，人們之所以壓抑感情不往外露，往往正是為了通過犧牲局部的暫時的健康來換取整體的長久的健康。既犧牲子系統平衡來換取母系統平衡。所謂有涵養、有城府、有度量（貶義性說法便是笑裡藏刀、陰險狡猾）的真正涵義

便是在此。

（3） 仇恨與報復的本質就是一種心理上的求衡行為

不滿是當事人在「回報」小於「期望」，不平是當事人站在自己立場上認為「得到」小於「付出」，或者是自身所受的「傷害」大於對方所受的「懲罰」的情況下產生的思想反應。

不過需要強調一點的是，這樣的評價究竟正確與否，除了取決於評價主體所站的立場（S）外，還取決於評價主體分析問題的水準能力（T）。比如對於同一裁判結果，原告與被告都認為對自己不公而雙雙提請上訴就是一個典型例子。

此外，我們還可以注意到，雖然同樣認為「失衡」，但不同的人其反應程度也就會不一樣。有的人能夠做到輕描淡寫不大當回事，而有的人卻會耿耿於懷甚至想伺機報復。這是為什麼呢？其本質區別在哪裡呢？顯然，就在於感情自控（理智）能力的區別。這裡的「感情自控」就相當於平衡物理模型中的「螺旋彈簧」。自控能力的大小就是其抗力係數（k）的大小。抗力係數大的人會讓理智占上風（$k_{max} > |P|$），反之則往往會容易感情衝動。

（4） 自殺與精神失常是一種「系統自毀」與「系統失控」現象

人為什麼會自殺呢？對於這個問題，恐怕大多數人都覺得很容易回答，隨便可以舉出種種原因來。比如生活貧困、戀愛失敗、家庭破裂、工作受挫、公司倒產、罪行敗露等等。但是與上面一樣，這些都還不是其本質原因。因為這些都不一定只導致自殺這唯一的結果。除了可能導致身體生病、情緒低落這樣的負面後果以外，甚至還有可能相反的促使本人吸取教訓、奮發圖強、功成名就這樣的正面效果。也就是說它們都不滿足與事物的「**同一性**」和存在的「**唯一性**」這兩個本質特性。

實際上，其根本原因當然也還是在於失衡。首先是在人這一系統中出現的「理想」（P_L）與「現實」（P_R——嚴格的說應該是本人對於現實的認識）這一心理上的失衡（$P_L > P_R$）。其「維衡」方法主要有三種方法。一是從客觀上提高現實水準（加大P_R），比如提高生活水準或工作職位等。二是從主觀上降低希望高度（減小P_L），比如降低生活標準或事業奮鬥目標等。三是增強自身的心理承受能力（加大抗力係數 k）。

但如果這三者都做不到。也就是說在既無法通過自身努力或外部援助以改變現狀，又無法通過自我調節從主觀思想上降低理想高度，更無力通過自我鍛鍊或外部心理治療來提高自身的心理承受能力的情況下，系統只有最終自行銷毀——**自殺**（折斷槓桿）。這也可以說是系統**終極的「維衡」本能**，即毀滅系統本身以求達到最低的平衡狀態——**零平衡狀態**。不過，這樣的行為仍然需要能量。

於是，如果本人連自殺能力（自行銷毀的能量）都沒有了，那麼任其下去（系統繼續失衡）的結果，雖然肉體（槓桿）還在，但精神已失控（彈簧斷裂，抗力為零，槓桿搖擺不定）——這就是**精神病患者**的狀態。

以上便是自殺與精神病的本質原因及其機制原理。

（5）爭霸與侵略本質上也仍然是一種求衡行為

爭霸的本質原因是什麼？實際上就是「實力」與「權益」的平衡行為。或者廣義的說就是「進」與「出」的平衡。沒有哪個弱小國家會去爭霸。因為弱者只要保住自己的既得利益就謝天謝地了，哪能有非份之想？但一旦國家強大起來，自然就會產生要平衡這種力量的欲望，正所謂「財大氣粗」「弱國無外交」都是這個道理。

無論翻閱千古歷史還是縱觀當今社會，在總體上講都是遵

循著平衡論的原則。即無論哪個國家，其所作所為與其實力（政治、經濟、軍事、技術等綜合國力）是基本平衡的。不僅事實上如此，從理論上講也必須如此。

中國的大唐盛世不斷不受外國侵擾甚至還享受包括日本在內的不少附屬國的進貢，但到了清朝則飽受列強的欺凌。是不是唐朝時代的那些外國人品德高尚而清朝時代的那些外國人就變得品德惡劣了呢？顯然不是。任何國家任何時代只要它是真正的強者大都沒有不好強的，只要它是真正的弱者大都沒有不得不顯弱的。總體上它們都無法逃脫平衡這一世界最基本的規律。具體地說就是系統的**「維衡」**和**「進取」**這兩大特性的作用（前者以「維衡」為目的，而後者則以「毀衡」為手段）。如果違背了這一原則，是哪個系統違背了，那麼該系統必定會受到懲罰甚至遭受毀滅性的打擊。比如，在**二戰**時，**日本**的實力也許與爭奪中國東北權益乃至建立偽滿洲魁儡政權是相平衡的。但日本卻高估自己，企圖占領整個東亞，甚至挑戰強大的美國。自然是過於失衡，其結果只能是自取滅亡。

因此，不能單純地只用道德品質上的所謂的「好」與「壞」來解釋它、評價它。這一方面是因為這樣的評價沒有作用。因為你即使講出它一條壞的道理，而當事者可以找上幾條甚至十幾條好的理由。歷史如此，現代也還是如此。正所謂「欲加之罪，何患無詞」。一個國家只要強大想要欺侮弱小國家，總可以找到無數理由（如成為第一次世界大戰導火索的塞拉耶佛事件），實在找不到可以捏造（如美國以藏有大量殺傷性武器為由侵犯伊拉克），捏造不出來甚至會故意製造（如日本為侵華製造的盧溝橋事件）。這樣的例子屢見不鮮、數不勝數。

另一方面是這樣的評價反而起反作用。為什麼這麼說呢？因為一旦把問題全部歸結於某個人或者國家民族的道德品質問題，

而我們對於改變其道德品質又無能為力的話，那麼實際上反而是使當事人的責任輕易地得到了解脫。其思維便可到此為止（參見第二篇第四章第一節〈思維停滯〉）。客觀上也就為我們不去繼續尋求解決問題的方法提供了藉口。如果是受害者的話，其結果反而在自己這一系統中製造出了一個新的不平衡狀態——「仇恨」。作為平衡它的直接手段就是「報復」。也就是為新一輪的戰爭埋下了禍根。而復仇→報仇→再復仇→再報仇，如此惡性循環正所謂「冤冤相報何時了」。比如普法之戰的結果（德勝法敗，法國割讓阿爾薩斯和洛林予德國，並賠款50億法郎）為兩次摩洛哥危機埋下了種子。而兩次摩洛哥危機的結果（法勝德敗，法國獲得在摩洛哥的所有權益）又為德國挑起第一次世界大戰打下了伏筆。而第一次世界大戰的結束（法勝德敗，「凡爾賽和約」無論在政治上、軍事上，還是在領土上、經濟上，都給與了德國非常苛刻的條件）又為德國再次挑起第二次世界大戰留下了禍根。雖然每次戰爭的發生還有其它諸多因素，但從本質上講，無一不**「誕生于平衡、存在于平衡、變化于平衡、消亡于平衡」**。唯有這一點才是永恆不變的真理。

那麼霸權與侵略究竟是想維持怎樣的平衡呢？實際上，根據平衡原理。主要想維持的是以下兩種平衡。

其一是維持「國家」這一子系統內軍事能量的「積蓄」與「釋放」的平衡。

無論是秦始皇統一中國，成吉思汗征服世界也好，還是英國世界性的殖民統治，德國橫行歐洲，日本踐踏亞洲，美國稱雄全球也好，都離不開一個重要的歷史背景，那就是它們當時的軍事力量的強大。而軍事與經濟不一樣的就是，一個國家的「經濟繁榮」可以用該國人民生活的「生活富裕」來平衡。但軍事力量呢？一般是無法通過在其自身內部得到發揮以求得平衡的，除非

發生政變或爆發內戰。國家這一系統內的軍事能量（P_L）不斷「積蓄」而又無法在內部得到「釋放（P_R）」的情況下，「積蓄」與「釋放」的差（$P_L - P_R$）越來越大，其「失衡度」（θ 值）便會不斷增加。而出於系統「維衡性」本性，就只好採取將一部分軍事能量向系統外 （國外）「釋放」的辦法。

其二是在「世界」這一母系統中維持了國家「實力」與其國際「權益」的平衡。

我們必須認識到，以上都是站在國家這一子系統的立場上作出的分析，但如果站在世界這一母系統來看，又會怎樣呢？

從發生的幾次世界大戰來看，每次大戰的最終結果都是各國勢力在全世界範圍內的再瓜分。即對各國的國際權益和地位進行的再調整。也就是說，變得弱小的國家地位要降低，勢力範圍要縮小。相反，變得強大的國家地位要升高，權益要擴大。強者要從弱者手中搶走或者奪回與它的強大程度相匹配的權益。所謂的戰後處理，本質上也就是戰勝國對於戰敗國原有權益的瓜分。力量強出力大的多分，力量弱出力小的少分，沒出力的不分。

歷史上，沒有哪個戰勝國會發善心主動讓出本該屬於自己的權益（除非出於將來的長遠利益考慮）。也沒有哪個國家會把已經搶到的地盤僅僅出於善心而讓給他國。不管是社會主義國家還是資本主義國家。不管是信基督教、天主教、伊斯蘭教、還是信佛教、印度教。不管是東方還是西方等等。

這說明了什麼問題呢？

這就說明，戰爭的本質根源既不在於國家或民族，也不在於宗教或政黨，更不主要在於人的「狠毒邪惡」。因為這些都可以相互替換。也就是說這些都不符合本質應當具有的在同一屬性上的**「唯一性」**特性。

那麼，其根源又究竟在哪裡呢？

其根源也依然不外乎還是在於平衡。即在世界這一母系統中，各個子系統（國家）所擁有的「實力」與其所具有的「權益」的平衡（圖1.22）。雖然其它因素千變萬化，但唯有這樣的

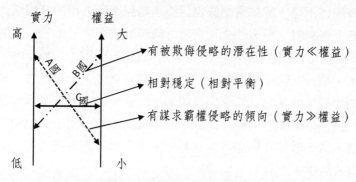

（圖1.22 國際關係本質概念圖）

「維衡」特性卻是永遠不變的。因為這是系統的本性。如果系統違反了它的本性，那麼系統將失去它存在的意義。

分析到此，雖然我們依然可以從**倫理道德**觀念的角度上把爭霸視為邪惡，把戰爭視為犯罪。或者從戰爭發動者個人的思想品德問題上去找原因。但我們還是不得不說，這種舍本求末的做法不會有根本性效果。因為它不反映事物的本質及其自然規律。

就算我們試圖消滅世界上所有的獨裁者或戰爭狂，到頭來我們也會發覺——舊的獨裁者或戰爭狂在不斷消失的同時，新的獨裁者或戰爭狂卻仍在不斷地產生。為什麼呢？因為孕育他們的環境並沒有消失。這裡的環境就是我們所說的系統（S），而決定系統運行規律的最本質因素只有平衡（B）。因此，我們還是可以說戰爭的根源依然在於「平衡」。

正因為如此，無論是權益也好，還是地位也好，其合理的分配方式就是以「付出」與「得到」或者說「進」與「出」的平衡為基本原則。「按勞分配」「按股份紅」「論功行賞」之所以容

易為大家所接受其原因就在於此。

因此，從這個意義上講，也就不能說在**戰爭責任**問題上，被侵略的一方一點原因也沒有（比如政權腐敗，民眾懶散，風氣墮落等等。不過，這歸根結底也只不過是對事實真相的客觀描述，而絕不表示對「弱肉強食」之類的觀點的肯定）。當然，這個程度有多大也非常重要（平衡理論本來也就出自於「度」這一概念），是一九開（被侵略方為一，侵略方為九），還是二八開等等則視戰爭的其它具體原因具體情況而定。但有一點可以肯定的是，按「系統論」的觀點，既不能極端式的零十開（極端和平主義者）或十零開（極端戰爭狂熱分子），也不能單純的五五開（教條式的中庸之道）。

那麼，這樣說是否就意味著所謂**「仁義」**或**「正義」**的力量完全沒有任何作用呢？當然不是。在這裡只是想強調的是如果在究竟什麼是「仁義」「正義」的問題上，沒有使人們達到共識的話，這樣的詞將會變得毫無意義。古代歷史上的宗教戰爭也好，現代社會的各種戰爭以及恐怖活動也好，沒有哪一個發動者不是打著維護正義的旗號。你說那是「橫行霸道」，他說那是「替天行道」；你說那是「野蠻侵略」，他說那是「自衛反擊」；你說那是「自私自利」，他說那是「懲惡揚善」；你說那是「恃強凌弱」，他卻標榜是「匡扶正義」……。無論是希特勒的獨裁統治，還是日本的軍國主義都無一不是在得到本國人民的大力支持下進行的。這也意味著要在正義善良問題上使全人類達到一種普遍的統一的絕對的共識顯然是不可能的。

討論至此我們才可以說，那種不問具體情況只是空洞地宣導仁義、善良、和平的做法除了在心理上給人一種虛幻式的安慰作用以外，幾乎沒有什麼意義。就連這樣的和平主義運動者本身，一旦涉及到自身的根本利益也難保不反而成為戰爭罪犯。這點從

歷史上許多國家先是被別國侵略繼而又侵略別國這種現象中就不難看出。

那麼，是不是在戰爭這個問題上我們就束手無策只能聽天由命呢？當然不是。不僅如此，反而是正因為我們徹底弄清楚了其本質原因，從而就能夠讓我們找到有效的預防措施。而這個措施還是必須從系統平衡上著手。

首先，減少軍事能量（$E_S = P_L + P_R$）的過度積累，即推行全世界範圍內的全面裁軍，再就是增強對戰爭的抗力（加大 k 值）。

以上兩點是減少和避免戰爭的關鍵所在，是最基本的指導思想。至於具體辦法，則作為一項專業研究課題（T），有待于專家學者們今後的努力。比如**建立像WWF那樣的可以有效控制各國軍事力量的組織，或者建立一套有效的國際維和機制、戰爭問責機制以及實現國聯實權化、軍隊國際化、經濟一體化、貧富差距縮小化及以BEST理論為核心的和平主義思想的教育普及**等等。而其中的戰爭問責機制的建立尤為重要。比如美國即使可以以伊拉克擁有大量殺傷性武器為由發動侵略，但一旦證實與事實不符，則應該承擔責任——而這樣的做法恰恰是預防類似錯誤戰爭的最有效手段。

但不管怎樣，所有這一切都必須以BEST理論為基本指導思想和根本出發點，否則仍將一事無成。

（6）所謂「組織關係」的本質

組織關係的本質當然也無一例外的是系統平衡。那麼具體地說又是什麼樣的平衡呢？

實際上，任何組織或團體機構的活動以及其成員在組織中的行為無一不受到由能力（業績）、職權、責任、待遇這四者相互組成的六組平衡關係的支配和控制。所有組織內部產生的動力與矛盾都必定源於且只源於這六組平衡關係的發展與變化（圖1.23）。

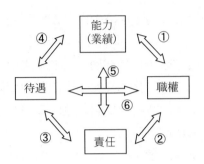

（圖1.23　組織內部平衡關係示意圖）

　　比如在第①組平衡關係中，如果某職員的能力不能勝任其職權，那麼做起事來必定會力不從心。長久下去必定會在給公司造成損失的同時，也會給自己的身心健康造成損害。反之，如果能力大職務低，或者有職無權的話，則一方面會造成人才浪費，另一方面會使之難以服從比自己能力低的上級的指揮。長久下去也必定會造成公司指揮系統的紊亂和內耗的增加。

　　在第②組平衡關係中。如果公司幹部有權發號施令，但對其實施後的結果可以不負責任的話，那麼，必定使幹部缺乏對所作決策決定的責任心，就會造成隨意決策濫發號令的現象，其結果遲早會給公司造成重大損失。古代所謂的「軍令狀」特別是「諸葛亮揮淚斬馬謖」就是這種平衡關係的「維衡」行為的最典型的例子。而馬謖之所以犯錯也正是第⑤種平衡關係的嚴重失衡——在過信的同時，對於失敗後的後果（懲罰）認識不充分所致。

　　在第④組平衡關係中，如果待遇與能力不相稱，就會妨礙公司這一系統的正常運行。如果一個人覺得自己的待遇（報酬等）過度低於自己的能力或者業績（待遇＜能力）就會失去積極性。相反，如果某個人的能力或業績達不到其所享受的待遇水準（待遇＞能力），就會影響其他職工的積極性。到一定程度時，出於個人及公司各自的維衡本能，前者就會使得個人跳槽，後者便會使得公司不得不解雇。

　　此外，這些一連串的平衡關係實際上也就形成了組織與個人兩者之間的良性循環或惡性循環的基本構造模式。比如，如果第④組平衡關係較為平衡，即，當一個人的待遇與其能力相對平衡時，其工作積極性增加→業績上升→待遇升高→工作積極性增加……。相反，就會造成工作積極性降低→業績下降→待遇降低→工作積極性下降……。前者是螺旋式的上升運動，而後者則是螺旋式的下降運動。前者在不斷提高系統能，即在不斷使公司發展壯大的同時也不斷使個人能力與待遇不斷得到提高。而後者則是在不斷降低系統能，最終甚至會導致公司倒閉職員失業——這就是所謂**良性循環**與**惡性循環**的本質之所在。

（7）人的言行必須與其身份地位場合相平衡

　　我們知道，人與人之間的言行直接影響甚至決定著人際關係。如何影響呢？實際上就是說一個人說什麼話、做什麼事必須與他在當時所處的環境、場合、身份、地位「相稱」。即不能過高也不能過低。這裡所謂「相稱」的本質依然不外乎「平衡」二字。最明顯最常見的例子就是開會。無論從入場到離場的時間上（身份低的一般要比身份高的人先到場後離場）、座位的排列上（越是重要人物越坐在顯要位置），還是在發言權上（一般來說職位高低決定其發言權大小），都有一種自然形成的默契。這裡的默契正是平衡這一世界最本質規律的最直觀的體現。誰若破壞這種平衡誰就必定會受到系統排斥（系統的「維衡性」）。比如，不光下屬若不尊重上司不行，上司若總是不能顯示其應有的氣勢，那麼遲早也會被下屬瞧不起而難以讓下屬聽從指揮調動。

　　即使動物界也同樣如此。比如猴子群中，一般都會按「優勝劣汰」的法則自然形成1號，2號，3號等不同等級的頭目。頭目一般都必須表現得威風凜凜，否則其地位馬上就會受到威脅。而一般猴子則必須表現得恭順，否則會立即遭到打擊等等。

這也就給我們一個重要啟示，那就是，追求人與人之間的絕對平等是違背事物發展規律和自然法則的損衡行為。我們既需要遵循相同條件下的平等原則，也需要遵循不同條件下的不平等原則。也就是說，平等與不平等不僅可以而且必須因條件的變化而變化，唯一不變的只有「平衡」。而且只有通過不平等才得以使平衡得到保障。這又再次印證了**平衡才是萬事萬物的共通本質**這個道理。

懂得了這個道理，就可以幫助我們減少對人的**嫉妒**心理。產生嫉妒心的最基本的出發點就是「同樣是人為什麼他就要比我好！？」。這句話錯就錯在作為其理由的「同樣是人」這一前提條件上。**雖「同樣是人」，但「人皆不同」**。只要認識並事實求實地承認人在天賦、能力、性格、後天努力、運氣、機遇上的差別，在此基礎上理解掌握平衡論的思想，那麼，就必然對於人與人之間的差別有一個全面客觀合理的認識。從而減少嫉妒心，或者把嫉妒心轉換成奮鬥的動力。

歧視問題也同樣如此。無論是受到種族性、國家性、地區性也好，還是貧富性、階層性、差異性歧視也罷，我們都能因此做到正確對待。什麼叫正確對待呢？首先就是只要把它看作成是一種自然規律，就能夠做到**從道理上理解、心理上承受、做法上泰然處之**，而不會因耿耿於懷或懷恨在心而自尋煩惱。因為如果自己是對方的話也難保不會表現同樣的歧視行為，只不過雙方立場不同而已。不僅如此，反而還可能會起到激勵自己發奮圖強的積極作用。因為只要改變自己的地位就能消除這樣的歧視。比如努力奮鬥以爭取個人晉升致富，國家繁榮富強等等。

實際上，這種嫉妒心以及歧視的潛在性威脅又恰恰是促進人的進步推動社會發展的強大動力。有了這樣的本質性的認識，我們才能做到**「真心理解、確實做到、廣泛應用、長久實施」**。否

則，必將「**流於形式、行於表面、起于一時、終於一刻**」。

比如，原本「老實本分」的人一旦從窮人變成了大款，往往在態度上會變得「財大氣粗」起來，在行為上難免會有些「飽暖思淫欲」的傾向。從某種意義上講，這也是一種自身的平衡行為。因其所擁有的能量需要得到釋放。

因此，我們也就很難對諸如「財大氣粗」「恃才自傲」「忠言逆耳」「對上溜鬚拍馬，對下頤指其使」「得勢時眾星捧月，落魄時眾叛親離」「人一走茶就涼」等社會現象一律不分青紅皂白給予全盤否定。同樣我們也不能對諸如「直言不諱」「剛直不阿」「寧折勿彎」等行為一律給予無條件的讚賞。

當然，這裡必須以兩點為基本前提。其一是「**自我感覺不可過度**」。就是說不要過高地估計自己的「財」與「才」。其二是「**自我表現不可過分**」。就是說要講究「表現方式」，不能給對方以太直接太強烈的刺激。實際上，這兩點仍然屬於BEST理論的範疇。既前者要求的是「平衡」，後者強調的是「技術」（對此，我們在第二篇第一節〈人性論〉中還將有所闡述）。

總之，人的一切言行，其內容自不必說，就連裝束打扮、坐行姿態、手勢動作、說話神態、聲音大小都必須要與當時的環境、場合、狀況、對象、地位相平衡。否則，就會造成人際關係的不和及社會關係的紊亂。

(8) 人與人之間的矛盾本質上源於各自「主觀平衡線」位置的不同

正如我們在上一章裡已經講述過的那樣，引發社會各種矛盾、糾葛、衝突的根本原因無一不在於各自所設定的平衡線位置高低的不同。

比如，買賣雙方在價格上的分歧就源於對於合理價格的認識的不同；對工資職務的不滿就源於公司與職工雙方對於合理工資合適職位的認識的不同；夫妻在家務分擔上的分歧也同樣是在於

雙方的合理分擔比例上的認識的不同；兄弟姐妹在父母遺產分配上的矛盾也不過就是在其合理分配上的意見分歧；兩國領土之爭也不過就是雙方在領土上的合理劃分上的意見分歧……。這裡所謂的合理價格、合理工資、合適職位、合理比例、合理分配、合理劃分等等，本質上都表示的是同樣一個概念——平衡線位置。即雙方在這些方面的「主觀平衡線」位置的不同。

再比如，同樣是１千元賑災捐款，如果是出自乞丐之手，必定會大受讚賞，而如果是來自富豪之身則難免會招人唾罵。無論是小到考慮如何送禮的問題，還是大到安排國家領導人的座次，其本質就是一個尋找平衡線位置的問題。

由此可見，正確合理的平衡線的設定在我們日常生活中，大大小小的事物中何等重要！

因此，如果要達到我們的目的，無論它是為了求衡、維衡、還是損衡、毀衡，如何正確合理地設定平衡線位置是一項非常重要的技術（Ｔ）。這就首先需要我們盡可能客觀理智性而不是主觀情緒化地看待事物。再就是提高自身綜合分析、合理判斷、有效解決各種問題的能力。不用說，其中起關鍵作用的便是本BEST理論。

13、「平衡」絕不等於「平均」或「平等」

對於「平衡」與「平均」及「平等」的關係，我們在上面已經提到過。在這裡，我們還想通過做進一步的分析來加以強調。因為平衡這個概念容易被這兩者所混淆。

首先，「平均」或「平等」的涵義是指兩個以上數值的平均值或等同值。因此它作為一個絕對性概念僅僅局限於數值本身而與其它條件無關。而平衡則作為一個相對性概念，它不僅隨其所處的環境的變化而變化，而且會隨著所考察的系統的變化而變

化。比如發放獎金，如果不論貢獻大小職位高低一律平均分配的做法就是典型的平均主義做法。雖然做到了「平均」「平等」，但卻是大「不平衡」了，即貢獻與報酬的嚴重「失衡」。

這也就意味著，無論是人於人之間也好還是國與國之間也好，本質上不存在絕對平等而只有相對平衡。

為了便於形象的理解這兩個概念的不同，我們還可以把它們分別比作「天平秤」與「吊秤」（圖1.24）。天平秤的支點是其兩端的絕對中點，即距離相等，這就是「平均」「平等」的做法。而「吊秤」則是通過調節秤跎的距離來平衡物體的重量。即重的一方離支點近，輕的一邊離支點遠。雖然兩邊物體的重量不等，但它們的重量與距離的乘積是相等的。也就是說，雖然「重

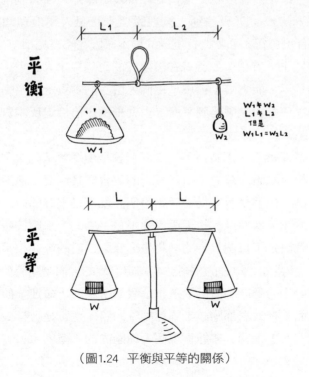

（圖1.24　平衡與平等的關係）

量不均、距離不等」，但卻「狀態平衡」。正因為「重量不均」所以才需要「距離不等」。只有這樣才能達到可以用小秤跎來稱重物體的目的。而天平秤是無法做到的。這正好體現了「平衡」與「平均」或「平等」的本質區別之所在。

14、「絕對平均主義」及「無條件平等思想」的非合理性

人們時常感歎世間不平、人道不公。越是社會底層群體越是如此。因此，中國歷史上也就出現過幾次為實現完全平等社會而發起的革命。比如黃巾起義，再就是中國共產黨領導的解放革命。但最終都被實踐證明，這樣的絕對平均與平等主義終究是行不通的。這是為什麼呢？這樣的社會沒有壓迫，沒有剝削，沒有貧富懸殊，沒有等級差別，按理說這不正是人類最理想的社會嗎？為什麼會行不通呢？行不通的根本原因在哪裡呢？

實際上，其根本原因就在於這樣的思想只求人與人之間的表面上的平等，而實際上損壞了每個人自身的本質上的平衡，從而也就難以使社會整體達到平衡。也就是說，恰恰違反本質論、平衡論及系統論的緣故。

具體說就是，因為人與人之間無論是由遺傳基因決定的先天性的長相、身體、智力，還是後天的教育成長環境、機遇運氣都千差萬別。也就是說，從一開始每個人就不是平等的，社會賦予每個人的先天條件以及後天環境就不是平均的。那麼按照平衡論原理，就決定了每個人走的必將是一條與自己的條件相平衡的人生之路 （當然，這裡的平衡並非固定不變的，而是隨時間環境條件不斷變化的動態平衡）。這正是我們所說的**「命運」的本質之所在**。而不是大家都應該走同樣同等的路。也正是這樣表現在人與人之間的不平等，才能實現個人範圍內的平衡。也只有首先實

現個人範圍內的平衡才有可能奠定實現社會整體平衡的基礎。

以上便是為什麼完全平等平均的社會不可能實現的理論根據。

從上面的分析我們還可以注意到，以BEST理論為基礎的**理論式、具體化、實用性**的教育方式與那些僅僅以要人們「心態好、多寬容、少嫉妒」那樣的空洞教條口號式的說教方式相比，其效果自然有天壤之別。

15、「平衡」也絕不等於「中庸」

此外，人們也容易把「平衡」與「中庸」做簡單的等同。但實際上兩者有著本質區別。

如圖1.25所示，「中庸」一般是指處於兩種極端狀態（極左與極右）的最中間的狀態。就像走路，既不靠最左邊也不靠最右邊走，而是走中間。因此，它的位置完全依賴于以「極左」

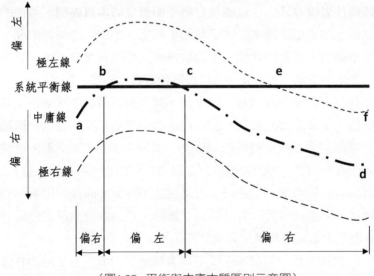

（圖1.25 平衡與中庸本質區別示意圖）

與「極右」這兩個端點為邊界的一條路。如果這裡的「極左」與「極右」這兩個狀態確確實實是事物的兩個極限狀態（失衡度分別為 $+90°$ 與 $-90°$），那麼，這兩者之間的中間狀態可以視為事物的「系統平衡狀態」。也就是說中庸之道是既不偏左也不偏右的正確路線（如圖中b、c兩點）。而問題在於，我們所說的，或者想到的以及看到的尤其是大眾所表現的是否就是真正的「極左」與「極右」狀態呢？顯然很難確定。因為它們極易受人的立場與認識能力的主觀影響而漂浮不定。比如，我們按「中庸線」所認識的「極左」也許相對於「系統平衡線」來說實際上仍然「偏右」（如圖中「極左線」上的「e～f」段）。而「中庸線」本身自然也就難免處於不是「偏右」（圖中「a～b」「c～d」）便是「偏左」（圖中「b～c」）的狀態。b、c兩點則為與「系統平衡線」極其偶然的重合點。

因此，**「中庸之道」是一種不以探求事物本質為目的，而只是以事物表面現象和人的主觀印象尤其是大眾表現為依據的機械性教條性思維方式——這就是它與平衡概念的本質區別**。通俗的說就是，如果這條路本身就是偏的，那麼，即使你走得再中間，也還是偏的。其結果就還只不過是被他人意見牽著鼻子走，沒有自己真正的主見，與隨波逐流投機取巧實質上同屬一類。

再以買賣雙方談價錢為例來說，高價與低價的中間值便是其平均值。中庸之道的思想，就是按這個中間值交易。但按平衡論的思想則是應當按當時的市場價格（系統平衡線）來交易。也許買方或賣方的某一方的要價恰好是最合理的價格（系統平衡線）。前者局限於兩者這一小系統，所以往往不現實。而後者則著眼於市場這一大系統，所以容易找到平衡點。這也就成為最自然最普遍也就為大家最容易接受的交易方式。

再比如，當一個國家在要不要發動戰爭的問題上，自然就會有主戰與反戰這兩種相對最左與相對最右的狀態。比如日本發動

侵華戰爭時，在幾乎所有的國民都狂熱支持的同時，也遭受到日本共產黨這樣的少數勢力的反對。按中庸之道的思想自然是應該傾向於主戰，或者最多既不主戰，也不反戰，而不會站在共產黨一方。而平衡論的思想則是，通過綜合分析當時的國內外社會環境，找出國家的「系統平衡線」位置，以此為標準來決定國家的行動方向。如果反戰是正確的，就要堅決避免戰爭，哪怕是少數意見（事實證明「反戰」才是當時日本的「系統平衡線」）。

值得說明的是，我們在這裡主要是想闡述「中庸思想」與「平衡理論」的本質區別，仍然沒有必要對於這樣的思想一律作出好與壞的評價。因為離開具體的環境與範圍談好與壞是沒有意義的。有時，這樣的作法對個人來說可以起到明哲保身的作用，對社會來說會起到穩定政局的作用。儘管如此，這也並**不是一種「自然哲理，普遍真理，統一法則」，歸根結柢，不過是BEST理論中的T（技術）的範疇而已**。

值得順便一提的是，現代**民主主義社會制度**雖然是相對進步合理的社會制度，但就正如**「少數服從多數」**決策方式所代表的那樣，其本質依然屬於「中庸之道」的範疇。只不過其表現形式從**數學上的「幾何中心」**變換成了**物理學上的「重心」**而已。正因為如此，才使得**即使在這樣的制度下也仍然避免不了獨裁者與獨裁國家的出現和侵略戰爭的發生**。

16、「平衡」與「和諧」也根本不同

首先，從詞性來講，平衡既可能是手段也可以當作是目的，但和諧只能是目的。此外，平衡的涵義中也包涵著不平衡這一因素，既實際上是平衡與不平衡的總稱。對於一個系統來說，有時為了生存它需要平衡（穩定），但有時又為了進取它需要毀衡（變革）。而且，這樣的「維衡」或「毀衡」都會因所考察的系

統的不同而不同。也就是說，對於某一局部系統來說的「毀衡」行為卻有可能對於整體系統來說是一種「維衡」行為。但「和諧」卻並不包含著「不和諧」這一涵義，而是一個絕對性概念。但實際上，局部的不和諧卻有可能是整體和諧所必須的，暫時的不和諧卻有可能正是為了長久和諧。比如在一個集體當中，如果大家都只當好好先生，對問題熟視無睹，置若罔聞的話，雖然表面和諧，最終勢必問題凸顯。若任其繼續發展下去，最終勢必造成無法挽回的後果。

因此，是否含有「系統平衡」概念，而不僅是「局部平穩」思想，是否認識到系統的「進取性」特性而不只是注意到它的「暫時平穩」性需求。這就是「平衡」與「和諧」的本質區別。

17、「平衡」總論

我們只要超越國家、民族、性別、年齡、出身、學歷、職業、身分、地位、所屬等自身固有的環境條件，沖破宗教信仰、政治思想、道德意識等固有的或者人為的習慣性觀念，我們就能清醒地認識到，無論從數學、物理、化學、醫學、生物、天文、地理等自然科學，還是到文學、歷史、法律、音樂、美術等社會科學；無論從個人、家庭、公司，還是到組織、民族、國家、人世間及自然界的所有事物；無論是諸如健康、高興、幸福、和平、友好、進步等正面現象，還是諸如生病、悲傷、不幸、戰爭、沖突、退步等反面表現，從本質上講，都源於平衡，一切始於平衡又終於平衡。平衡決定著所有事物的存在與變化，也同樣支配著所有生物的動機與欲望。平衡產生一切，影響一切，支配一切，決定一切。

本節小結

（1）「平衡」三大特性：普遍性、相對性、系統對應性。

（2）「系統」四大特性：存在有限性、維衡性、相關性、進
　　　取性。

（3）平衡的標準物理模型、計算公式及三種平衡狀態。

（4）世界上的萬事萬物幾乎都處於「亞平衡狀態」（「相對
　　　平衡狀態」或「動態平衡狀態」）。

（5）系統「存在有限性」決定了世界上的所有事物都不可能
　　　「永恆」和「無限」存在。這也就等於找到了宇宙始於
　　　「無」、也必將終於「無」這一「宇宙自生有限論」的
　　　理論依據。

（6）系統的「進取性」特性是肯定「生物進化論」和否定
　　　「平均主義社會」的理論依據。

（7）任何事物都兼有「維衡」「進取」這兩種本性。只不過
　　　在目的上，前者是為了事物的「存在與延續」，後者是
　　　為了事物的「進步與發展」。且後者必需以前者為條
　　　件。

（8）人從亞健康到生病的過程就是人這一系統從亞平衡狀態
　　　逐漸失衡的過程。其中，「寒熱」「表裡」「虛實」「勞
　　　逸」等影響健康的各種因素便相當於作用於槓桿的各種
　　　「平衡對」。人對疾病的抵抗作用及其抗力大小則相當
　　　於「螺旋彈簧」的抗力作用及其「抗力係數」的大小。作
　　　為抗病（「維衡」）手段的吃藥打針則相當於縮小了「失
　　　衡力」，鍛煉身體則相當於提高了彈簧的「抗力係數」。

（9）「系統平衡結構模型」的建立。

（10）所謂哲學就是以「世界整體系統」Smax為對象，以研

究其固有的普遍存在的本質規律為目的的科學。

（11）世界上萬事萬物的「消亡」與「誕生」本質上就是新舊平衡系統的「毀滅」與「建立」。人類社會與自然發展變化的歷史就是系統平衡關係的建立→失衡→毀衡→再建立→再失衡→再毀衡……這樣一個循環往復螺旋上升的歷史。

（12）平衡狀態的高低取決於系統能E_S的大小。系統能越大，事物的進步就會越大，同時當系統毀滅時對其母系統所造成的破壞也就會越大。此外，「良性循環」與「惡性循環」的本質區別就在於，前者是把系統不斷由「低級平衡」狀態向「高級平衡」狀態提高，而後者則相反。

（13）全方位評價事物好壞的標準如下：

　　I、從事物的「失衡度」來看，是「維衡」還是「毀衡」。前者為「好」，後者為「壞」。

　　II、從事物的「系統能」來說，是「提高」還是「降低」，前者為「好」，後者為「壞」。

　　　　有了這樣的理論為依據，我們才有可能對各種事物的 「對錯」「是非」作出具有統一性、客觀性、合理性的評價。也只有這樣的評價才有可能在盡可能廣的範圍內求得盡可能多的共識（公約數），從而有效地防止或減少不必要的競爭、矛盾、摩擦、沖突與戰爭。

（14）男女對愛情的追求本質上就是男性性失衡狀態與女性性失衡狀態之間的相互求衡行為。且「性素」及其「性失衡度」決定著求愛對象及其渴求程度。

（15）人的心情與表情的關係就是一對裡與表的平衡關係。

（16）仇恨與報復的本質也是一種心理上的求衡行為。

（17）自殺是「系統自毀」行為，精神失常屬「系統失控」
　　　現象。

（18）「爭霸」與「戰爭」本質上也還是一種平衡行為。它
　　　一方面是在「國家」這一子系統內維持了軍事能量的
　　　「積蓄」與「釋放」的平衡。另一方面在「世界」這
　　　一母系統中維持了國家「實力」與其國際「權益」的
　　　平衡。因此，對於戰爭，我們既不能支持戰爭狂熱分
　　　子，也不能寄希望於單純的和平主義運動。而是只有
　　　從調整平衡關係上入手，即減少軍事能量的過度積累
　　　和增強世界這個系統本身對戰爭的抗力才是確實有效
　　　的辦法。

（19）所謂「組織關系」的本質就是由能力、職權、責任、
　　　待遇這四個要素之間組成的六組平衡關系。這些關係
　　　的平衡與否才是決定系統能否正常運行及能否發展進
　　　步的根本原因。也是形成良性循環還是惡性循環的決
　　　定因素。

（20）人的言行必須與其身份地位場合相平衡。

（21）產生人與人之間矛盾的根本原因就在於各自所設定的
　　　「主觀平衡線」位置高低的不同。

（22）只有對於事物具有本質性的認識，我們才能做到「內心
　　　理解、真心做到、廣泛應用、長久實行」。否則，必
　　　將「流於形式、行於表面、止於一時、終於一刻」。

（23）「平衡」決不等于「平均」「平等」「中庸」。後三者是一
　　　種不以探求事物「系統平衡線」為目的，而是僅僅以
　　　事物表面現象為依據的機械性、教條性、幾何性的折
　　　中思維方式。如果說前者相當於「吊秤」，那麼後者
　　　就相當於「天平秤」。它們偶爾重合，但大多偏離。

世界上不存在「絕對平等」，而只有「相對平衡」。

（24）人的「非平均性」決定了「平均主義社會」的非合理性。這一思想對於減少人的嫉妒與對社會的不滿，保持人的良好心態，促進人的奮發向上的精神將起到非常有益的作用。而且，這樣一種教育方式與諸如「心態好，多寬容，少嫉妒」那樣空洞的說教方式相比，其效果大相徑庭。

（25）現代民主主義社會制度雖然是相對進步合理的社會制度，但就正如「少數服從多數」所代表的那樣，其本質依然屬於「中庸之道」的範疇。只不過其表現形式從數學上的「幾何中心」變換成了物理學上的「重心」而已。正因為如此，即使在這樣的制度下也仍然避免不了獨裁者，獨裁國家的出現和侵略戰爭的發生。

（26）「平衡」與「和諧」也根本不同。後者只局限於「局部」「暫時」，且無視系統的「平衡性」與「進取性」特性。

（27）人只能走一條與自身先天性與後天性條件（才能、性格、環境、機遇）相平衡的路。這就是「命運」的真相。

（28）「平衡」總論：從本質上講，世界上的萬事萬物都源于平衡，一切都始于平衡又終於平衡。平衡決定著所有事物的存在與變化，支配著所有生物的動機與欲望。平衡產生一切，影響一切，支配一切，決定一切。

第三節　系統論（S）

1、系統的第一到第四特性總結

　　正如我們已經在本篇導論總結中所闡述的那樣，本質、平衡、系統、技術這些構成BEST理論的四個要素之間彼此緊密相連、相互依存、共同作用。因此，在我們還未正式專門以系統為專題進行討論以前，也就是說，在上節以平衡為著眼點展開討論的「平衡論」中，我們就「不得不」順便把「系統」的第一到第四特性已經給推導出來了。它們分別是：

　　第一特性——系統的「存在有限性」；

　　第二特性——系統試圖維持自身平衡狀態的「維衡性」；

　　第三特性——母系統與子系統及子系統之間相互依賴彼此約束的「相關性」；

　　第四特性——系統在維衡的前提下試圖不斷提高自身能量的「進取性」；

　　那麼，在本節我們將著眼於「系統」本身繼續討論它所具有的其它特性並建立起能夠幫助我們對事物做到綜合分析全面考慮的一套完整的「系統思維法」。

2、系統的定義及其第五，第六與第七特性

　　所謂系統（S－System）是什麼呢？讓我們看看它在自然科學領域裡的一般性定義，「系統是由一些相互聯繫、相互制約的若干組成部分結合而成的，具有特定功能且可以人為操作的一個有機整體（集合）」。這就表示它有以下四個特點：

　　① 它們都由若干要素（部分）組成並相互關連；

　　② 它們都有一定的結構層次（上下、主次、輕重、遠近等）；

③ 它們都有特定的功能；

④ 對它們都可以進行人工操縱；

而其中的①實際上就是我們上面所講的「相關性」。因此，我們便可以把②③④這三個特性分別簡稱為「層次性」「目的性」和「可操縱性」。並分別歸納為系統的第五、第六及第七特性。

那麼，作為哲學領域裡的「系統」概念除此以外還具有其它一些什麼樣的特性呢？

3、系統的第八特性及「世界有序可知論」與「真理真相唯一論」

我們知道系統總是在相對平衡狀態下不斷變化發展著，而支配著這樣的變化發展的因素就是平衡。且雖然不同的事物或在不同的環境條件下，其平衡因素的影響方式及其結果有所不同，但有一點是共通的，那就是，任何變化發展都必定是有其緣由的。即**「有因必有果，有果必有因。無因必無果，無果必無因。同因必定同果，同果未必同因」**。我們把這一特性歸納為系統的第八特性——「因果性」。又由於它具有嚴密的邏輯性，所以我們又可稱之為**「因果定律」**或簡稱為**「因果律」**。

這個特性實際上就等於說明了這個世界並不是無秩序無規律不可知的，而是一個由多層多類因果關係聯繫起來的具有連續性的可以解釋的系統。它在為我們的認識論指明正確方向上具有決定性重大意義。也就為**「世界有序可知論」**提供了最有力的理論根據。也就是說，按照「同因必同果」的原則，我們就可以很自然地得出**「真理只有一種，真相只有一個」**這樣的結論。不過，這裡所謂的「同果」並不是一個固定的絕對的概念，而是一個本質性相對性的概念。它包含著兩種涵義，其一是表示「如果所有條件完全一致，那麼其結果也必定完全一致」。反過來說就是，

如果結果不盡相同的話，其條件中也就必定有不相同的地方。比如，同樣種下兩棵桃樹，如果它們長得不一樣（高矮、粗細、形狀、果實等），那麼必定是因為兩者在某個或幾個條件上不一樣（種子、種法、土質、採光等）。其二是表示「如果本質原因一樣，那麼其結果本質上也必定完全一樣」。繼續以上面的例子來說就是，這兩棵樹即使長得不完全一樣，但在同結桃果（不可能是蘋果）這一本質屬性上是完全一樣的，因為它們同為桃樹（種）。

如果說我們還覺得自然界雜亂無章以及某些現象不可理解或者是還不能對其進行科學合理的解釋，那只不過是因為我們的科學技術水準還沒有達到相應的水準而已。就像我們古人錯把太陽當作圍繞地球轉，看到日全食會認為是神的懲罰而驚恐不安那樣。上述觀點也就從這樣的事實中得到了充分驗證。

4、「因果律」可以為一些物理學上無法證明的公理提供證明

由經典物理學始祖牛頓發明的**牛頓第一定律（慣性定律）**作為公理得到人們廣泛的承認。既然是公理就是沒有經過證明或者得到公認不需要證明的規律與法則。但卻有部分科學家對此提出過質疑，原因就是它沒有得到證明。其實這也不無道理，這些公理並不是不需要證明，而只不過是還沒有人能夠證明而已。那麼，我們是否可以嘗試來進行證明使其從公理變成定理呢？甚至說，我們能否證明即使是普通人，只要掌握好系統論運用「因果律」也同樣可以發明出這樣的定理呢？下面我們就來嘗試一下。

一個本來處於靜止狀態的物體如果左右受完全相同的力的作用，那麼這個物體會向哪個方向運動呢？我們可以首先假設向左運動，但隨之我們也照樣可以假設向右運動。因為如果存在有使物體向左動的原因的話，那麼也就必定同樣存在使物體向右動的

理由。在這樣的兩者條件完全等同的情況下，任何一方都不比另一方佔據更多的優勢。也就是說，無論假設向左動還是向右動都與左右受力相等這一前提條件自相矛盾。也就是違反了系統的因果性特性（同因同果）。其結果呢？就只有「不動」這一狀態才能使這樣的矛盾得到解決。同樣，對於在均勻直線運動狀態下的物體、也同樣可以按此推導出繼續保持均勻直線運動這一結論。兩者雖結果不同但本質一樣──物體仍然保持已有的運動狀態不變──這正是牛頓第一定律，既人們常說的「慣性定律」。只不過在這裡我們既不是靠自然科學理論推導，也不是簡單的歸結於「公理」，而是靠本「系統論」的「因果性」特性，按「同因同果」這一哲學定律自然而然順理成章地推導出來的。

同樣道理，我們也可以很容易地推導出物理學中可以說是最經典最根本的定律──**「能量守恆定律」**。因為按照「無因必無果」的原則，一個系統在沒有受到外界干擾的情況下，能量自然不會發生變化。無論假設無緣無故增多或無緣無故減少都會自相矛盾，難圓其說。**「對稱性原理」**也同樣如此。它們這些原理恰恰都只不過是系統的這一特性在物理學領域的體現。

這樣的哲學思想往往會給我們的自然科學研究指出正確的方向，而自然科學又反過來為正確的哲學理論提供有力客觀的佐證。

5、系統「因果律」又可以為各種「不可解」的自然現象提供準確可信的理論根據

比如，如果把黃豆，大米，麥子三樣東西放進容器裡任意進行攪拌。那麼，它們三者的分佈狀態只會隨著攪拌的進行越來越均勻，而絕對不會出現相反的趨勢──越來越不均勻。這說明一個什麼問題呢？說明同樣條件下必定導致同樣的結果。

　　再比如，如果我們問**「為什麼樹木不是傾斜而總是垂直上長？」**（哪怕在斜坡上）。對此，也許幾乎所有的人都會覺得這樣的問題太理所當然，要麼覺得太簡單不值一提，要麼覺得太深奧無法證明，甚至還會有人覺得故弄玄虛小題大做。果真是這樣嗎？

　　出人意料的是，我們卻可以運用BEST理論，不僅可以，而且能夠用**三種方法**來證明（圖1.26及表1.8）。

　　首先我們分析樹木總是垂直（嚴格地說是「鉛直」）上長的**「本質」**是什麼呢？實際上其「本質目的」就在於如何承受地球的引力（重力）作用，而其「本質手段」就是使樹的生長方向與地球引力作用線方向在同一直線上（樹木的生長方向雖然因所處地球的位置的不同而不同，但都指向地球的重心這一點是完全相同的）。接著，我們從**「平衡」**的角度來看，就不難領悟到，只有當樹的生長方向與地球引力在同一條直線時，樹才能夠處於最為平衡的狀態（左右平衡力$P_L = P_R$、彈簧抗力$R = 0$、失衡度$\theta = 0$）。這就是利用「本質論」與「平衡論」來加以論證的第一種方法。

　　接下來，我們還可以用**「技術法」**（力學）來對此加以證明。因為，只有當樹在直立狀態下，才能使樹的橫斷面上不產生彎矩（$M = 0$），從而也就才能使斷面的最大內應力最小（假定樹的斷面積、斷面係數、軸力、彎矩、內應力分別為A、z、N、M、σ的話，$\sigma = N/A + M/z$。當$M = 0$時，σ才為最小值N/A）。

　　除了上述的兩種方法以外，我們還可以用第三種方法來證明它。那就是用**「系統論」**的方法。即前述的「因果律」中的「同因同果」這一定律來證明它。也就是說，就與上面在論證「慣性定律」時所講過的方法一樣，除了讓樹往上直長以外，無論是往左還是往右，或者是往前往後，都會自相矛盾，無法統一。其

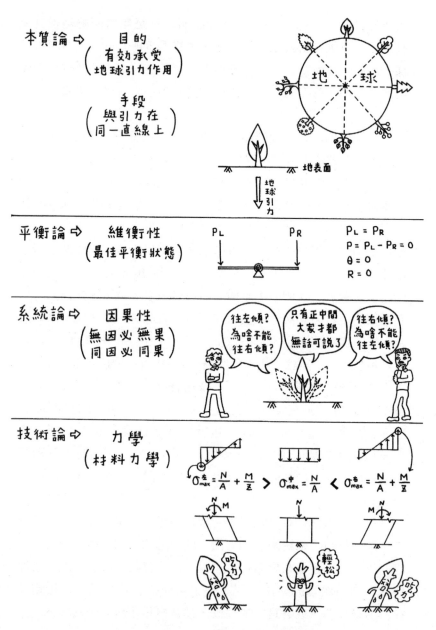

（圖1.26　樹木垂直上長的三種論證法）

表1.8 樹垂直上長的本質分析及三種論證法

本質分析（E） （尋根法）		樹幹與地面垂直→指向地心→與地球引力方向一致
第一種	平衡論法（B）	只有當樹幹軸心與地球引力線在同一直線上時才是最佳平衡狀態
第二種	系統論法（S） （因果律法）	既然任何方向都具有同等條件，那麼按「因果律」中「無因必無果」的法則，就沒有偏向任何一方的理由，因此只有鉛直（上長）。
第三種	技術法（T） （材料力學）	因為樹橫斷面的最大應力 $\sigma = N/A + M/z$。因此，只有當 $M = 0$，即樹的軸心與其內應力合力作用線重合時，其最大內應力 σ_{max} 的值才為最小（ $= N/A$ ），這樣樹才會處於最輕鬆的狀態。

結果，就只能是既不左也不右，既不前也不後的方法——垂直向上。這才是「順應自然，合乎道理」的結果（這一道理從人為什麼會儘量直著身子而不會無緣無故斜著身子走路這一常識中也很容易得到理解）。這不僅為**「世界有序可知論」**提供了一個好的例證，同時還為我們從道理上理解這一命題起到重要作用。因為，從這一例子中我們就更能深刻地認識到，如果這個世界是「無秩序」和「不可知」的話，那麼所有事物就會陷入連自身的存在都自我否定這樣一個自我矛盾的僵局。顯然這是反邏輯而不可能的。

我們通過上面的實例證明了僅僅依照「本質論」「平衡論」「系統論」及「技術」性方法就可以論證「樹木鉛直上長」這一極其普通、極其平凡、極其常見的自然現象的機制原理。**這不僅是對本哲學理論的最有力的佐證（無主觀思維人為作用的植物都不得不遵守的規律必定就是最能體現這個世界本質的普遍規律），而**

且也說明了物理學以及其他自然科學上的基本「公理」往往只不過是「BEST理論」在該自然科學領域上的應用而已——而它們恰恰是奠定該科學領域不可缺少的重要基礎。

6、系統的第九特性

我們在前面已經多次提到過「任何系統的能量都是有限的」這個道理。而這正是系統的第九特性，即「能量有限性」特性。對此我們都不難理解。甚至認為太理所當然而似乎沒有必要把它特意作為一個特性加以強調。但實際上，對這個特性的認識在幫助我們系統地分析問題上會起到非常重要的作用。比如，我們只有充分認識到系統的「能量有限性」，才會從根本上認識到分清主次先後及輕重緩急的必要性和重要性等等。

7、系統的九種特性總結

至此，我們分析出了有關系統的如表1.9所示的九種特性。以此為基礎，我們就可以開始建立起如下的「系統思維法」了。

表1.9 系統的九大特性

No	原　則
一	系統的「存在有限性」
二	系統固有的「維衡性」
三	系統之間的「相關性」
四	系統本來的「進取性」
五	系統構成的「層次性」
六	系統存在的「目的性」
七	系統之間的「因果性」
八	系統的「可操縱性」
九	系統的「能量有限性」

8、「系統思維法」的概念

懂得某種文字和語法我們就能用該語言寫文章，懂得加減乘除的規則我們就能做四則運算，懂得電腦語言我們就可根據其語言規則編寫電腦程式，機器出了故障我們可以根據機器維修手冊加以修理等等。像這些比較單一性專業性局部性的問題我們可以運用我們已有的知識經驗或規範規定而找到解決的辦法。

但是，世界上發生的事物可以說是形形色色、千奇百怪、錯綜複雜、變幻萬千。當我們對這些問題進行思考時，往往因為無章可尋無據可依而分不清主次先後輕重緩急，只得「眉毛鬍子一把抓」。即容易陷入**「目標不清、表裡不明、主次不分、雜亂無序」**的思維陷阱。結果很多問題就會像堆在一起的亂麻一樣越理越亂直到弄成一團糟。或者就像纏繞在一起的繩子結那樣越解越緊直到弄成一個死結。人與人相互間的討論交流也就很容易因陷入「公說公有理，婆說婆有理」的境地而難以達到共識。

這是為什麼呢？其主要原因就在於缺乏對「系統」這一概念的深入理解和有效運用。而**「系統思維法」**則正是為了糾正這樣的錯誤，即**以系統的眼光去看待問題，用系統的思想去分析問題，按系統的方法去解決問題的**一整套系統完整的思維方法。

那麼，所謂「系統思維法」具體地說又是什麼呢？這種適用於思考萬事萬物的普遍真理難道真的存在嗎？

表1.10 「系統思維法」的步驟與其所依據的系統特性

步驟		所依據的系統特性
①	明確目的	目的性
②	分門別類	層次性
③	相關分析	相關性，因果性
④	平衡分析	維衡性，進取性
⑤	系統優化	可操縱性，存在有限性，能量有限性

實際上，只要充分理解系統的九個特性的本質涵義，我們就不難找到如表1.10所示的思考方法和步驟。

9、「系統思維法」的方法與步驟

（1）步驟1 ——明確目的

這點雖然似乎讓人覺得從道理上比較容易理解，行動上也比較容易做到。但實際上在思考或討論具體問題時，人們忘記目的的情況卻時常存在。如果不牢牢抓住目的這根主線，自始至終圍繞著目的進行思考和討論，就會不知不覺偏離主題越走越遠，或者是中途迷路原地打轉。這種做法容易造成系統能源的極大浪費。其表現方式主要有以下幾種。

第一種就是「**錯把手段當目的**」（參見第二篇第四章第五節）。最常見的就是像各種「為某某而某某」的行為那樣，將「手段」與「目的」混為一談的現象。比如，「為工作而工作」「為學習而學習」「為開會而開會」「為宣傳而宣傳」等等。其結果，顯然是真正的目的難以得到實現。

第二種就是「**忘卻初衷**」。就是說「完全忘記原定的目標」。比如，本來因有求於人而請客吃飯，卻忍不住趁機對對方大發牢騷甚至亂加指責，其結果自然是適得其反。談判的目的本來是為了對付氣勢洶洶的敵人而採取的緩兵之計，卻在談判桌上針鋒相對甚至大打出手，其結果自然是事與願違。

第三種就是「**誤入岔道**」。就是說在圍繞主題思考或討論的過程中，無意識地偏離主幹道（主題）誤入岔道且一直把這個岔道當主幹道走下去的現象。比如某公司開會的本來目的是討論如何製作公司的宣傳廣告書，即應該緊緊圍繞著如何在廣告書的排版篇幅色彩內容上以及在廣告詞及插圖的新意醒目上達到最佳的廣告效應這樣一個主題來展開討論。但卻因「品質第一」這個廣

告詞引發與會者圍繞著公司產品品質問題上的無休止的爭論。顯然這已經大大偏離了系統的本來目標，實現系統目標自然成了一句空話（當然，如果主持人有明確轉換目標的意圖的話，當然不在此列）。

由此可見，「嚴格明確並自始至終堅持系統目的」作為系統思維法的首要步驟就顯得極其重要。

（2）步驟2 —— 分門別類

我們知道一個系統內有著大大小小雜亂無章的各個要素。為了分析問題的方便，我們就有必要把在某一屬性上具有「同一性」的要素組合在一起，即「對系統要素進行分門別類」。顯然**「同一性」**是分門別類的基本準則。

至於究竟應該如何分類則取決於由步驟1所決定的系統目標。即必須使所採取的分類法最方便於為系統分析服務。且分門別類往往還會是多層次的。比如對於國家這一系統而言，省市縣鄉村是按在「區域」這一屬性上的同一性來劃分的。而「工農兵學商」則是按「行業」的同一性來劃分的。如果主要目的是為了研究國家的行政管理，那麼就應該按前者，但如果是為了研究國家的經濟發展則自然要按後者進行分類。無論是圖書館對圖書的分門別類也好，還是超市的商品擺放以及公司的職能部門的劃分也好都是這一步驟的典型行為。

此外，既然分類往往就會有多層次，因此按其優先順序決定階層的構成就顯得極其重要。比如在購買公用車與私家車時，在考慮先後次序上，如果前者為用途→價格→油耗，則後者可能會是價格→用途→美觀。而這恰恰就構成了他們各自系統中的層次結構。

（3）步驟3 —— 相關分析

我們前面講過系統內部要素之間有著相互依賴彼此約束的**「相關性」**。那麼，具體地說又究竟有著怎樣的「相關性」呢？

實際上，從本質上講，它主要包含三個基本涵義。其一是系統間的空間「**位置**」，其二是系統間的時間「**順序**」，其三是子系統在母系統中的「**比重**」。不過，這裡的「空間」「時間」並非是一個單純的物理學概念，而是一個意識形態上的抽象概念。

具體地說就是，這裡所謂的「位置」主要包括「**上下、並列、含屬、間接**」這四種位置關係。比如「父母與子女」或「上司與部下」就是「上下」關係。「兄弟姐妹」或者「同學同事」就是「並列」關係。而「公司與部門」或者「國家與地方」就是「含屬」關係（「包含」或「從屬」關係）。即前者「包含」後者或者說後者「從屬」於前者。不同部門員工之間就是「間接」關係。

而這裡所謂的「**順序**」並非僅僅是「先後」這樣一個單純的時間概念，本質上表示的就是事物變化的「**因果**」關係。比如，父母為因子女為果，雲為因雨為果，努力為因成功為果等等。

不過，這裡所謂的「**因果**」關係除了表示「原因與結果」以外，實際上還包括「目的與手段」這樣的關係。而其本質區別就在於，前者屬於自然形成為被動，後者屬於人為所致為主動。比如吃藥治病，既可以說吃藥是原因，治病是結果，也可以說治病是目的，吃藥是手段。導致這兩種說法的原因就在於說話人所站立場的不同。即前者把它們當做自然形成而站在後面從後往前看，而後者則把它們看做人為所致而站在前面從前往後看。但它們也有的時候不能表示同一關係。比如副作用，一般就只能是前者而很少是後者的關係。

而這裡所謂的「**比重**」則是體現子系統在母系統中的「重要性」或「緊迫性」的一個指標。因為即使是並列關係，不同的情況下其重要性與緊迫性就會有差別。它對系統功能的影響也就有不同。實際上，它也正是體現一個在本哲學理論中非常重要的「度」

的概念。因此我們有必要對其進行分析比較。其表現方式一般主要有**「主次、輕重、緩急」**這三種關係。

綜上所述，我們在對各個子系統（或稱「要素」）間的相關關係進行分析時，最有效的方法就是從分析「位置、順序、比重」這三種關係著手。比如，在本文開頭所提出的關於高速公路的問題中，收費站屬於高速公路的一部分，因此它與高速公路屬於「含屬」關係，即高速公路包含收費站，或者說收費站從屬於高速公路。但收費站與路標則是「並列」關係。在比重關係上則是前者為主後者為次。另外，汽車跑得快是結果，而「沒有信號燈」是原因。這是一組因果關係。但如果把「沒有信號燈」作為結果的話，則「沒有平面交叉路口」又是「沒有信號燈」的原因。這又是另一組「因果」關係。且層次較深的後一組的「結果」與層次較淺的前一組的「原因」重疊，同為「沒有信號燈」（圖1.27）。我們把這一現象稱為**因果關係上的「多層連環性」**特點。

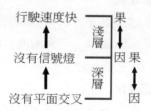

（圖1.27　因果關係上的「多層連環性」特性）

正是利用了這一特點，我們才可以這樣像剝竹筍一樣一層層剝下去，以達到理順各個因素間的「位置」「順序」「比重」關係的目的。且最深層次的「原因」便是事物的「本質原因」——這也**正好與「本質論」中所講述過的「尋根法」**相吻合。

總而言之，萬事萬物之間必定存在且只會存在著「位置」上的「上下、並列、含屬、間接」和「順序」上的「原因與結果、目的與手段」以及「比重」上的「主次、輕重、緩急」這九種關

表1.11　系統內部要素相關類別一覽表

類別	區分	名稱	示例
①	位置	上下	父子，上司與部下
②		並列	兄弟，同齡，同學
③		含屬	中央與地方，公司與部門
④		間接	同鄉，校友
⑤	順序	原因與結果	勞累與生病
⑥		手段與目的	治病與治癒
⑦	比重	主次	主賓與陪客
⑧		輕重	西瓜與芝麻
⑨		緩急	饑寒與升官

係（表1.11）。這也就相當於找到了事物相關方式上的普遍規律。

　　找到了這樣的相關關係就等於找到了尋求事物間本質性內在聯繫的方法，也就為系統思維法的下一步驟打下了良好基礎。

（4）步驟4 —— 平衡分析

　　所謂「平衡分析」自然就是分析系統間的平衡關係，具體地說就是對「平衡對」「平衡要素」「失衡度」的分析。至於具體的分析方法，可參照上節「平衡論」。

（5）步驟5 —— 系統優化

　　所謂「系統優化」就是指為實現系統目標而對系統採取的各種人為的對策或措施。具體的說就是利用各種技術和方法（包括自然科學、社會科學、各種技巧技能等等）不斷對系統進行優化設計→優化實施→優化結果驗證→再優化設計→再優化實施……，直到實現系統目標為止。

（6）「系統思維法」綜述

　　綜上所述，所謂「系統思維法」就是首先要對系統「明確目的」（步驟1），並自始至終以該「目的」為中心，防止陷入「錯把手段當目的、忘卻初衷、誤入岔道」等思維誤區，並朝著這

樣的「目的」對各個「子系統」按「同一性」原則進行「分門別類」（步驟2）。然後按「位置」上的「上下、並列、含屬、間接」及「順序」上的「原因與結果、目的與手段」，「比重」上的「主次、輕重、緩急」等九種關係對系統進行「相關分析」（步驟3）。並在此基礎上，對子系統之間的關係進行「平衡分析」（步驟4），繼而找出問題的本質原因（E）。最後運用各種措施以及技術手段（T）對系統進行「系統優化」（步驟5），直到實現系統目標。

正如我們在導論中所闡述過的那樣，**任何問題的根源無非就在於「本質」「平衡」「系統」「技術」這四個方面**。只要我們充分認識到這一點，在思考問題時我們就不會陷入**「目標不清，表裡不明，主次不辨，輕重不分，雜亂無章，混淆無序」**的思維誤區。而上述的「系統思維法」則為此提供了最為有效的方法和工具。它將為我們**正確地、全面地、根本性地、合理有效地分析問題和解決問題**起到極為重要的作用。

10、「系統思維法」的典型應用──「加權評價法」

人生中往往會面臨著各種大大小小的選擇。對於日常生活中比較小的選擇，比如像到哪家商店買什麼衣服，到哪家飯館吃什麼菜這樣一些小的事情，我們盡可以憑直覺做出比較滿意的選擇。但在上什麼樣的大學，參加什麼樣的工作，找什麼樣的老婆之類的大問題上，卻往往似是而非，不知所措，難以理出個頭緒來。比如找工作，從目前待遇上考慮，應該選A公司，但從將來的發展前途來看卻應該選B公司，再從工作性質來看又應該選擇C公司……。於是就會在A公司、B公司、C公司甚至D公司間不斷的徘徊而拿不定主意。找對象也同樣，最突出的主要有草率結婚後悔莫及與剩男剩女難娶難嫁這兩種情況。前者大多體現在那些

過於感性的人身上。他們在結婚前往往只看到對方某一方面的優點，對其它缺點要麼視而不見，要麼認為無關緊要。而婚後，結婚前視而不見的缺點會看得越來越清楚，越來越顯眼。於是感歎「當初我真是瞎了眼！」。實際上，並非眼瞎了看不見，只不過是不願看也就是說是個「睜眼瞎」罷了。後者則主要體現在那些過於理性的人身上。他們在婚前往往注重于尋找對方局部性的缺點，對其優點要麼認為理所當然，要麼覺得不值一提。這種情況同樣也是「睜眼瞎」（當然並非所有情況一概如此，尤其是不能說不結婚就一定不好，這裡只不過是就這種情況就事論事而已）。

導致這兩種結果的直接原因在哪裡呢？實際上就在於沒有掌握和運用「系統思維法」，即只看局部（優點或缺點）不看整體所致。

雖然從理論上明白了這個道理，但究竟怎樣具體應用呢？

實際上，我們可以採用如下的**「加權評價法」**來解決這個問題（表1.12），其步驟為：

① 分析影響因素；

② 根據自身的重視程度給各個影響因素予以權利（比重）分

表1.12 「加權評價法」的七個步驟

No	步 驟
一	分析影響因素
二	賦予「加權值」
三	賦予「原始評價值」
四	求得「加權評價值」
五	求得「總評價值」
六	排列先後次序
七	調整數值最終決定

配，即給予其「加權值」（所有「加權值」的和一般為10
或100的整數）；

③ 對各評價對象在各個影響因素上給予「原始評價值」；

④ 將「加權值」與「評價值」相乘得出「加權評價值」；

⑤ 「加權評價值」的總和即為該評價對象的「總評價值」；

⑥ 按「總評價值」的大小決定各評價對象的先後次序；

⑦ 如果對結果有疑慮，可對「加權值」「原始評價值」重新
調整，或請多人評價。以此提高評價的精確度和可靠性。

表1.13與表1.14分別為該評價法在找工作與找配偶上的應用
示例，僅供參考。

表1.13 公司選擇評價表　（加權評價法）

No.	因素	加權值	項目	A公司	B公司	C公司
①	工作性質	20	名次	1	2	3
			得分	20	15	10
②	收入高低	30	名次	1	2	3
			得分	30	25	15
③	公司發展	10	名次	2	3	1
			得分	8	6	10
④	個人前途	25	名次	3	1	2
			得分	10	25	20
⑤	區域環境	15	名次	2	1	2
			得分	10	15	10
評價分		100		78	86	65

表1.14 配偶選擇評價表 （加權評價法）

No.	因素	加權值	項目	男士A	男士B	男士C
①	性格	25	名次	1	2	3
			得分	25	20	15
②	外貌	20	名次	1	3	2
			得分	15	5	10
③	年齡	10	名次	2	3	1
			得分	8	6	10
④	收入	25	名次	2	1	3
			得分	20	25	10
⑤	前途	15	名次	1	1	2
			得分	15	15	10
⑥	家境	5	名次	3	1	2
			得分	1	5	3
	評價分	100		84	76	58

11、「完全系統」思想

（1）「完全系統」概念

何謂完全系統呢？就是說在某個特定範圍內（S），無論給予任何條件或者發生任何情況都能夠絕對保證實現其目標的系統。它的主要特點就在於自動彌補因人的主觀因素或者不確定影響因素給系統造成的缺陷，以保證系統無條件（歸根結底是指在相對於所選定的某個特定的有限系統範圍內）的完整性與絕對的正確性。也可以說在某個屬性方面是百分之百萬無一失的系統。

作為簡單例子，比如說對於地處馬路邊的幼兒園來說，如何防止小孩擅自從幼兒園跑到馬路上而引起交通事故就成為一個人命關天的大問題（圖1.28）。而光靠說教顯然是沒有100%的保障的，有多大效果則受小孩的理解程度及自控能力所左右。那麼，怎樣才能做到百分之百萬無一失呢？

實際上，我們只要把門栓設置在1.7米以上就可以做到這點了（見圖1.28）。為什麼呢？因為既然是幼兒就不可能夠得著這1.7米，就可以完全防止小孩擅自開門離開幼兒園這一危險事情的發生。這就是一個小小的「完全系統」。

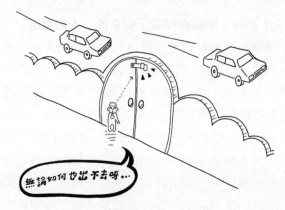

（圖1.28 防止幼兒園擅自出門的「完全系統」）

（2）「完全系統」的兩大特點

至此，我們可以注意到「完全系統」具有如下兩大特點：

第一特點——**完全性**。無論受到何種人為主觀思想或客觀環境條件的影響都能使系統目標得到完整實現。

第二特點——**相對性**。上述的這個「完全性」必定是有範圍有條件的，即只能局限於某一有限的系統範圍內。這個特點是第一特點得以成立的先決條件。比如上面的例子，這個條件就是「幼兒擅自開門」。如果「大人忘記關門」了，那麼幼兒還是有跑出去的可能性。也就是說雖然對包括大人在內的「母系統」來說是不完全的。但在「幼兒擅自開門」這一系統內是完全的。

那麼，我們能否進一步把「完全系統」的範圍擴大到包括「大人」這一因素在內的更高一級的系統中去呢？即能否找到一個可以自動彌補「大人忘記關門」這一缺陷的方法呢？這就是

BEST理論中的四大支柱之一的技術（T）應該發揮作用的時候了。

實際上，只要我們採取回彈式門栓並加以雙重保險就足以彌補這一缺陷了。這樣，就減少了「完全系統」的適用條件，也就等於擴大了完全系統的適用範圍，即建立了一個更大的「完全系統」。

（3）「完全系統」思想在保證「安全性」上的應用

安全問題無疑是我們整個社會及我們每個人都必須經常面對的問題。而所謂「提高安全性」的本質就是將原始的較小的完全系統擴大為較大的完全系統的行為。或者說就是通過不斷增加「子完全系統」來提高母系統的安全度的行為。當所有的子系統都成為完全系統時就意味著該「母完全系統」也已經建立了。

然而，大多數情況下，人們往往把重點放在建立安全管理條例的制定及加強對人的安全教育上。即使採取一些安全措施也只會抱著「及所能及」這樣一種自我滿足式的態度。從而把所有事故原因都歸結於制度上的缺陷盲點或當事者個人的疏忽失誤這樣的「軟體」問題上。而又因為這樣的「軟體」問題無法避免，那麼事故的發生不能杜絕也就似乎理所當然。既然如此，一旦事故發生，只要把這次發生事故的原因找出來加以改進，也就算其工作做到位了。即便新的事故又發生了，只要再把它的原因找出來再加以改進也就完全可以心安理得了。直到認為似乎沒有改進的餘地了，那麼就只好把剩下的都歸結於運氣好壞而更加可以高枕無憂了。

這種近似於**「頭痛醫頭、腳痛醫腳」**的做法雖然也有它一定的作用，但在慢長的改進過程中，終究是以「讓事故發生」，即以無數生命和財產的損失為代價。因此，我們就不免要問，難道就沒有可以事先預防的辦法嗎？

實際上，只要我們具備「完全系統」思想，那麼我們就有可能針對尚未有過先例的**事故**採取充分的預防機制。雖然這並不意

味著可以預防所有一切可能發生的事故，但是否首先具有這樣一個目標和朝這個目標努力的思想，其行動結果自然是天壤之別。

只要樹立了這一目標，就可以達到兩個效果。其一是有可能使一些通常認為不可能完全杜絕的事故達到完全杜絕。其二是雖然受各種經濟技術等方面的原因的限制，我們暫時還不能建立起我們所希望的完全系統，但我們至少可以在目前及所能及（請注意，這裡的「及所能及」與前面的「及所能及」表示的是截然不同的含義——兩者的根本區別就在於是否以具有完全系統概念為前體）的範圍內，通過把它所包含的各個子系統逐步改造成**「子完全系統」**而提高該母系統的安全性。這樣，不僅為減少當前事故的發生起到重要作用，而且為今後在條件成熟的情況下最終建成**「母完全系統」**打下良好基礎。

比如某工廠裡的鐵板打孔機（圖1.29）。不時發生手指打斷或者手心鑽破的工傷事故。儘管我們可以把責任歸結於操作者個人的操作失誤，技術不熟練或者工作不專心等等。還可以從上司的指導方法及公司的規章制度以及操作手冊上找原因。但這終究是人的行為結果，既然是人就必定會受到某些條件或因素的影響而造成失誤，因為人也並非完全系統。因此，雖然這些都可以得到改進，但其隱患依然存在。從而，完全系統的建立就成為從根本上徹底解決這一問題的唯一方法了。實際上，日本某些機械製造廠採取的安全措施就是設置雙重電源按鈕。只有當兩隻手同時按上去的時候電源才會接通，機器才會運轉。這就保證了當機器操作時手所在位置的100%的安全性——即「完全（安全）系統」的建立。

如果正確運用完全系統的思想來處理有關食品、商品、醫療、施工、交通、核電站等一些方面的安全事故問題，則必將取得傳統做法無法比擬的效果。

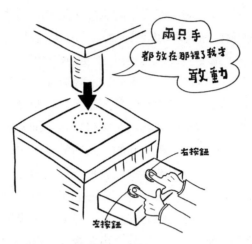

（圖1.29 打孔機上的「完全安全系統」）

（4）「完全系統」思想在提高「方便性」上的應用

　　雖然在上面主要以安全為例說明了完全系統的重要性，但實際上其作用還可以表現在「方便性」及「可靠性」等許多方面。

　　比如，一般來說，商品的優劣主要取決於功能、造價、方便性、安全性這四個方面。就方便性而言，要求產品在使用上盡可能少的受到人為的或者客觀條件因素的約束，而能為廣大消費者輕鬆愉快的使用。為此我們就只有借助于「完全系統」這一思想了。

　　因此如何讓一個產品在使用中不受使用者的力氣大小、熟練生疏、知識深淺、聰明愚笨以及認真態度等人為的、不確定因素的影響，都能夠使其方便性得到同樣的保證便是「完全系統」思想的用武之地。最典型的就是半自動或全自動式產品，像傻瓜照相機、全自動洗衣機等。不過，並非只有自動化才能解決這樣的問題。

　　比如像需要相當大的力氣才能擰開的罐頭蓋和需要仔細琢磨才能弄清楚開啟方法的袋裝食品以及要仔細辨認正負極標記，才

能確定插入方向的電池等就是「非完全系統」（圖1.30）。

（圖1.30 密封容器產品的「非完全系統」性）

當然，因為受到經濟上或者技術上的種種限制，現實生活中確實有許多無法建立的完全系統。但顯然還存在著許許多多完全有能力建立而未能建立的「完全系統」。其根本原因在就于「完全系統」這一概念的涵義、尤其是它的重要性沒有得到廣泛的應有的認識。如果讓社會普及這樣的思想並使人們不斷朝著這個方向努力，那麼，無論在安全性或方便性，還是在提高教育效果及工作效率上無疑會取得截然不同的效果。

（5）「完全系統」思想可以為「法治社會」提供理論根據

完全系統的思想不僅體現在日常生活的方方面面，而且更主要地是體現在人類社會這一大系統中。

最典型的莫過於對於**「人治社會」**與**「法制社會」**的評價。前者以「封建社會」為代表。國家命運全靠其最高領導人掌握，完全仰仗於其統治者個人的智慧、能力、品德。只能寄希望於老天爺賜給這個國家以「聖君」「明主」。這就是典型的「不完全系統」。而與此相反，後者雖然離「完全系統」還相差甚遠，但無疑

是在朝這個方向努力。實踐證明這樣的法治國家政權不易腐敗，社會整體會顯得比較和平、安全、自由、平等。

因此，「完全系統」思想恰好為「法治優於人治」的現代社會管理方式提供了科學性的哲學理論依據。

本節小結

（1）系統九大特性：①存在有限性②維衡性③相關性④進取性⑤層次性⑥目的性⑦因果性⑧可操縱性⑨能量有限性。

（2）萬事萬物之間必定存在且只會存在著「位置」上的「上下、並列、含屬、間接」和「順序」上的「原因與結果、目的與手段」及「比重」上的「主次、輕重、緩急」這九種關係。

（3）系統的「因果性」特性闡明了「有因必有果、有果必有因；無因必無果、無果必無因；同因必定同果、同果未必同因」的哲學道理。運用這一特性，我們可以給予「牛頓定律」「能量守恆定律」等物理學「公理」以完整的科學論證。

（4）「因果律」為「認識論」指明了正確方向，為「世界有序可知論」及「真理真相唯一論」提供了最有力的理論根據。

（5）「因果律」不僅可以為諸如牛頓定律等一些物理學「公理」提供證明，而且還可以為一些諸如樹木為何垂直生長之類的「不可思議」的自然現象，給予合理解釋。

（6）所謂「系統思維法」就是「以系統的眼光去看待問題，用系統的思想去分析問題，按系統的方法去解決問題」的一整套系統完整的思維方法。其步驟為：①明確目的

②分門別類③相關分析④平衡分析⑤系統優化。

（7）任何問題的根源無非就在於「本質、平衡、系統、技術」這四個方面。只要我們充分認識到這一點，在思考問題時就不會陷入「目標不清，表裡不明；主次不辨，輕重不分；雜亂無章，混淆無序」的思維誤區。而「系統思維法」則為此提供了最為有效的方法和工具。它將為我們客觀（E）、正確（B）、全面（S）、有效合理地（T）分析問題和解決問題起到極為重要的作用。

（8）「加權評價法」作為「系統思維法」的具體應用能為我們在各種比較選擇上提供定量、客觀、直觀的重要參考數據。

（9）所謂「完全系統」是指在某個特定範圍內，無論給予任何條件或者發生任何情況都能絕對保證實現其目標，完成其任務的系統。它主要有「完全性」「相對性」這兩大特性。

（10）所謂「提高安全性」的本質就是將較小的完全系統擴大為較大的完全系統的行為。或者說是通過不斷增加「子完全系統」來提高母系統的安全度的行為。當所有的子系統都成為完全系統時就意味著該「母完全系統」已經建立了。

（11）「完全系統」思想不僅在安全性，而且在方便性、可靠性問題上，以及在教育、工作、生活、社會等各個領域中都有著非常廣泛而重要的應用價值。尤其是在社會管理問題上，它為「法治優於人治」提供了科學理論依據。

第四節　技術論（T）

1、現行科學技術分類及BEST理論中的「技術」概念

現行的有關科學技術的分類大致如表1.15所示。

表1.15 現行科學技術分類表

分　類		技　術
自然科學	基礎科學	數學、物理學、化學、生物學、生物化學、天文學、細菌學、植物學、電腦科學、昆蟲學、地質學、氣象學、礦物學、自然地理學、動物學
	應用科學	土木、電氣、機械、化工、大地測量、建築學、醫藥科學、農業科學
社會科學		人類學、人口統計學、經濟學、教育學、法學、語言學、管理學、政治學、心理學、社會學、組織學、藝術、文學、哲學、歷史、考古學、宗教學

但是，正如在「導論」中所闡述過的那樣，由於本哲學理論中的技術（T）是一個廣義概念，即泛指為實現某個目的而採取的一切手段、方法、技術、技巧。因此，它除了包括上表所列的自然科學及社會科學（Science與Technology）以外，還包括除此以外的各種技巧技能（Technique）。比如，除了電工、木工、廚師、消防員等技術工種所需要的技術外，還有存在於我們普通人日常生活工作娛樂中的各種特殊技術，比如化妝術、整理術、棋藝、球技等。我們可以把這些技能或技巧總稱為「**自然技術**」。而它又與「**自然科學**」一起構成了這個世界的「**硬體技術**」（表1.16）。

此外，還有一些屬於社會活動範疇的技術，比如交際術、說話與演講技巧、記憶術、發明術、偵探術、權術、謀術、賺錢

術、戀愛術等。我們可以把這些稱之為**「專門術」**。除了上述這些通常意義上的技術以外，還有一種技術，那就是，一個人站在不同的立場（不同系統中的不同的位置）所需要的不同的技術。比如就家庭這個系統而言，既有做丈夫、做父親的方法，也有做妻子、做兒女的技術。而在公司這一系統中，就既有做領導、做部下的藝術，也有搞研究、搞設計、做管理、做銷售的技巧等等。對此，我們可以把這種相對性、角色性技術稱之為**「專職術」**。這樣一來，我們就可以把它們與下面所要講的**「表達術」**一起統稱為**「社會技術」**。而它又與**「社會科學」**一起共同構成了我們這個世界的**「軟體技術」**（表1.16）。

需要特別強調的是，雖然以往人們把哲學歸入到「社會科學」的範圍，但這是對哲學缺乏本質性、全面性認識的表現。正如我們在本章第二節11所闡述過的那樣，**哲學是以研究整個世界所有事物固有的、普遍存在的本質規律為目的的學問。因此它作為奠定一切科學技術的基礎，指導所有科學研究的根本，而將所有學科包含其中。**也就是說，所有科學技術只是哲學中的一部分。即「BEST理論」中的「T」而已。因此，我們把「哲學」從以往的「社會科學」範圍中予以刪除。

2、意義非常重大卻尚未引起人們足夠重視的「表達術」

除了上面所列舉的以外，我們在日常生活中還會注意到，即使我們有再好的想法如果不能把它準確地傳遞給對方或表達給公眾，則不僅起不到應有的作用或者沒有作用，有時甚至還會起反作用。無論是小到日常生活中人與人之間的矛盾、爭執，工作中的失誤、失敗，大到國與國之間的衝突、戰爭。有些情況其實並非當事者本心所願，而僅僅是由於雙方的誤會、誤解、誤判。而其直接原因又在於那些使人模棱兩可的定義詞，讓人費解難懂的

言語或行動。所謂「詞不達意」就是其中一種。

比如大到引起國際社會普遍誤會的國家領導人的發言，具有多重解釋或含混不清甚至自相矛盾的法律條文及規章制度，以及讓施工人員難懂甚至會誤導施工方法的設計圖，小到讓行人難懂或者誤會的各種路標、標牌，讓使用者難懂的商品標誌及產品說明書等等。而它們的共性或者說其本質原因並不在於思想方式上的問題，而是僅僅在於傳遞與表達方式上的錯誤。而這樣的錯誤在我們的日常生活中不僅普遍存在，而且有時還會危害很大。這也就意味著我們除了需要具備以BEST理論為指導的正確的思維方式以外，還必須具備**「準確傳遞及有效表達其思維結果的方法和技術」**。我們將其定義為**「表達術」**。具體地說，就包括語言、動作、演講、傳達、標示、命名、圖表、畫像等等。

雖然從廣義上講，表演學、語言學、製圖學、漫畫學，甚至文學、美術、音樂、電影等也都屬於這一範疇，但考慮到這些學術領域具有較強的專業性且已獨成體系，因此，我們也沒有必要把這些都勉強納入到這一範圍中來的。相反，我們正好可以把它們看成是「表達術」最有潛力可挖的應用領域。因為如果我們站在「表達術」這一新的角度去看待這些領域的諸多問題，那麼我們就一定會有更多新的發現和突破。因此，我們可以把「表達術」作為一種交叉學科應用到我們生活工作學習研究中的方方面面。

3、BEST理論中的「技術」概念的建立

討論至此，我們就可以在BEST理論中建立起如表1.16所示的**完整的「技術」（T）概念**了。

硬體技術（自然科學與技術）的發展無疑會推動著社會生產力的進步，而生產力的進步又使人類生活水準得到相應的提高。

表1.16 BEST理論中的「技術」分類表

分 類			技 術
硬體技術	自然科學	基礎科學	數學、物理學、化學、生物學、生物化學、天文學、細菌學、植物學、電腦科學、昆蟲學、地質學、氣象學、礦物學、自然地理學、動物學
		應用科學	土木、電氣、機械、化工、大地測量、建築、醫藥、農業
	自然技術		**技能、技藝、技巧**
軟體技術	社會科學		人類學、人口統計學、經濟學、教育學、法學、語言學、管理學、政治學、心理學、社會學、組織學、藝術、文學、歷史、考古學、宗教學
	社會技術		**專門術、專職術、表達術**

且其進步越快，社會生產力及人類生活水準的提高也就越快。尤其是在近百年的歷史中，硬體技術的發展總量超過了迄今為止人類幾千年歷史中所有技術進步的總和。且仍然呈現幾何級數的遞增趨勢。像飛毛腿、千里眼、順風耳、穿山越海、騰雲駕霧、「上天探月、下海捉鱉」等等這些人類自古以來的夢想，隨著汽車、電視、電話、飛機、輪船、太空船的發明而全部得到了實現。

可見，我們完全沒有絲毫擔心硬體技術的發展會停滯或倒退，相反即使想阻止也是阻止不了的。原因在哪裡呢？就在於除了系統的「進取性」作用以外，尤其是在於資本主義社會制度本身。只要在這樣的制度下，在資本的驅動下，這種趨勢就不會受任何人的主觀意志的影響而改變。因此，如果僅就如何發展生產力而言，資本主義制度無疑是一個非常有效的制度。

但是，問題在於，技術生產力的發展是否就一定意味著人類幸福程度也會相應地得到提高呢？下面就讓我們討論這個問題。

4、人類幸福度的提高速度遠遠落後於硬體技術發展速度

不可否認，隨著科學技術生產力的發展，人類對於生活的追求也從最簡單的吃飽穿暖可居這一基本水準上升到吃講究營養、穿講究時尚、住講究舒適、玩講究品味等更高層次。總的來說，人類的幸福水準無疑比以前是提高了。

但其提高的程度或者速度與硬體技術相比又如何呢？

就拿現在與100年前相比，就世界整體平均水準而言，無論是交通通信速度也好，還是工作生產速度也好，都提高了幾十倍、幾百倍甚至幾千上萬倍，整個社會的硬體生產效益與百年前相比所提高的倍數幾乎到了無法估量的地步。

但我們的幸福度又提高了多少倍呢？我們雖然現在還沒有找到一個明確的尺度去衡量（在第二篇第二章〈幸福論〉中有專述），但就我們的感覺而言，顯然不會是上百，更不用說上千倍了。

比如我們現在的工作生活無一不得到電腦的幫助，既然電腦的計算速度是人的計算速度的幾百萬甚至幾千萬倍，那麼我們的生活即使不講輕鬆幾百倍，哪怕輕鬆幾倍也應該不足為奇。比如，以前需要幹一星期的工作，現在只要兩天就能幹完的話，至少周休四天制就應該輕鬆可以實現。

但實際情況卻恰恰相反。正因為有電腦的存在，才使得我們的競爭越來越激烈，加班越來越多，上下內外壓力越來越大，要學的東西越來越多，危機感越來越強。而工資待遇卻並不一定相應增加很多，生活水準也不一定會得到顯著提高。相反，職業病、憂鬱症患者、精神病患者不斷增多，自殺現象有增無減，損己損人的行為越來越普遍，貧富懸殊越來越大，人與人之間的感情越來越淡薄，離婚率越來越高，暴力事件層出不窮，恐怖行為時有威脅，世界和平組織儘管每天都在呼籲和平，但國家間衝突不斷，民族間矛盾重重，週期性的經濟危機時有爆發，各國軍備

競賽愈演愈烈，週期性的世界大戰的危險性依然存在……。

　　可見，硬體技術的發展給人類帶來的幸福是非常有限甚至有時是無能為力的。

5、「軟體技術」的停滯不前是造成人類幸福度得不到根本提高的根本原因

　　換一個角度來說，即使我們的科技水準不再進步，也就是假設在僅僅依靠現有社會生產力的前提下，**如果我們這個社會系統能夠做到把現有的人與機器所具有的生產能力都全部充分有效的使用和發揮出來的話，可想而知，我們的工作將會變得何等輕鬆！如果把我們的工作成果或生產產品都及時充分有效地為人類生活服務的話，可想而知，我們的生活將會變得何等滿足！如果能夠消除人與人之間的誤會誤解，把所有互損互害行為都改為互惠互利行為的話（參見第二篇第一章〈人性論〉），可想而知我們人類都將會變得何等幸福！**

　　雖然要完全做到這一點顯然非常困難的。但是否具有這樣的思想觀念，是否朝著這個方向努力，其結果必定有天壤之別。

　　可見，「軟體技術」的停滯不前是造成人類幸福得不到根本提高的根本原因。這也就意味著在「軟體技術」上還大有發展空間和潛力可挖。

6、虛幻空洞偏頗教條的「傳統哲學」又是阻礙軟體技術進步的根本原因

　　如上所述，人類幸福水準的提高遠遠落後於硬體技術發展速度的根本原因就在於「軟體技術」的停滯不前或進步緩慢。而造成「軟體技術」停滯不前或進步緩慢的本質原因又在於**沒有一套具有理論上的科學性、實踐上的有效性、應用上的普遍性的系統**

完整的哲學理論作指導。從而造成人們幾千年來認識問題的水準依然停留在虛幻、空洞、表象、局部、偏頗、教條的水準上（參見第二篇第四章第二節〈盲信盲從〉）。而**只有以本質、平衡、系統、技術為四大支柱的BEST理論才能夠擔當得起這樣的重任，完成哲學應當完成的使命。即賦予人們用本質的眼力、平衡的視線、系統的視野、技術的手段來全面正確地分析問題和合理有效地解決問題的能力。只有讓盡可能多的人掌握這一哲學理論並應用於實踐，才能從根本上帶來整個社會軟體技術的飛躍性發展，才能使社會硬體技術的效果得到充分有效的發揮，也才能在最大範圍內和在最大程度上促進人類社會的持久和平和民眾生活的長久幸福！**

本節小結

（1）BEST理論中關於技術（T）的分類。

（2）所謂「表達術」就是指「準確傳遞或表達其思維結果的方法和技術」。它極其重要但往往被人們忽視。

（3）「硬體技術」的發展給人類帶來的幸福是非常有限甚至有時是無能為力的。

（4）人類幸福水準的提高程度遠遠落後於硬體技術發展的速度的根本原因就在於「軟體技術」的停滯不前。

（5）而以往一些虛幻空洞偏頗教條的「傳統哲學」思想又是阻礙「軟體技術」發展進步的根本原因。

（6）哲學（BEST理論）是所有科學技術的基礎和根本，它包括所有科學，而並非屬於其中。

第五節　「BEST理論」總論

1、「BEST理論」（四維哲學）概念圖

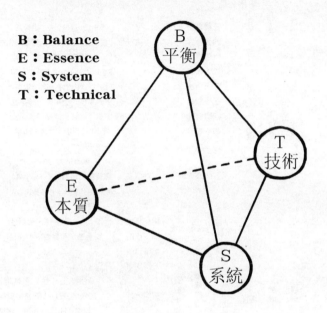

B：Balance
E：Essence
S：System
T：Technical

2、「BEST理論」（四維哲學）綜合一覽表（表1.17）

BEST理論
通往幸福之路

表1.17 BEST理論（四維哲學）綜合一覽表

世界構成	名稱	「漢語」表記	「英文」表記	「體能」比喻	「度」的體現	通俗表示	綱要			內容
軟體 哲學（BEST理論）	本質		E	視力	深度	客觀	二大標準			唯一性、同一性
							三種求法			尋根法、替代法、定位法
							四大特性			唯一性、相對性、同一性、可變形、多層性
							一個模型			標準物理模型
	平衡		B	視線	尺度	正確	二大標準			P小Es大為好、P大Es小為壞
							三大特性			普遍性、相對性、系統對應性
							三種狀態			絕對平衡、亞平衡、零平衡
							四個構件			平衡對、杠杆、旋轉彈簧、支座
							四不等於			平均、平等、中庸、和諧
							五個公式			失衡力：$P=P_L-P_R$ 彈簧抗力：$R=P$ 彈簧抗力係數：$K=Rmax/90$ 失衡度: $\theta=R/K=90(P/R_{max})$ 系統能: $Es=P_L+P_R$
	系統		S	視野	廣度	全面	一個系統	完全系統	兩個特性	完全性、相對性
									四個作用	安全性、可靠性、方便性、有效性
							一種思維法	系統思維法 五個步驟	明確目的	
									分門別類	
									相關分析	位置(上下,並列,含屬,間接) 順序(原因與結果,目的與手段) 比重(主次、輕重、緩急)
									平衡分析	
									系統優化	設計→實施→驗證→再設計……
							九種特性			存在有限性、維衡性、相關性、進取性、層次性、目的性、因果性、可操縱性、能量有限性
	技術		T	手段	高度	有效	二大技術	硬體技術（自然科學）	（基礎科學）	（數學、物理學、化學、生物學、生物化學、天文學、細菌學、植物學、電腦科學、昆蟲學、地質學、氣象學、礦物學、自然地理學、動物學）
									（應用科學）	（土木、電氣、機械、化工、測量、建築、醫藥、農業）
								自然技術		技能、技藝、技巧
								軟體技術	（社會科學）	（人類學、人口統計學、經濟學、教育學、法學、語言學、管理學、政治學、心理學、社會學、組織學、藝術、文學、歷史、考古學、宗教學）
								社會技術		專門術、專職術、表達術
硬體	四維要素（MEST）→ 物質、能量、空間、時間									

第二篇

應 用 篇

第一章　人性論

第一節　對歷史上幾種「人性論」觀點的剖析

1、歷史上的幾種「人性論」觀點

　　關於人的本性究竟是什麼這個問題，是一個為歷史上眾多哲學家爭論幾千年也無有定論的問題。其觀點主要有以下幾種：

第一種──「性善論」

　　持該論點的代表性人物主要有戰國中期人孟子。該論點認為人與生俱來就是善的。其根據僅僅就在於人人都會有惻隱之心，有同情之心，有「仁義禮智」。因此，三字經的第一句話就是「人之初、性本善」。以此為根據，在政治方面，提倡「仁政」，甚至提出「民貴君輕」的思想。在國外持這種觀點的代表人物主要有法國哲學家盧梭。他認為人性原來都是善的，原始社會的人都是生活在自由平等之中，快樂、天真而自由，只是由於歷史發展與社會制度等原因才變惡。

第二種──「性惡論」

　　我國最先主張「性惡論」的是戰國中期人荀子（荀況）。他認為，人生來性就是惡的，後天教育可以由惡變善。他認為由於人人都有欲望追求，這是性中自有，這種對物質利益的追求就決定了人的性惡。其根據就在於，人生來就唯利是圖、忘恩負義、好戰好色等等。所以他主張用嚴刑峻法來安民定國。國外持這種觀點的代表人物有歐洲思想家奧古斯丁、馬基雅弗利、霍布士、叔本華等。基督教的原罪說也是一種典型的「性惡論」。它認為人類的祖先亞當和夏娃因違背了上帝的意願犯了「原罪」，亞當

和夏娃的子孫們，自從來到這個世界便負有這一深重的罪惡。因此，人要用懺悔和良好的工作以及服從某種禁忌、戒律等來獲得全能全知上帝的救恕。否則，人的靈魂就不能進入美麗的天堂，而只能淪落於苦難的地獄。

第三種──「善惡並存論」

我國最先主張「善惡並存論」的是戰國初期人世碩，他主張人生來就具有「善」和「惡」這兩種不同的自然屬性。而要保持和發揚這種先天的本性，則在於養。後天養之善性，則是善性不斷增長；養之惡性，則是惡性不斷增長。後世贊成這個觀點的代表人物有漢代的董仲舒、揚雄、王充，唐代的韓愈等。國外持這種觀點的代表人物有柏拉圖、亞里斯多德、康得。柏拉圖認為人有欲望、意志和理性。當理性能駕馭欲望和意志時，就能獲得善。反之，就是惡。亞里斯多德也認為人有理性和情欲。人生的目的在於用理性節制情欲於一個合理的狀態，恰到好處，以獲得人生的幸福。康得則認為人有兩個我，一個是「實我」，一個是「真我」。「真我」是理性主導的我，「實我」是情感主導的我，「真我」因為善性的約束而高於惡性欲望的「實我」。

第四種──「無性論」

我國最先主張「無性論」的是戰國中期人告子（告不害）。他說：「性無善與無不善也……性猶湍水也，決諸東方則東流，決諸西方則西流。人性之無分於善不善，猶水之無分於東西也。」其根本意思就是說，人性象水一樣，哪邊缺口就往哪邊流，無所謂善與惡。國外持這種觀點的代表人物首推英國近代思想家洛克的人心白紙說。該說認為人之初始，其心都是空如白紙的，根本不存在善與惡的問題。他認為，善與惡的心理觀念和道德品質，都是後天的因素造成的，尤其是教育因素造成的。持類似觀點的還有後來的美國哲學家詹姆士。

2、歷史上幾種「人性論」觀點的錯誤所在

上面列舉了有關人性論的代表性的四種觀點。究竟哪種觀點正確呢？實際上，哪一個都不正確。有根據嗎？有。下面我們就來逐一分析一下。

所謂人性就是指人的本性，而人的本性就是指人的本質特性。因此，人性論問題歸根結底討論的就是一個關於人性的本質問題。那麼，上面的這幾種觀點符合我們在「理論篇」裡所闡述過的有關「本質的特性」或者說符合本質的「衡量標準」嗎？

首先，讓我們看看**「性善論」**與**「性惡論」**這兩種觀點。

在討論這個問題之前，我們又有必要首先明確這裡所講的「善」與「惡」的涵義。為了說明問題的方便。我們暫且把在評價善與惡的問題上存在著的相對性問題擱置一邊，就按人們一般所公認的那樣去定義。即所謂「善」是指友好、和善、熱情、為公、博愛、文明，所謂「惡」是指敵視、兇惡、冷酷、自私、仇恨、野蠻等等。

那麼，上述這些所謂善與惡能不能算是人的本性呢？

首先，從現實中我們清楚地知道，善與惡不僅在不同的人身上表現得千差萬別，即使在同一個人身上也會因各種場合和對象的不同而表現得大不相同。比如對朋友親人友好熱情，對陌生人恐怕大都漠不關心，而對敵人則大都敵視仇恨。即使是殺人不眨眼的劊子手對他的老婆孩子則非常關愛體貼。尤其是從天天被吃的豬牛羊馬雞犬鴨魚等動物的角度來看，人類又是何等的殘酷無情！人們即使在和平社會中可以表現出文明禮貌，但一旦上了戰場則表現出的只能是兇惡野蠻等等。

實際上，這都只不過是人的本性在不同的人以及同一個人在不同場合情況下的表象而已。就像不能把鑽石在不同角度下反射出的某一顏色的光看作是鑽石的本質一樣。

其次，正如在第一篇第一章第三節裡已經闡述過的那樣。即使善與惡也完全是一個相對的概念，它不僅僅取決於行為體，更取決於評價者所站的立場（S）。也就是說，不把人或事放在特定的環境中（S）來看是無法做出善與惡的判斷的。既然如此，這種不問對象情況場合，一開始就試圖把所有人的本性都固定在善或惡的位置上的做法，恰如**砸冰取火，緣木求魚**，只能得出**牽強附會、自相矛盾**的結論。

再則，就算退一萬步說，即使有那種無論何時何地都只做好事或者專做壞事的人，但只要不是所有的人都是那樣（這顯然是絕對不可能的），我們也就不能把它作為所有「人」的本性。因為這不符合本質的「唯一性」特性這一判斷標準（這裡所謂的「唯一性」是指所有的人要麼唯一只行「善」，要麼唯一只行「惡」）。

說到這裡，也許有人會說，既然「唯善論」與「唯惡論」都不正確的話，那麼「善惡並存論」總算正確了吧。下面我們就來做進一步分析。

實際上，**「善惡並存論」**就更不正確了。為什麼呢？因為它同樣違反了本質所具有的**「唯一性」**特性。也就是說，正如上面舉過的例子一樣，既然人身上既有善也有惡，那麼它們就都不能算做是人的本性了。尤其是不僅不能算是人共有的本性，就連某個人特有的本性都談不上了。

而**「無性論」**（無善無惡論）又如何呢？實際上，這種觀點，只是起到了否定前三種觀點的作用。對於人的本性究竟是什麼沒有做出任何回答。即人只能是隨波逐流、隨遇而安，只不過是一個毫無能動性、主動性、主導性的簡單機器而已。因此，我們可以說這種觀點存在著三點錯誤。第一，不求本質。即與前三種觀點一樣，還是毫無根據地把人的本性局限於善惡的「有」「無」這樣的表象上。第二，不符合邏輯。即「無善無惡」並不

可以簡單地等同於「無性」，也就是說不能毫無根據地連人性存在本身都給否定掉。第三，不符合事實。就算拋開上面的兩點不說，作為對於現實世界的客觀現象的描述也是錯誤的。因為從現實世界中我們可以清楚地看到，很多事物都取決於人的主動性與主導性。這也是一種違背系統的「進取性」特性的錯誤觀點。

總而言之，**「性善論」與「性惡論」都違反了本質的「同一性」特性。而「善惡並存論」又不符合本質的「唯一性」特性。「無性論」又等於沒有做出回答，或者說等於毫無根據地否定了人性的存在性。除此以外，它們有著更大的根本性的共通的錯誤，那就是把討論人性論的著眼點首先就毫無根據地定位在「善惡」這一範疇內。也就是說犯了一個前提條件上的錯誤。**既然前提條件都錯了，無論哪種結論都不可能正確也就不足為奇了。而之所以會犯這樣的錯誤，主要原因就在於以下兩點：

第一點是陷入了十大思維誤區之一的**「偷換概念」**中的**「用手段偷換目的」**這一思維誤區（參見本篇第四章第五節），而未能嚴格按照「明確目的」這一**「系統思維法」**的第一步驟來思考問題所致。忘記了我們考慮問題的目的並不是在於要弄清楚人到底是善還是惡這個問題，而是要弄清楚人的「本性」究竟是什麼這個問題。用俗話說就是「答非所問」或者是「牛頭不對馬嘴」。即把只是作為「手段」的「善」與「惡」不知不覺偷換成了「目的」。這種思維方式的結果就使得我們歷史上無數哲學家都把眼光僅僅盯住「善惡」這一範圍內。圍繞著是善是惡爭論不休。就好比猜測人的腦袋裡究竟藏著的是什麼東西的問題一樣。先是有人認為是天使，後來又有人認為是魔鬼，還有人認為既有天使也有魔鬼，最後卻有人認為什麼都沒有。實際上，腦袋裡面既沒住著天使也不存在魔鬼，更不是什麼都沒有，而是實實在在存在著人體最高司令部——大腦（圖2.1）。這才是事物的本質，問題的答案。

第二點就是同時又陷入了**「偷換概念」**中**「用表象偷換本**

（圖2.1 對歷史上幾種代表性的人性論觀點的剖析）

質」這一思維誤區（參見本篇第四章第五節）。即把善惡這一人的表象誤以為成了人的本性。這就是因為不具備「透視本質的視力」而為表象所魅惑的結果（表2.1）。對此在「本質論」中已多有闡述，在此就不再多言。

表2.1　歷史上人性論觀點比較表

觀點類別	代表性人物	錯誤之處		對BEST理論的違背
		共通性	特殊性	
性善論	孟子、盧梭	①原因：本象誤同，前提錯誤。（毫無根據地首先就將其定位在善惡這個表象上，且未建立善惡統一評價標準）	①不合事實，極端偏頗。②無普遍性。即非個人之本性，更非所有人之共性。	本質的「同一性、唯一性」特性
性惡論	荀子、奧古斯丁、叔本華			
善惡並存論	世碩、董仲舒、柏拉圖、亞里斯多德		①既善又惡，自相矛盾。②等於未答，無其所用。	本質的「唯一性」特性
無性論	告子、洛克、詹姆士	②結果：答非所問，文不對題。偏頗觀點，缺陷學說。	①否定存在，不合邏輯。②不合事實，極端偏頗。	系統的「目的性、因果性、維衡性、進取性」特性

以上，**我們不僅從多方面論證了用「善惡」來概括人的本性的虛假性、空洞性、片面性，而且還再一次證明了，如果不掌握BEST理論，即使是大儒，聖賢也照樣不知不覺容易陷入各種思維誤區而難以自拔。**

第二節 人的本性究竟是什麼？

1、「人本為我」——人性論第一定律

既然我們在上面全盤否定了自古以來的這四種觀點，那麼我們也就有必要負責對人的本性究竟「是什麼（What）」這個問題做出回答。所幸的是，有了BEST理論為工具，即使看上去如此深奧複雜，似乎神秘莫測的問題也可以迎刃而解了。

我們在上面已經講過，善與惡僅僅是人性這一「本質」的「表象」，或者說僅僅是體現「人性」這一目的的「手段」。那麼，這裡的「本質性目的」又究竟是什麼呢？

按照「本質論」中的**「尋根法」**，善惡雖然不是人的本性，但卻作為人的本性的表象可以為我們尋找到人的本性提供最可靠的線索。也就是說只要找到善與惡的共同的出發點就可以了。它們之間看上去截然相反，會有共同的出發點嗎？當然有。正因為是兩個正好相反意義的詞，所以在它們之間必定存在著一個共通的東西——**受容體**。而這個**「相同的受容體」**和**「不同的失衡度」**正是**反義詞**的本質！這個共同點就是**「為我」**。

比如，就人類在對待動物的態度上來說。如果是寵物，那麼主人會對它百般寵愛、溫柔有加，表現出來的是對動物「善」的一面。但主人平常也會毫不留情地食用各種動物肉類，即表現出來的是對動物「惡」的一面。為什麼要表現善呢？無非是因為寵物能帶給自己「精神安慰」。為什麼要表現惡呢？無非是因為動物肉類能給自己帶來「物質享受」。它們的共同點在哪裡呢？顯然就在於「為我」。這才是其本質目的。因此，我們可以把三字經裡的「人之初、性本善」改寫為**「人之性、本為我」**。或簡稱為**「人本為我」**。我們把這一定律稱之為**「人性論第一定律」**。

2、「人本為我」中的「我」與通常意義的「我」的根本區別

說到這裡，自然會有人反對。因為，人有時不也會表現出「不為我」而「為他」的一面嗎？比如，為國家捨身忘死，為公司嘔心瀝血，為兒女積勞成疾，為理想奮鬥終身，為愛情奮不顧身。這看上去似乎確實是在「為他」。但是不是本質呢？我們只要運用「本質」的判斷方法之一的**「唯一性」**來驗證一下，便真相大白了。也就是說，如果我們把這些「為」的對象前加上一個「他」，看是否仍然成立就行了。顯然，「為他國捨身忘死，為他人公司嘔心瀝血，為他人兒女積勞成疾，為他人理想奮鬥終身，為他人愛情奮不顧身」這些話一般來說不成立。這就說明這些話實際上講的是「為我的國家捨身忘死，為我的公司嘔心瀝血，為我的兒女積勞成疾，為我的理想奮鬥終身，為我的愛情奮不顧身」。它們在具體對象上各有不同，但在「我的」這點上卻是完全相同的。或者至少可以說，在同樣條件下，人都必定會優先選擇「我的」而不會是「他人的」。即使有「他人的」這種個別情況，那也必定是因為與我有某種間接關係。為什麼會這樣呢？實際上，我們不知不覺已經忘記了重要的一點，那就是，這時的「為他人」已經不是「目的」而是轉換成「為我」的「手段」了。因為我們只要按照**「系統思維法」**的第三步驟進行「相關分析」的話，就不難得出它們是「目的」與「手段」的關係（參照上篇第二章第三節〈系統論〉）。即，**「目的為自我，手段為他人」**。或者說**「目的為我，手段為人」**。這個規律在世界上普遍存在，無一例外。

就拿最簡單例子來說，作父母的如果自吹自擂會惹人反感，但如果吹噓其子女則大都不以為然。實際上聽起來吹噓的是子女，本質上想炫耀的是他自己。即前者是手段，後者才是目的。

　　無論是公司還是政黨政權也好，其本質出發點終究在於為「我」，即為自我系統的延續發展。不同的只是所採取的方式手段而已。即公司是以為社會提供產品，政黨是以為國民提供政策，政權是以為國家提供管理為手段。因此，無論公司如何宣傳「顧客第一」「品質第一」「服務至上」，那也是因為你買它的東西或者是為了讓你買它的東西。如果你不可能是它的顧客，註定不會把你當作第一。如果品質不高性能不好也能賣的話，未必會在提高品質改善性能上下功夫。無論政黨如何宣傳「全心全意為人民服務」，那也只不過是為了獲得民眾支持賺取選票的手段。當黨和人民的利益相衝突的時候，黨員也理所應當的要首先服從黨的命令維護黨的利益。任何政黨的消亡都是在歷史潮流中不得已被淘汰，而不可能僅僅是為了人民的利益而主動解體。

　　當然，這也不排除在黨的理念乃至實際行動上也僅僅是為了國家與人民的利益。維護黨的利益也就成為維護國家與人民利益的手段。但即便如此，也超不出「互利互惠」的範疇（參見下節）。

　　總之，任何有主觀能動性的事物，從小到細胞器官，個人家庭，大到公司組織，國家民族，無論規模大小形式怎樣，歸根結底，其最終目的只有一個，那就是「為我」。這是自然界不可違背，無法改變的普遍規律。

　　只是，這裡的「我」與通常所說的「我」或「己」的概念有根本不同。通常我們可用「我的」（Mine）來表達它。

　　比如說。如果問一個出身常德的人是哪裡人？他的回答就會有幾種。如果出了市會說是常德人，出了省會說是湖南人，出了國會說是中國人。這裡從所謂的常德人到湖南人，再到中國人變化的過程，實際上也就是自覺不自覺地把「我」的範圍按常德→湖南→中國的順序逐步擴大的過程。其自我意識以及言語行動也

就不由自主地分別帶上常德人、湖南人、中國人的色彩。

同樣道理，一個人具有何種屬性，那麼這個人就從屬於該屬性的群體，即作為該群體的一員的同時，其「我」的範圍也就自然而然的擴大到該群體。但又因為人具有多種屬性，那麼就意味著「我」的範圍也就必然覆蓋到多種群體。從相同的團體，比如家庭、家族、家鄉、民族、國家，到相同或相近的群體，比如性別、職業、地位、愛好、經歷、性格等等。也可以反過來說，「我」是各種社會群體在「己」上的多層投影。這些縱橫交錯、顏色各異的投影的綜合就構成了「我」這一複雜多變的精神系統。**在每個人的精神世界裡，無時不刻不意識到自身不只是作為人們通常所說的以物質性存在為主體的「身體」，或者說局部性的、相對簡單的「己」，而更多的意識到的是一個以精神性存在為主體的、整體性的、錯綜複雜的「我」**。這個「我」的本質究竟何時以何種方式表現出來，則視其具體情況具體需要而定。但不管如何改頭換面，還是同樣**「千變不離其本，萬變不離其宗」。這個「本」就是「我」，這個「宗」也還是「我」**。

人們之所以容易混淆「我」與「己」這兩個不同的概念，原因在於，從物質存在上講，每個人的「己」是唯一且獨立存在的看得見摸得著感受得到的實體。所以一講到「我」就會很容易緊緊叮住「人體」，而**沒有更深一層地聯想到人所擁有的他人看不見的廣闊無邊的精神世界（看法、感受、情感、思想等），透視不出一個人與周圍其它相關因素間形成的千絲萬縷的聯繫**。

總之，只要我們摘下識別所謂「善惡」「好壞」的傳統的有色眼鏡，拋開腦子裡固有的判別所謂「公」與「私」、「他」與「己」的偏見，用本質的眼光來看待，就不難發現，人的一切行為，從生到死，無論何時，無論何地，無一離不開一個「我」（或稱「我的」「大我」）字。不過，這裡所說的「我」與人們通常

所說的「我」或者「己」是有根本區別的。

3、人體本身都只不過是人「為我」而使用的工具而已

那麼，能用肉眼直接看得到「人體」與「我」又是怎樣的關係呢？實際上，人體本身也只不過是「為我」即為其得到「精神享受」的工具而已。

為什麼可以這麼說呢？首先，我們的身體器官主要擔負著把各種精神食糧加工成人可以享受的精神產品的重任。比如，人的眼、耳、鼻、舌實際上就是分別將美景、音樂、芳香、美味傳送並加工成美感、樂感、香氣、味感供人的大腦神經享受。

其次，在通常情況下本人會愛護它，保護它。比如努力保持身體健康，保證生命安全，儘量不讓身體受到勞累、損傷、疼痛等等。但是在特定的場合下，如果有必要時，他們會為了得到諸如成就感等精神享受而捨得讓身體受苦受痛受累。比如為爭業績廢寢忘食，為奪冠軍帶傷拼搏，甚至為革命捨棄生命等等。從「生命誠可貴，愛情價更高，若為自由故，二者皆可拋」這首有名的詩句裡，我們就能很清楚地看到，在詩人的「我」這一精神世界裡，其優先順序是按照理想第一、愛情第二、生命（人體）第三的順序排列的。這就正好印證了上面所講的人體本身也都只不過是人為了得到精神享受的工具而已這個道理。

4、為何人必須「為我」

以上，我們通過從各個角度諸多層面上對諸多事實的分析中總結出了「人本為我」這一自然定律。那麼，我們難免要問為什麼，不這樣就不行嗎？既然作為一種科學性哲學理論，我們就又有必要對此給予理論性、邏輯性、合理性的解釋（Why：為什麼）。

實際上，這樣的規律既不神秘也不奇怪，也就是說有其絕對
的必然性。下面我們就用**「反證論證法」**（參見附錄I）加以論證。

如果事物不為「我」，那麼，它必然容許自身隨時隨地消
亡。即使不被消滅，也可自取滅亡。甚至還會出現事物因在產生
以前就被消滅而無法問世的現象。如果所有事物都陷入這樣的一
種狀態，那麼這個世界就必定成為一個「無秩序」「不可知」的
世界。這既與現實世界完全不符，也更是違背了**「世界有序可知
論」**的哲學觀點。這也就等於產生了一個事物對自身的存在「既肯
定又否定」這樣一種自相矛盾的現象。因此，我們就可以說這種說
法不能成立。也就反過來證明了「為我」的本性是勢在必然。真
可謂**「人本為我，天經地義」**。

此外，雖然我們在這裡重點討論的是人的本性，但實際
上，這個世界所有動物及一切生物的本性也同樣如此。而這也
正是「人只不過是高級動物」這種說法的正確性，以及「獸性發
作」這類說法的錯誤性的理論根據。

5、所謂「為我」就是指為我的「幸福」

雖然通過討論，我們總結出了「人本為我」這一有關人的本
性的基本定律（「人性論第一定律」），但其中的「我」究竟是
什麼呢？也就是說所謂「為我」究竟是為我的「什麼」呢？

運用平衡理論，我們不難確定，所謂「為我」本質上就是為
了實現「我」的「欲望」與「滿足」的平衡。而這裡所謂的「滿
足」就是人們通常所說的「幸福」（對此我們將在下一章〈幸福
論〉中詳細討論），這也正是人為什麼而活著的根本原因。也正
是BEST理論所追求的終極目標。

第三節　人際關係的本質究竟是什麼？

1、「互利互惠」──人性論第二定律

通過上面的分析，我們知道了人的行為中即使有「為他」的一面，那也只不過是一種「為我」的手段而已這個道理。

顯然，這種說法僅僅是站在某一個人的立場上而言。如果從相互（S）的角度來看，就成為**「互為手段、各有目的」**了。因此我們可以把人際關係的根本總結為**「互利互惠」**這一**「人性論第二定律」**。它恰恰體現了幾種人間關係之一的「互利關係」（參見下節）。也唯有這種關係才是人與人之間本來應該具有的、自然存在的、合理有效的關係。雖然「利用」與「被利用」這樣的詞聽起來很不好，但實際上，恰恰說明「被利用」的一方具有利用價值。而「利用」的一方又為其提供了體現其利用價值的機會。因此，從這個意義上講，「利用者」與「被利用者」的關係絕不是通常人們所感覺的「加害者」與「受害者」的關係。而是一種「雙需」關係，即一方「需要利用」，而另一方也「需要被利用」。當然這必須以「互利」為前提條件。也就是說，這裡的「互利」一詞中，不僅「利」很重要，「互」更是必不可少。因為按照平衡理論，只有「互」才是維衡行為，才能長久存在。而單方面「利用」或「被利用」都是一種損衡行為而終將難以持續下去。因此，我們才可以說**「互利互惠，理所當然」**。

即使如此，人們對這種說法還是會有成見，似乎難以接受。原因就在於它正是與「真情」這一褒義詞成對應關係的貶義詞。僅憑這一點，就有足夠的理由將這種說法從道德規範裡清除出去。也正因為如此，人們才對後者聽之感動，而對前者聞而生厭。

因此，要想把這個問題徹底弄清楚，我們就有必要繼續明確「相互利用」與「真情」的本質含義及其區別。

2、對「相互利用」與「真情」的比較分析

縱觀萬象世界，回顧悠悠歷史，人類之所以有今天的繁榮，無不與「相互利用」密切相關。人類歷史上最早體現「相互利用」的恐怕就是原始人男女的分工。即男人們打獵，女人們料理生活（做飯帶小孩等）。這裡面既有男女間的相互利用（男人打獵女人持家），也有男人們之間以及女人們之間的相互利用（共同作業）。可想而知，如果沒有這樣的「相互利用」，而是每個人都僅僅靠自己維持所有的生活需求的話，人類恐怕早就退化甚至滅絕了。正因為隨著歷史的發展，人類的分工越來越多及越來越細，才使得我們在為無數他人勞動的同時，享受著無數他人的勞動果實。真可謂**「人人為我，我為人人」**。

不僅如此，無論是人類的發展還是社會的進步，其原動力本質上講無一不源於這樣的社會本質規律。即，只有以「為我」為目的，才能實現個人自身的進步；同時也只有以「為人」為手段才能達到「為我」的目的。因此我們就可以說，「相互利用」是人類社會必然的固有的本性，也是人類社會發展必不可少的重要手段。對此，我們既不能無視這樣的事實，也沒有必要更沒有可能對此予以否定排斥。

儘管如此，即使從道理上能夠理解這一點，但人們對「真情」或「真愛」仍然會無限嚮往和憧憬。以重點描述人間「真情」「純愛」「摯愛」而著稱的韓劇能夠在亞洲各國廣泛流傳，尤其是容易受到女性青睞這個現象上也不難看出這一點。

既然如此，我們就有義務討論「真情」的「本質」究竟是什麼以及真情的「對象」究竟指向誰這個問題。但是，由於這個問題有待於「我」的完整概念的建立，並有賴於對情感本質的認識，因此，我們把這個問題放到了本篇第三章〈情感論〉中進行專門討論。其討論結果便是，「真情」的本質也依然是自我情感

需要的滿足（B），其指向依然是「自我」而不是對方本身。也就是說，人們通常在想像中所期待的那種無條件的完全不為自我的絕對的「真情」在理論上不符合邏輯，在現實中也是不可能存在的（智障或精神病患者除外）。這也就完全證明了「互利互惠」這一人性論第二定律是人間關係上必需堅持的**「基本規則」**。它應當成為我們處理一切人際關係、社會關係、國際關係的基本出發點。

因此，我們沒有必要在「該不該相互利用」的問題上浪費時間，更沒有必要在「是不是真情」上糾結徘徊，而是要在「如何合理有效」地「互利互用」問題上多下功夫多動老筋。

從這個問題上也可以看出，人們之所以對一些真理視而不見或者是故意回避，其根本原因還是在於不具備透視本質的視力（E），衡量平衡的視線（B）和俯瞰系統的視野（S）。而之所以這樣的觀點流行至今也沒有任何人給予糾正，其原因又在於**一些傳統說教及固有觀念嚴重阻礙了人的主觀思維欲望，徹底限制了人的獨立思維能力，使得人們往往不去用自己的大腦思考問題的本質，而只是盲目地被動地接受傳統思想的教育，甘願順應社會習慣思想的束縛所致**（參見本篇第四章第一節〈思維停滯〉）。

不過，鑒於「相互利用」作為一個貶義詞在人們的印象中已根深蒂固，因此，我們不妨用「互利互惠」這一詞來代替它。這裡的「利」，既是「利用」的「利」，也是「利益」的「利」。因此，我們又可以把人性論第二定律稱之為**「互利互惠定律」**。

第四節　「我」的幾何模型

　　從上面多方位的分析，我們知道本理論中的「我」與人們通常意識到的只代表個人且主要以人的身體這一物質性存在為識別標準的「己」有著本質區別。它所代表的是一個只有本人才能感覺到的精神世界。這個精神世界雖產生於人體大腦但它卻包含著人體之外的無限的精神空間。所謂「人在宇宙中顯得多麼渺小」的說法顯然只是從「體積」這個角度來偏頗地看問題的結果——這個「人體體積」顯然不是真正的「我」，而只不過是承載「我」的容器而已（見圖2.2）。**在任何人都無法窺視的精神世界裡，我們的思維既可以穿越歷史，也可以縱橫宇宙。也正是每個人都擁有這樣一個世界上獨一無二的精神世界，才使我們每個人的思想行為千差萬別，以人為主體的社會也才會千變萬化。**

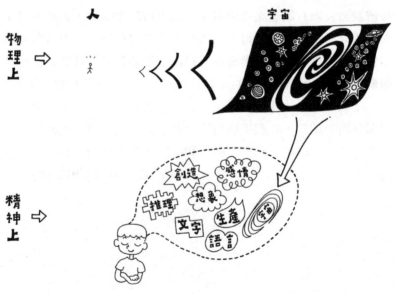

（圖2.2　人與宇宙在物理上和精神上的大小比較）

因此，我們分析世界必須首先從分析人開始，分析人就只有從分析人的精神世界著手。而這個精神世界正是「我」之所在。

1、「自我」幾何模型的建立

那麼，這個精神世界是一個什麼樣的世界呢？其系統構成又是怎樣的呢？能不能更直觀形象地表現出來呢？

為此，我們可以把「我」這一精神系統形象地比喻為一個如圖2.3所示的「圓臺體」。從其形狀上我們又可把它稱之為**「圓臺模型」**。

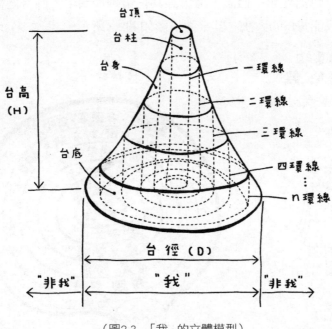

（圖2.3 「我」的立體模型）

從圖中我們可以看出，這個「圓臺體」由**「台頂」**與**「台底」**及其兩者之間的週邊連接曲線所圍成的**「台身」**三部分構

成。以台頂為斷面的圓柱體是該「圓臺體」的「**軸心**」。我們可以稱之為「台柱」。其周圍環繞著半徑不等的無數的「**圓筒體**」（類似城市的一環線，二環線⋯⋯）。

作為它們所代表的意義，比如一般來說，成為軸心的大多會是自「己」（一環），最靠近軸心的（二環）可能是愛人、家人，稍離開一點的（三環）就是知心朋友及近親，再離開一點的（四環）可能是一般朋友及遠房親戚，再外面一點的（五環）可能就是同鄉、同事、鄰居等，再往外（六環、七環⋯⋯）恐怕就是同民族、同國家等等的了（圖2.4）。當然，這其中還可以包括理想、信念、道德等其它精神性要素。圓臺體積表示自我能量E_s的大小。其平面投影如圖2.4所示。

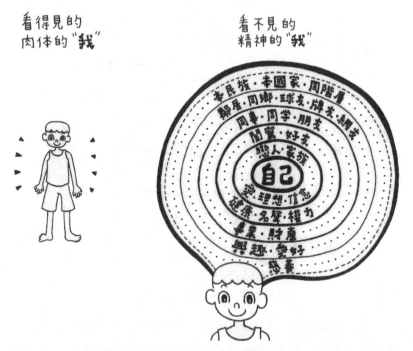

（圖2.4　肉體的「我」與精神的「我」（例））

2、「自我」特性及其在其幾何模型上的體現

「自我」特性及其在其幾何模型上的體現主要有以下六個方面：

其一，「遠疏近親性」（表現在幾何模型上的「遠低近高性」）

不用說，這也正是「圓臺體」區別於「圓柱體」的根本特點。即處於「我」這一範圍內的各個「圓筒」在整個模型中的重要性與距軸心的距離成反比。也就是說，距離越近重要性就越大，距離越遠就越小。這個道理很簡單。比如自己的親人與普通熟人在心目中的地位之差自然不言而喻。

其二，「能量有限性」（表現在幾何模型上的「體積有限性」）

這實際上也是造成上述「遠疏親近性」的根本原因。因為維護「自我」系統的平衡與運行需要相應的能量。而自我模型體積大小則代表自我能量 E_S 的大小。因此，一個人有多大能量就只能建立多大的系統。能量大的可以將圓臺體建立得既高又大，能量小的便只能建立得既低又窄。比如，拿一個市的市長、區長、普通市民三者相比較，其各自的自我模型體積也就自然與其各自所具有的能量 E 相對應。即市長＞＞區長＞＞普通市民（圖2.5）。如果是國家總統的「我」，那麼在高度上是矗立於億人之上，在廣度上覆蓋著整個國家疆域，當然比一個普通老百姓的「我」的體積要大得無法相比。

從這點上，我們也就更能清楚地看出以下三點：

（1）無論是個人追求升官發財、家族興旺，還是政府力求國家繁榮、民族昌盛，其本質目的都一樣，無非是謀求自我系統能量 E 的增大。在自我模型上就表現為體積的膨脹（高度 H 的提升與範圍 D 的擴張）。這也正是系統「進取性」特性的自然體現。

（2）既然「我」的系統能量（自我模型體積）大小因人而

異，那麼按平衡理論，人的行為目標及待人處事等行為方式上就必須講究與該能量大小相平衡。這也就再一次更形象地說明了在平衡論中已經闡述過的**「人的行為必須與其自身能力相平衡」**的道理和所謂絕對的單純的**「平等平均主義思想」**的不合理性。

因此，從這個意義上講，**不分「背景場合狀況能力」的所謂的「博愛」是虛偽無用的；不分「主次大小輕重緩急」的「為公」也同樣是空洞無力的。**

其三，「能量分配性」（表現在幾何模型上的「形狀各異性」）

這一特性表明的是，即使系統能量一樣，也就是說即使圓臺體積一樣，其幾何形狀也可以變化多樣。主要體現為**「高突型」**與**「扁平型」**這兩種傾向（圖2.5）。前者「高而窄」，一般多體現在人們通常所說的**「自私孤獨型」**（也可以說是「自我」過了

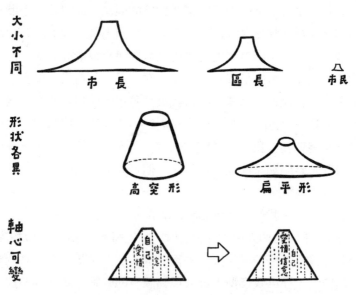

（圖2.5　「我」的幾何模型圖的部分特性）

頭）人身上。後者**「扁而寬」**，則多體現在人們通常所說的**「友愛豁達型」**人身上。這也正是人們通常所說的**「自私」**與**「無私」**這兩種極端情況在自我模型上最直觀形象的表現。即前者主要是「為己為我」，而後者則主要是「為人為我」乃至「舍己為我」。還可以從另一個角度把它看成是一個人對自身能量的分配方式，即前者為**「集中性」**，後者為**「分散性」**。我們便可以說所謂**「自私」**與**「無私」**都是**「自我」**過度的結果。只不過兩者過度的方向相反而已。

其四，「可變性」（幾何模型上同樣的「可變性」）

這其中又包括「時間、體積、形狀、構造」這四個方面。

比如從幼兒到青少年再到成人的過程就是一個其自我模型從「小型」到「大型」（體積），從「高突型」到「扁平型」（形狀），內部組成也從以父母為中心向以自身的學習工作、成家立業為中心變化的過程。與此同時，在父母的「我」的幾何模型中，也就是一個其兒女的位置從當初二環乃至軸心位置逐漸向週邊方向移動的過程。

不僅如此，就連「軸心」有時也會難免遭到替換（見圖2.5）。雖然在一般情況下軸心是「己」，但對於以堅貞不渝的愛情為人生崇高追求的女性來說，其自我模型的軸心無疑已經被愛情所替代。因此，一旦愛情受挫，便一蹶不振，甚至厭世輕生。這就相當於其自我模型因「台柱」傾斜崩塌而難以繼續維持穩定直至最後自毀。再比如，那些革命黨人，不僅可以經受嚴刑拷打，甚至連生命也在所不惜，也同樣是因為其自我模型的軸心既不是己也不是愛情或者家人，而是變成了革命事業。因此，就維持自我模型的穩定性來說，與非軸心的自身性命相比，作為軸心的革命事業顯然要重要得多。所以，那些烈士們才會可以做到那麼無所畏懼、視死如歸。這也就是人們通常所說的**「失去自我」**的行為。

只是在說法上恰恰相反，即失去的不是「自我」而只是「自己」
而已。

　　只有這樣。我們才可以對那些為愛情殉情、為事業殉職、為
革命犧牲的行為給予合理可信的解釋。

其五，「親和排斥雙重性」（表現在幾何模型上的「內外有別性」）

　　該系統的建立本質上就是一種劃分內外（系統內還是系統
外），區分親疏（離軸心近還是遠）的行為。只站在系統內（「圓臺
體」）來看的話，是一種把與自己親近的人或事拉到自己身邊的
「親和行為」，但如果站在系統外來說的話，卻是一種拒絕他人
的「排斥行為」。這裡的「排斥行為」與「親和行為」正是平衡
體的一對平衡對。沒有親和行為則無法體現「為我」的本性，而
沒有排斥行為就體現不了親和行為的意義。而之所以如此，其根
本原因又在於上述的第二個特點，即自我系統能量的有限性（「體
積有限」）。人為了使自己的能力得到充分發揮才不得已進行這樣
的劃分。這本身並無好壞之分，只不過問題在於這種劃分是否符
合平衡原理而已。過於加大了親和力就等於同時加大了它的排斥
力。

　　因此，**過於強調愛國實質上就等於在強調排斥他國**。所有侵
略者之所以在發動侵略戰爭時往往會堂而皇之地打著愛國主義旗
幟，就是為了利用人們對於這種本質性認識的模糊和平衡觀的缺
乏而達到愚弄百姓為我所用的目的。只有按照這樣的理論經過這
樣的分析，我們才可以算是有根有據、有理有力地認定「愛國無
罪」這樣的片面性口號及「國粹主義」「極端民族主義」這樣的
違背平衡論的極端思想都是錯誤的。否則，即便人們意識到其錯
誤性與欺騙性，也因不知道錯在何處而無法反對。或者即便知道
其錯誤之處也因沒有強有力的思想理論而難以駁倒。這也是體現
BEST理論重要性的又一個例証。

以上內容可總結為下表2.2。

表2.2 「我」的幾何模型的特性及其所代表的意義

No	幾何模型	代表意義
一	遠低近高性	遠疏近親性
二	體積有限性	能量有限性
三	形狀各異性	能量分配性
四	可變性	可變性
五	內外有別性	親和排斥雙重性

3、建立「自我幾何模型」的重要意義

綜上所述,我們分析人必須從分析這一「自我」系統著手才能抓住人的本質,找到解決人自身各種問題的方向。**也只有用這樣的方式才能對於人的所有行為作出一貫性的、合理的、統一的、為大多數人所共同接受的解釋,所謂的不可理解不可理喻的說法將會逐漸減少。而建立在所謂「不可理解」基礎上的人與人之間以及集團與集團之間的誤會、矛盾、爭執、衝突乃至戰爭將能得到有效的遏制或者避免。才能為建立和諧社會打下廣泛而深厚的基礎。**

第五節　人際交往的四種行為方式及人的最佳行為準則

人際交往的方式及其結果無非有以下四種：

① 利人利己；

② 利人損己；

③ 損人利己；

④ 損人損己；

這裡面哪種最好哪種最壞呢？

1、「損己利人」未必最好

第④種最壞自不必說。而最好的恐怕往往會被認為是第②種——利人損己。這種犧牲自己幫助別人的「大公無私」的行為從來就是為人們所稱頌。尤其是在中國，對於這樣的人或事必定是大肆渲染，極力美化甚至神化。但實際上這樣的做法一旦過度甚至把它作為一種必須一貫堅持的基本原則，那麼就成為一種不符合BEST理論的自相矛盾、自欺欺人的行為。為什麼這麼說呢？

第一，不符合「我」的「能量有限性」特點。「利人」需要「我」的能量的付出，而一個人所擁有的能量卻是相對有限的。那麼，如果一味只強調利人損己，甚至達到無視自己（即所謂「無私」）的極端程度的話，那麼這個「我」所保持的能量就會因收支失衡而逐漸減少，其幫助他人的能量也就逐漸降低。如仍不為「我」補充能量，則最後必定導致能量消耗殆盡，自「我」都難保又何以幫助他人呢？

比如，某公司職員為工作辛勤勞苦、嘔心瀝血，一切以公司利益為重。首先是不管自己身體是否吃得消，也不顧及家庭的需求而長時間加班加點，且從不計較個人得失，既不要求升職位也

不要求增加工資，只知道「埋頭苦幹」「忘我工作」。對於只追求公司利益的老闆來說，這樣「大公無私」的員工似乎自然是再好不過的了。這時表面上看上去雖然個人受「損」但公司還是得「利」的。至少對公司來說不是壞事。但如此長期下去其結果又會怎樣呢？可想而知，如此長期勞累過度，早晚必生疾病。若仍然再勉強堅持下去，難保不會病重身亡。且還會容易引發家庭矛盾，長期下去甚至還有可能會造成家庭破裂。其結果對於該職員來講自然是受損到底自不必說，但公司是否就得「利」了呢？其實，對公司來講永遠失去了這樣一位「優秀」的職工本身就是一個很大的長遠性的損失。再加上如果被裁判所裁定為「過勞死」的話，就不僅要承擔經濟責任而且要承受公司在社會上的信譽損失。最終結果還是「損失」遠大於「利益」。總而言之，其結果還是回歸到最壞的第④種——損人損己。

第二，違反「人本為我」的本質規律。既然違反的是本質規律，就說明它只不過是既不具備強有力的生命力，也不帶有持久性、普遍性的暫時的表象而已。即隨時都會隨條件環境的變化而變化。既然如此，我們就不能把它當作可以廣泛適用的基本指導思想。也就是說，不能以其為依靠，不要奢望它能夠持久廣泛地影響甚至主導人，尤其是所有人的行為。因此，籠統地提倡所謂的「自我犧牲」精神，形式性地高喊「大公無私」的口號都是起不到根本性、持久性、廣泛性作用的。

2、「損人」不一定最終能夠「利己」

人們對於像強姦詐騙、貪汙盜竊等這樣的會受到法律制裁的犯罪行為自然能夠很容易認識到是「損人不利己」的行為。因為這樣的行為結果直觀明顯。但社會上更多的則是看上去損人可以利己，但實際上最終還是損己的情況，而人們又因為並未注意到

這點而往往重複循環。

比如企業在品質與成本的關係問題上，作為企業方自然是希望「價格高成本低」。而作為消費者則希望是「價廉物美」。如果企業過於追求低成本而降低品質，也就是說傾向於「損人利己」的行為方式，那麼，不僅會給消費者造成經濟上的損失，精神上的痛苦，甚至肉體上的損傷，企業自身也會信譽受損、產品滯銷，不僅利潤難保甚至會釀成關門倒產的後果。其結果還是兩敗俱傷，即還是歸屬到第③種——「損人損己」的範圍。

再比如企業對於分包商，如果憑藉己方的優勢地位無原則地強行壓價，那麼，短期內可能會給公司帶來一定的利益。但如果超過一定限度（嚴重失衡），勢必要麼導致對方偷工減料反過來影響本公司產品品質，要麼導致分包商經營困難。長此下去，勢必導致合作關係的破裂或者因分包商的倒產而最終失去難得的合作夥伴——結果依然是「損人損己」。

這又是一個證明**「平衡觀」**在我們的思想行為中的重要性的典型例子。

3、「利人利己」應當成為我們唯一的行為準則

根據上面的分析我們就懂得了，雖然人際關係存在著「利人利己」「利人損己」「損人利己」「損人損己」這四種方式，但從整體上、根本上以及長期效果及最終結果上看，實際上只剩下「利人利己」與「損人損己」這兩種情況。即要麼是「利人利己」，要麼是「損人損己」。我們又可以分別把它們簡稱為**「雙利」**和**「雙損」**。

因此，唯有「利人利己」才是可行之路。人的行為準則應當是讓自「己」的行為目標與你所在的系統目標盡可能的一致。比如在家庭這一系統中，你的行為就應當盡可能地與家庭幸福這一

目標一致。在所屬的工作單位裡，你的行為就應當盡可能地與工作單位的目標一致。在某一群體中你的行為就必須盡可能地與該群體的目標一致。

只有這樣才能通過維持微小系統的平衡來促進較小系統的平衡，又通過較小系統的平衡來促進較大系統的平衡，再通過較大系統的平衡來促進更大系統的平衡。再又回饋回來，以大系統的平衡來維持較大系統的平衡，又以較大系統的平衡來維持較小系統的平衡，再以較小系統的平衡維持微小系統的平衡。如此良性循環，才有可能創造出真正意義上的「你好我好大家好」那樣的持久的和諧社會。

此外，這樣的教育既不是一種空洞的說教，也不是為了故意做給他人看而所為。而是基於本質性理解，發自內心的「為我」的目的。從而真正使人們具有主動性、能動性地去運用它以達到所期待的效果。

不過，我們有必要注意到，「利人利己」應當成為我們唯一的行為準則這句話就說明「利人利己」歸根結底還只是局限於「準則」和「應該」這一主觀範疇內（這就是與「人本為我」定律的區別）。也就是說，在現實中人們既不是一定照著那樣做，社會也不一定會成為那樣。這又是為什麼呢？問題又出在哪裡呢？下節我們將站在更大系統的角度來考察這個問題並給以明確回答。

第六節 「因果報應」現象多寡是衡量組織 或社會制度優劣的重要標誌

1、「善不一定有善報，惡不一定有惡報」的現實社會

　　雖然我們在上節中講過損人不一定能利己的道理，但現實社會中，通過損人而達到了利己目的的現象也並不少見。比如古代的新皇帝就是通過推翻舊皇帝而實現自己的帝王之夢的。獨裁統治者往往是通過對人民的血腥統治來維持著他們的暴政及驕奢淫逸的生活的。無數軍閥惡霸、貪官污吏越是心狠手辣就越能作威作福。侵略者的野心越大其罪惡行徑就越猖獗，就越能滿足其更大的欲望。他們的「利己」就是完全建立在「損人」的基礎之上。而他們到死也不一定會受到任何懲罰。

　　因此，人們雖然通常會把「善有善報，惡有惡報」這句話當作警世良言，但實際上它未必保證能夠在所有人身上都能兌現。即「善」不一定有「善報」，「惡」也不一定有「惡報」。這也就等於說明這句話終究是**人的一種主觀願望，而不是一種客觀規律**。自然就不會真正起到約束人的行為的作用。

　　順便提及一下的是，人們在教育人多做好事多行善事時，往往會舉出這樣的典故。比如說，古代有一家老兩口，靠種地為生。一天碰到一個逃難之人，看其可憐，寧可自己挨餓也把飯菜送給了那逃難之人。哪知此人就是後來做了皇帝的朱元璋。自然而然這老兩口受到當了皇帝的朱元璋的報恩而享受榮華富貴。因此，做好事定會有好報，所以要做好事。

　　但實際上呢？世界上沒有那麼多將來會成為權貴偉人的落難者給你幫助的機會，而更多的是不僅現在困難而且將來也可能依然貧窮的人們等待著你的幫助。因此，只有首先認識到你的幫助也許沒有任何回報，那麼你才可能一直保持得住**淡定**這一心理平

衡狀態——不管有沒有回報（參見本篇第三章第四節3）。

用這樣的例子去**教育**人做好事，即缺乏科學根據，更沒有實際效果，甚至還會帶來負面影響。因為，一旦做了好事得不到好報，甚至反受其害的話，不僅使之從盲信到不信（不再想做好事），甚至反而還會從不信到逆反，即從一個極端走向另一個極端，反而想著如何去做壞事。

因此，與其採用這樣一種哄騙式的**教育**方式，還不如開始就從分析事物的本質著手，採取只是指出各種做法可能會導致的各種結果，而並不強行代為抉擇的做法會更為有效。這樣做，不僅可以鍛煉其思考力與判斷力和增強其責任感，尤其是可以避免為人們所最為痛恨的「受逼迫被強制」的感覺。近些年不斷發生的子女對父母的反抗、乃至傷害事件的直接原因就在於父母對子女在教育問題上的過多過硬的「強制」（參見本篇第四章第五節3（3））。從這點，我們就足以明白從根本上改變以往的教育方式的必要性與重要性。

那麼，說到這裡，我們又要反過來問，這個社會為什麼又不能做到「善有善報，惡有惡報」呢？其本質原因又究竟在哪裡呢？

2、「損人」能夠「利己」是組織制度弊端的真實體現

對於這個問題就只有借助於系統論（S）來解釋了。

就「自我」這一小系統來說，「損人利己」是一種「為我」的「維衡」行為，他們不會認為有什麼不好。但從被害者來說當然是一種「損衡」甚至是「毀衡」行為，自然不會說好。那麼，如果讓我們站在社會這一更大系統上來看的話，又會怎樣呢？

縱觀歷史，我們就不難發現，就整體社會而言，社會制度越是進步，出現「損人」可以「利己」或者說要「利己」則必須「損人」

的現象就越少。從奴隸社會到封建社會，再到資本主義社會。隨著包括法律在內的制度的合理性的增加，從整體上來講，「損人」就越發難以達到「利己」的目的。包括貪汙盜竊、強取豪奪，強姦殺人在內的各種犯罪行為會受到法律的處罰。這就迫使人們去約束自己的行為，讓人們懂得只有通過有利於大家這個手段才能達到有利於自己這個最終目標。因此，**「善有善報、惡有惡報」難以實現的根本原因就在於社會制度。**如果不認識到這一點，即使我們把這句話再念上幾千年，向上帝再祈禱幾萬遍也終究無濟於事——幾千年的歷史無情地證明了這一點。

這就說明，社會進步的根本性、主導性原因，並不在於人們道德水準的提高，而是在於社會制度的進步。雖然前者的作用也不容忽視。反過來說就是，只要還繼續存在著損人可以利己的現象，就說明社會制度上還存在著缺陷。這樣的現象產生得越多就說明其缺陷越大，反之則說明其越健全。

3、「因果報應」現象的多寡是衡量組織或社會制度優劣的重要標誌

根據上面的分析，我們也就很自然地找到了一個衡量組織制度優良與否的重要標誌，那就是「因果報應」現象的多寡。其比例越高就說明這個組織（公司、集體、國家乃至世界）制度越健全合理，越低就說明缺陷越多。這同時也就說明了它是我們對組織制度進行改善、改進、改革的基本出發點。

找到了這樣的評價標準，**我們在研究社會制度時，就不會僅僅局限于現有的各種政治制度社會形態之間隨機性的優劣比較，也不會由於各自不同的意識形態、政治觀念而把某種社會制度無條件的絕對化、普遍化（錯誤地認為某種制度可以無條件地適合於任何國家）。而是使我們能夠回到問題的本質事物的原點，根**

據各國的具體國情以及當時的時代特點找出適用於這個國家的相
對最佳的社會制度。

4、正確的「平衡觀」與「人性論」教育也非常必要

要提高社會整體「因果報應」的比例，除了上述的從制度上
著手以外，對人的思想教育也會起到很重要的作用。前者為其提
供外部環境，後者為其創造內部動力。而這種**教育**的手段依然離
不開本書所創建的**「BEST理論」**以及以此為依據建立起來的以
「人本為我」為理論基礎，以**「互利互惠」**為行為準則的這兩個
「人性論」法寶。只有這樣，**才有可能使社會逐步接近並最終達
到「善有善報、惡有惡報」**的理想狀態。

本章小結

（1）善惡不體現人的本性。因此，無論是「性善論」與「性惡論」還是「善惡並存論」「無性論」都只看到事物表象而沒有抓住事物本質。它們共同的錯誤根源就在於，它們都首先毫無根據地把討論人的本性的著眼點定在「善惡」這一狹小範疇內。況且並無善惡的統一標準。既然前提條件錯了，其結果自然也就不可能正確。

（2）人性論第一定律——「人本為我，天經地義」（人之性，本為我）：人的一切行為，從生到死，無論何時，無論何地，無一離不開一個「我」字。

（3）人體本身也只不過是人「為我」而使用的工具而已。

（4）「人本為我」，而且必須為「我」。

（5）所謂「為我」本質上就是為「我」的「幸福」。

（6）人們之所以對一些真理視而不見或者是故意回避，其根本原因就在於不具備BEST理論思想。而之所以一些偏頗虛幻的觀點流行至今也無人給予糾正的根本原因又在於一些傳統說教，固有觀念及社會習慣嚴重阻礙了人的主觀思維欲望，徹底限制了人的獨立思維能力所致。

（7）人性論第二定律——「互利互惠，理所應當」；它是人際交往中必須遵守的「行動準則」。它應當成為我們處理一切人際關係、社會關係、國際關係的基本出發點。體現在個體上便是「目的為我、手段為人」，體現在人際關係上便是「互為手段、各有目的」，體現在社會整體上便是「我為人人、人人為我」。

（8）「自我」幾何模型是一個以「台柱」為軸心，由「台頂」與「台底」及其兩者之間的週邊連接曲線所圍成的

「台身」所組成的「圓臺體」。內部含有多重直徑不等的「圓筒體」。這個圓筒體及其到軸心的距離分別代表「自我」所包含的各個要素（人、物、事等）以及這些要素在「自我」中的重要程度。

（9）「自我」幾何模型具有「遠低近高性」「體積有限性」「形狀各異性」「可變性」（時間、體積、形狀、構造）及「內外有別性」等五個重要特性。它們也就分別代表「自我」所具有的「遠疏近親性」「能量有限性」「能量分配性」「可變性（時間、能量大小、能量分配、內部結構）」「親和排斥雙重性」等特性。

（10）按照「自我」「能量有限性」特性，不分「背景場合狀況能力」的所謂的「博愛」是虛偽無用的；不分「主次大小輕重緩急」的「無私」也是空洞無力的。

（11）只有我們懂得「自我」的「軸心」也可被替換的道理，才能夠對於那些「為愛殉情」「為工作殉職」「為革命就義」的極端性犧牲行為予以合理的解釋。

（12）按照「我」的「親和排斥雙重性」特性，過於強調愛國實質上就等於在強調排斥他國。這正是侵略者發動戰爭時通過以表象掩蓋本質來欺騙民眾的慣用伎倆。而這樣採取揭穿其本質目的的方法才能使我們有理有力地對諸如「愛國無罪」以及「民粹國粹」等冠冕堂皇的口號予以有理有力的批駁，也才能有根有據地喚醒受蒙蔽的廣大民眾。

（13）建立「自我」幾何模型的意義在於，通過掌握人的本性來對人的所有行為作出一貫性的、合理的、統一的、為大多數人所共同接受的解釋，所謂的不可理解不可理喻的說法將會逐漸減少。而建立在這種說法基

礎上的人與人之間以及集團與集團之間的誤會、矛盾、爭執、衝突乃至戰爭將能得到有效的遏制或者避免，為建立和諧社會打下廣泛而深厚的基礎。

（14）在人際交往的四種方式（利人利己、利人損己、損人利己、損人損己）中，最終結果大都會只剩下「利人利己」和「損人損己」兩種。而只有前者才是我們唯一的最佳選擇與行為準則。

（15）利人利己的思想按BEST理論來講就是，通過平衡流從子系統到母系統，又作為其回饋從母系統到子系統的移動以促進良性循環來實現「你好我好大家好」的持久的和諧社會。而且，這樣的教育不是一種空洞的說教，也不是因顧及別人看法，而是基於本質性理解和發自內心的「為我」的目的。從而才能真正使人們具有主動性、能動性地去運用它。

（16）「因果報應」表示的僅僅是一種主觀願望，而不是一種客觀規律。以此為根據的哄騙式教育方法不僅作用甚微效果短暫，有時甚至還會帶來負面影響。但它卻恰好為我們評價社會制度優劣提供了最可靠的線索。從而「因果報應」現象的多寡就成為衡量一個組織或社會制度優劣的重要標誌。自然也就成為我們改善管理、改革制度、改進社會的基本出發點。

（17）正確的「平衡觀」及「人性論」教育也是提高社會整體「因果報應」比例必不可少的重要手段。

第二章　幸福論

第一節　幸福的真相

　　我們在上一章人性論中已經闡述過所謂「為我」的本質上就是為了實現「我」的「欲望」與「滿足」的平衡，即人們通常所說的「幸福」。而感受這種「幸福」的主要方法便是人們通常所說的「享受」。且人們通常認為存在著「物質享受」與「精神享受」這兩種截然不同的表現形式。尤其是往往不論青紅皂白一律把「精神享受」視為健康高尚予以頌揚（「書香門第」的說法就是典型例子）。而把所謂的「物質享受」視為低級庸俗予以鄙視唾棄（「銅臭味」的說法就是典型例子）。果真是這樣嗎？

1、世界上只存在「精神享受」而不存在「物質享受」

　　如果我們從本質上去追究的話，不難發現，任何物質享受的最終目的必定都是為了達到精神上的享受（圖2.6）。

　　比如，無論是坐名車、住豪宅、用名牌之類的所謂的「物質享受」也好，還是像唱歌跳舞，吟詩作畫之類的「精神享受」也好，它們都殊途同歸，追求的最終目的都同樣只不過是精神上的享受。因為只要人自己感覺到的享受，就是實實在在的享受。它們雖有大小強弱之別，卻並無高低貴賤之分。按**「系統思維法」**的觀點就是，從**「物質享受」**與**「精神享受」**的相關關係上來分析的話，它們之間不是處於「位置」上的「並列」關係，而是處於「順序」上的「先後」關係，即前者為「手段」，後者為「目的」這樣的**「因果」**關係。也就是說，美味佳餚帶給人的是味覺

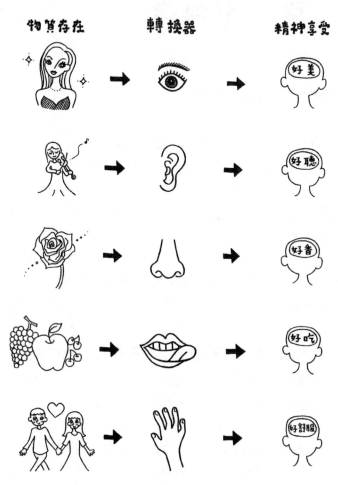

物質存在　　　轉換器　　　精神享受

好美

好聽

好香

好吃

好舒服

（圖2.6　物質存在與精神享受的轉換關係）

上的享受，鮮花美女帶給人的是視覺上的享受，音樂歌曲帶給人的是聽覺上的享受，擁抱接吻做愛帶給人的是觸覺上的享受，名車豪宅帶給人的是方便舒適的享受，成名成家帶給人的是榮譽上的享受，當官執政帶給人的是支配欲的享受。概括地說就是，這些行為分別是為了滿足人的食欲、美欲、音欲、性欲、舒適欲、

方便欲、名譽欲、支配欲等等。因此,這些所謂的享受歸根結底體現在人的愉快感、甜蜜感、舒適感、輕鬆感、爽快感、安全感、安心感、成就感(使命感)、優越感、榮耀感、征服感、公平感(同情心、正義感等)等各種由腦細胞產生的「感覺」上。這些因素的總和效果就是人們通常所說的**「幸福感」**。

這就說明,**無論是前世的痛苦還是來世的幸福,只要我們沒有記憶或無法感覺到,那麼「七世輪迴」之說就顯然毫無意義。**

獲得這種幸福感的方式有兩種。一種是無需以物質為媒介而可以直接得到精神享受的「直接式」方式,如愛情、友情、親情、信任、尊敬、榮譽、智慧、知識等。還有一種就是需要通過轉換成精神性東西才得以享受的「間接式」方式,如衣、食、住、行、財富、權利等。歸納起來便如表2.3所示。

表2.3 「幸福」的因果關係

手 段			目 的
物質間接性	衣、食、住、行、財產、權利等	幸福	愉快感、甜蜜感、舒適感、輕鬆感、爽快感、安全感、安心感、成就感、優越感、榮耀感、征服感、公平感等
精神直接性	愛情、友情、親情、信任、尊敬、榮譽、智慧、知識等		

既然如此,所謂「精神享受高尚」「物質享受低賤」這樣的說法也就自然沒有意義了。而之所以產生這樣的說法,根本原因就在於不能夠正確運用「系統思維法」中的因果關係分析法,在強大的傳統觀念的支配下,習慣於用有色眼鏡看問題的結果。

2、「幸福」終究以「感覺」為衡量標準

值得強調的是,所謂「幸福」終究離不開「感覺」二字,精神上的「感覺」才是人的所有行為結果的終結點。對於任何一個客觀存在來說,哪怕是間接性的也好,如果不能最終反映到感覺

上來，對這個人來說沒有任何意義。這也是幸福的本質真相之所在。不論看上去多麼幸福或者是按道理講應該多麼幸福，只要本人感覺不到，就等於沒有。比如，美味佳餚對於失去味覺的人，絕色美景對於失去視力的人，美妙音樂對於失去聽覺的人，百萬英鎊對於比爾‧蓋茨級的富翁來說，都不會讓他們產生出幸福感。這也正是**為什麼有錢不一定幸福**的根本原因之一。

反之，只要本人確實感受到的幸福，無論方式手段如何以及最終結果怎樣，這種感覺就是千真萬確毫無虛假可言的。即使是吸毒，雖然最終結果會導致人的自我毀滅，從總體來說是不幸的。但就吸毒當時來講，給人帶來的舒適感、甜蜜感、快樂感、滿足感等等一系列的幸福感卻是真真切切毫無半點虛假的。我們不能因為最終的整體的不幸結果而連過程上的局部性的幸福感也一同否定掉。毒品的作用就在於它在給人帶來雖然短暫但卻異常強烈的幸福感的同時，會造成人永久性的毀滅性的身心傷害。對於像這種既有「好效果」也有「壞作用」的行為，我們判斷其好壞可否的標準就在於好效果與壞作用這兩者的「相對輕重大小」。就吸毒來說，顯然是後者大於前者。因此，我們就把吸毒規定為有害的違法犯罪行為。這就是問題的本質。如果吸毒只有好效果而沒有或不大有壞作用的話，那就不會禁止，也不會稱之為毒品了。像吸菸、喝酒便是與其相對應的反面例子。

再比如，男人向女人求愛時，會表現得對對方柔情蜜意溫柔體貼，有的甚至是信誓旦旦百依百順。這時女方會有強烈的幸福感。但倘若後來男方態度有變，甚或移情別戀，那麼，女方自然不只是有失落感，而可能會產生**「被背叛」**甚至是**「被欺騙」**的感覺。也就是說，就會連原本享受過的甜蜜感、舒適感、快樂感等幸福感也會一同全盤否定，甚至在這一感覺的支配下，還會產生怨恨乃至仇恨報復心理。對於這樣的心理我們在此沒有必要也

沒有可能做出統一的「好壞」評價。我們在此只是唯一想強調的是，不論對方動機如何，也不論最終結果怎樣，在戀愛過程中，從戀人那裡享受過的幸福感是千真萬確實實在在的。它本身絕不會受其它因素的影響而消失，也不應該為最終結果所左右。友情親情也同樣如此。

實際上，我們如果懂得了這一點，**我們就會對於人們通常所說的背叛欺騙等行為能夠做到更加寬容一些**——這就是這樣的思維方式給我們的思想帶來的有益效果（我們可以注意到，**這樣的結論歸根結底是由於追求事物本質而求得的自然結果，並不是我們首先提出這樣的目的性觀點而為其尋找到的根據理由**）。

此外，即使是錯覺，只要本人感覺到幸福那就是幸福，感覺到不幸那就是不幸（當然這樣的判斷仍然離不開系統的眼光）。比如麻醉，雖然不反映真實，但它讓人免遭疼痛就是實實在在的使人得到了幸福。無論是歷史上的「望梅止渴」，還是現代人在電子遊戲及網上虛擬世界中所產生的情感（網上戀愛、種菜、育兒、養寵物等），以及夢中的高興快樂與恐懼悲傷，都是人實實在在的感受。夢中出現的哭泣、歡笑、驚叫、遺精的現象就足以說明了這一點。與真實世界相比，它們只不過有程度上的區別而已。魔術、美術、音樂、文學、藝術等恰恰是利用人的錯覺、幻覺、空想、幻想給人帶來快感美感的一種技術（T）。

不過，這樣的思維方法卻可以幫助我們對宗教信仰有更全面的認識。也就是說，對於各種宗教所信仰的神或上帝，即便我們也許可以從邏輯上論證其存在性，但我們終究無法通過觀測或驗證來實實在在地證實它的存在或不存在。但即使它不存在，如果能夠通過宗教信仰使人的**心靈有所寄託，精神有所依賴，行為有所規矩，愛心有所激發，其結果讓人更加幸福，讓社會更加和諧**的話，則不失為一種有效的手段。只是，同時我們還必須清醒地

認識到，並非所有的宗教在任何時候都能保證做到這一點，一旦走火入魔反而會容易蛻變成一股可能給社會造成極大危害的反動勢力（比如歷史上的宗教戰爭與其他戰爭一樣給人類帶來的同樣還是痛苦與災難，甚至還有一些邪教、淫教乃至企圖與整個人類社會為敵的宗教等等）。

同樣，這樣的思維方式也就能夠讓我們更確實有效地理解不同類型的人及包容不同類型的事。因為我們只要認識到，某種人或某種行為，在不給他人造成壞影響或危害的前提下，無論在他人眼裡顯得如何怪異可笑、低級下流，甚至粗俗骯髒，但只要本人不這樣覺得，甚至以此為樂，我們就完全沒有必要用站在自身立場上的有色眼睛去看待，更不能把自己的觀點強加於人。而只有讓人們從內心裡真正懂得這一道理，才能有效地防止各種偏見、歧視、排外心裡的產生，從而減少以強欺弱、以眾欺寡、侵犯人權、壓制異類等現象的發生。才能使不同性格、層次、職業、國家、民族的人彼此真正做到**「相互理解、彼此寬容、真心原諒」**，也才能在實際行動中真正做到**「互相幫助、和平共處、共同發展」**。否則，如果僅僅照教條思維，按習慣行事，就不能做到**「內心理解、真心做到、廣泛應用、長久實施」**。結果只會是**「流於形式、行於表面、起于一時、終於一刻」**。

上面討論的過程也就更進一步說明，**對於任何事物的認識，離不開本質的視力、平衡的視線與系統的視野。否則難免「膚淺、狹隘、偏頗、片面」。我們只有靈活運用BEST理論（四維哲學），才能對於人的種種行為作出「一貫性、統一性、全面性、根本性」的分析和解釋，也才會使我們提出的解決辦法具有「普遍性、合理性、實用性、有效性」。**

第二節 「幸福度」計算法

1、「幸福度」的構成要素與影響因素

雖然同樣說是幸福，但其程度自然會大不相同。憑個人的感覺，我們通常會用「非常」幸福、「很」幸福、「較」幸福、「不太」幸福、「不」幸福、「很不」幸福、「非常不幸」等等來表達幸福的程度。但這樣「定性式」的表達方式既模糊不清又難以凸顯其本質，且由於因人而異而無法相互比較。因此，為了便於幫助我們找到提高「幸福度」的方法，我們就有必要分析出幸福的「構成要素」及其「影響因素」並將其定量化。

（1）幸福的構成要素

如何劃分幸福的構成要素呢？實際上，只要我們懂得在本書「系統論」中已經闡述過的**系統**所具有的第二與第四特性，即「維衡性」與「進取性」這兩大特性，我們就不難解答這個問題了。

首先，按照系統的「維衡性」特性，我們就不難懂得，人首先需要滿足的是那些維持自身生命延續所必須的**「基本生存欲」**。主要有，衣（抗凍防曬）、食（抗饑防餓）、住（生存空間）、行（行動能力）、性（傳宗接代）這五種。我們稱之為五個**「基本幸福要素」**（B－Basic）。

其次，按照系統的「進取性」特性，我們就不難懂得，人一旦滿足了其基本生存所需的欲求，就勢必會向更高級的狀態進取。比如，穿衣不僅僅是為了保暖，還為了顯示美觀；吃飯不僅僅為了填飽肚子，還為了享受美味；住房不僅僅為了遮風擋雨，還為了舒適自在；行走不僅僅是為了到達目的地，還為了享受飛奔的快感；性交不僅僅是為了傳種接代，還為了享受性的歡樂等

等。除了追求這些基本生存欲求上的奢侈化以外，人們還會滋生出愛情欲（愛情、友情、親情）、名譽欲、支配欲、公平欲等等。它們是以基本生存欲求得到滿足為前提條件的**「高級享受欲」**。因此，我們稱之為**「高級幸福要素」**。

（2）幸福的影響因素

雖然上面我們總結出了人的兩大幸福要素，但我們還須注意到這樣一個現象，那就是，即使同樣是當市長，但從省長降任與從鄉長提升這兩種情況下的幸福感自然是大相逕庭。這種現象意味著什麼呢？實際上，這就意味著我們對於幸福的感覺還與自身以往的經歷有關。這就是幸福的第一個影響因素——**「自我相對性」**。

此外，同樣是開車，但如果把在人們大都以自行車為主要交通工具的時代和現在相比的話，其幸福感顯然不可同日而語。這也就意味著，幸福感還與所比較的對象有關。這就是幸福的第二個影響因素——**「他人相對性」**。

值得一提的是，這也恰恰是人產生**嫉妒心**的根本原因。而這樣的嫉妒心除了會讓人產生勾心鬥角、打擊報復、汙蔑陷害的心理外，也還有可能讓人為了「不甘落後」「不讓人瞧不起」「衣錦還鄉」「光宗耀祖」而奮發向上的根本動力。甚至還會起到通過促進公平競爭、相互勉勵、共同進步以提高集體力量的作用。它們三者構成了如下的兩層連環相扣的因果關係。

「幸福的他人相對性」→「嫉妒心」→「上進心」（或「打擊報復」）

下層因果關係：「原因」→「結果」

上層因果關係：　　　　　「原因」→「結果」

（圖2.7　因果關係的多層性）

由此可見，嫉妒心與上進心為「因果關係」，而不是「並列

關係」。也就是說，沒有「嫉妒心」就不會有由此而產生的「上進心」。既然如此，我們就不應當不加分析地把「嫉妒心」作為「壞思想」而加以全盤否定甚至批判。因為，如果否定了「嫉妒心」這一「因」，也就等於否定了**「上進心」**這一果。因此，當我們面對嫉妒心這一問題時，我們既沒有必要也沒有可能像「不要有嫉妒心」這樣的教訓性語言那樣，一開始就試圖把它從人的思想中完全徹底的消除掉（即使可以暫時壓抑或短期控制），而是應該考慮如何將其轉換為上進心這樣的正面積極性因素。

既然前述的「自我相對性」與「他人相對性」這兩個影響因素是建立在相對性基礎上的，那麼，這就意味著這部分的幸福感來源於其差別。即差別越大幸福度絕對值就越大，反之則越小，沒有差別則為零。

此外，我們還會有這樣一種體會，既我們獲得的上述這些幸福感往往難以一直保持下去，而是隨著時間的流失而消退。比如，無論是開名車、住豪宅也好，還是吃山珍海味、遊山玩水也好，習慣化後的幸福感與剛開始的幸福感自然是大相徑庭。時間越久就消失的越多。到最後甚至會完全消失。這就說明幸福度存在著第三個影響因素——**「時間消磨性」**。當然，也許有的並非如此，甚至反而還會隨時間而不斷增加的情況，但即便如此，幸福度一般都會隨著時間的變化而變化這一點是毋庸置疑的。

通過上面的分析，我們就找到了「基本生存欲」與「高級享受欲」這兩個「幸福的基本要素」以及「自我相對性」「他人相對性」「時間消磨性」這三項「幸福的影響因素」。

此外，這裡的欲望的滿足與否還取決於每個人自身對各種不同幸福要素的期望值的高低。比如說有的人重名，有的人重利，有的人希望名利雙收。有的人把錢財看得比生命還重，而有的則把愛情看得高於一切（幸福的構成要素以及輕重程度的不同）。

有的人更多的偏重於自身的內在感受（自身相對性係數的不同），而有的人則更在乎與別人的比較（他人相對性係數的不同）。有的人安於享受已有的幸福，而有的人則只有在不斷的挑戰中才能獲得快感（時間消磨性係數的不同）。

通過以上預備性討論，接下來我們就可以嘗試建立起一個有關計算幸福度的基本公式了。

（3）「幸福度」與「人生效率」的計算公式（參考）

假設用Bt（Basic target）表示「**基本生存目標值**」，用Bp（Basic practice）表示「**基本生存評價值**」，用 α 表示「**基本生存欲滿足度**」，那麼：

$$\alpha = Bp / Bt$$

如果用St（Senior Target）表示「**高級享受目標值**」，用Sp（Senior Practice）表示「**高級享受評價值**」，用 β 表示「**高級享受欲滿足度**」，那麼：

$$\beta = Sp / St$$

再用m（relativity Me）表示「**自我相對性係數**」，用o（relativity Other）表示「**他人相對性係數**」，用t（Time）表示「**時間消磨性係數**」，那麼，「**幸福度**」h（happy）的計算函數式可表示如下：

$$h = f(\alpha, \beta, m, o, t)$$

$$h = f(Bp / Bt, Sp / St, m, o, t)$$

那麼，人的一生的幸福總量 H 則可由下式計算

$$H = \int f(Bp / Bt, Sp / St, m, o, t) \, dt$$

又假設人一生為獲得這些幸福所花費的成本即人生成本（人一生中所做的各種努力投資以及為此所受到的辛勞苦痛的總和）為 P（Pains），則「**人生效率**」E（Efficiency）的計算公式如下（圖2.7）：

$$E = H / P$$

這裡的E是我們用以評價「**人生自我價值**」（這種說法是為

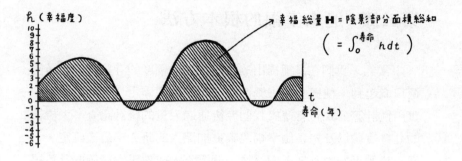

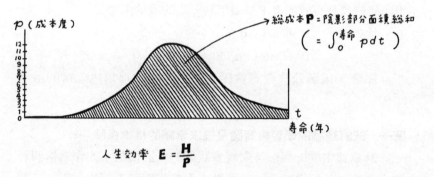

人生效率　$E = \dfrac{H}{P}$

（圖2.7　人生效率計算示意圖）

了便於與「**人生社會價值**」這一概念相區別）的一個重要指標。
按通俗的話來說就是，**它是衡量一個人的一生「值」與「不值」**
的一個非常定量性直觀性標準。它不僅方便我們客觀評價人生價
值，而且有助於我們規劃自己的未來人生。

第三節　追求幸福的根本方法

當然，我們在這裡提出的一個關於幸福度的計算公式，僅僅還只能起到一種概念性、概括性、方向性的作用。有關具體詳細實用性計算公式將有待於我們今後通過大量的統計調查、大規模的社會實驗以及對各個幸福要素更加深入的研究來最後確定。不過，我們不妨暫且把下面這樣一個還不太成熟不太精確的計算式列出來以供參考。一是為了說明問題的方便，二是希望為今後的專題研究及為有效地追求幸福起到一定的啟示作用。

比如：　　　$H = mo(\alpha + \beta)/t$

$H = mo(Bp/Bt + Sp/St)/t$

那麼，這個公式究竟會給我們對幸福的追求以怎樣的啟示呢？

第一，BEST理論的學習與實踐是追求幸福的根本保障

計算式中的Bp與Sp（對現實狀態的「評價值」）作為這個計算式中最主要的變數，對其結果大小起到至關重要的作用。而要使其得到提高就只有切實掌握BEST理論並正確應用於實踐。**因為BEST理論是一套具有科學性、邏輯性、系統性、立體性、統一性、普遍性、大眾性、實用性哲學理論**（圖2.8）。**它的適用範圍遍及人生觀、價值觀、人際關係、社會關係、情感、家庭、教學、工作、研究、創造、管理、娛樂等各個方面**（圖2.9），**可以將諸如誤解、失誤、浪費、低效、勞累、分歧、犯罪、暴力、衝突、不公、無理、戰爭、痛苦等各種損人損己（雙損）的因素轉換為理解、準確、節省、高效、輕鬆、共識、助人、文明、和諧、公平、合理、和平、幸福這樣的利人利己（雙利）的結果**（圖2.10）。以此提高人們的生活效率與人生效率。因此，我們可以說BEST理論的學習與實踐將在實現「**世界和平、社**

（圖2.8 BEST理論之主要特性）

（圖2.9 BEST理論之應用範圍）

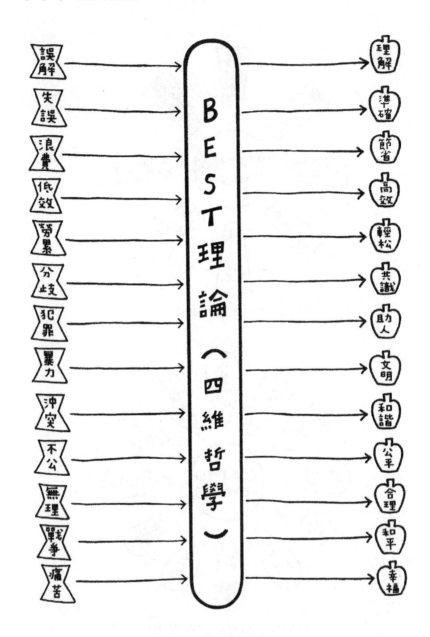

（圖2.10 BEST理論之效用）

會進步、人類幸福」這一終極目標上起到無法代替不可估量的作用。

第二，平衡性的幸福目標值的設定

除此以外，從這個公式中我們可以發現，除了 Bp 與 Sp 是對現實狀態的「評價值」以外，其餘的 m 與 o 這兩個參數是「相對值」，Bt 與 St 則為可以人為設定的「目標值」。這意味著什麼呢？這實際上就意味著，究竟以什麼為基準點或參照對象來設定自己的目標值就顯得極其重要。對此，正確的做法仍然離不開以「平衡論」與「系統論」為基本指導思想。也就是說，必須使選擇的參照對象與自身固有的能力水準及環境條件在總體上相對平衡。

比如，就 Bt（基本生存目標值）與 St（高級享受目標值）來說，不能完全以自己所追求的未來理想為基準；就 m（自我相對性係數）來說，也就不能按以往最輝煌的時期來衡量；就 o（他人相對性係數）來說，既不能單純地與同班同學相比，也不能機械地與公司同事相比，更不能盲目地與名人偉人相比。而是在綜合考慮自身的生長條件、教育環境、天分智商乃至外觀長相、機遇運氣等諸多因素的前提下，確定自身的最佳平衡點。

只有這樣，才能使我們找到一個**既有挑戰價值又有實現可能的最佳人生目標**。也才可能使我們每個人（不論天分高低、才能大小）盡可能多的實現人生自我價值，以達到充分享受幸福感的目的。也才盡可能地減少人與人之間因嫉妒心而產生的各種攻擊陷害、打擊報復等損人損己的現象。

第三，「精神財富」的努力生產、充分發現、盡力轉換及盡情享受

由於現代社會滋生出來的誘惑太多，使得人們不斷產生出太多的欲望要去滿足。又由於競爭越來越激烈，使得人們不停地付出更多的勞累困苦。這也就使得人們**奮鬥努力的時間越來越長，而享受奮鬥成果（幸福感）的時間就越來越短，且深度越來**

越淺。就像猴子不停地把香蕉搶到手的同時，卻只亂咬一口便隨便扔掉，再急著去搶下一隻香蕉一樣。典型的例子就是，有些人花錢費力好不容易建成了帶游泳池電影院運動室的豪宅，買了豪車，卻又因工作繁忙難有在家裡安靜享受這些設施的時間。且又總喜歡與別人的豪宅豪車相比，從而使本來可以充分享受的幸福感大打折扣。如果因為總是羨慕那些比自己更幸福的人而失去了感覺自己已經擁有的幸福生活的能力，這本質上就是對社會精神財富（幸福）的一種浪費。縱觀整個現代社會，雖然物品已經達到極大豐富，豐富到生產過剩，產品積壓的地步，可為什麼仍然不能讓人們感到足夠的幸福呢？其原因之一就在於人們沒有弄清楚**「物質財富→精神財富→人的幸福」**這樣一個連鎖轉換關係。**雖然物質性的浪費容易引起人們的注意，但對於隨時可現隨地可見的無以累計的精神財富的浪費卻毫無知覺熟視無睹。**當然也就不會考慮如何將物質財富轉換為精神財富了。

因此，我們在追求幸福時，**對於事物的取捨也就應該以能否最終轉換為精神財富為標準**。也就是說，能夠轉換為精神財富的物質性東西要儘量將其轉換享受不得浪費，而對於那些看似豐富卻不能轉換為精神財富的物質則不必創造，或者不必擁有。

第四，對困境、逆境、困苦生活的回憶、重現乃至體驗

如果想要減少時間性消磨係數 t 的影響，也就是說，為了減輕時間對幸福感的消磨作用，我們就只有採取喚醒對過去勞苦的記憶，加深對過去困境下的切身感受。比如暫時脫離現有的富裕生活，重回故地，重新體驗一下以往的艱苦歲月下的生活等等。當覺得生活平淡無奇、單調乏味、難以產生幸福感的時候，不妨回想起過去生病時的想法（恐怕大多人想的是「只要無病就是幸福」）。毛澤東時代所進行的「憶苦思甜」活動正是對這一理論所進行的自覺不自覺的一種應用。

本章小結

（1）所謂「為我」本質上就是為了實現「我」的「欲望」（食欲、美欲、音欲、性欲、舒適欲、方便欲、名譽欲、支配欲等）與「滿足」的平衡。而這裡的「滿足」就是人們通常所說的「幸福感」（愉快感、甜蜜感、舒適感、輕鬆感、爽快感、安全感、安心感、成就感、優越感、榮耀感、征服感、公平感等）。

（2）世界上只存在「精神享受」而不存在所謂的「物質享受」。「精神享受」與所謂的「物質享受」之間是「目的與手段」的關係。

（3）「幸福」歸根結底以「感覺」為判斷標準。懂得了這一點，我們也許就會對於人們通常所說的背叛欺騙等行為做到更加寬容一些。

（4）我們只有運用透視本質的視力、衡量平衡的視線與俯瞰系統的視野來認識事物，才能對於人的種種行為作出「一貫性、統一性、全面性、根本性」的分析和解釋。也才會使我們提出的解決辦法具有「普遍性、合理性、實用性、有效性」。也只有這樣才能讓人們對此做到「內心理解、真心做到、廣泛應用、長久實施」。否則難免會讓我們的認識膚淺、狹隘、偏頗、片面，使我們的行為「流於形式、行於表面、起於一時、終於一刻」。

（5）幸福的兩個基本要素：「基本幸福要素」與「高級幸福要素」。

（6）幸福的三個影響因素：自我相對性（m）、他人相對性（o）、時間消磨性（t）。

（7）嫉妒心作為產生上進心的動力之一也不可全面否定。

（8）人的「幸福度」「人生幸福總量」及「人生效率」的計算公式（參考）。

（9）幸福度計算公式帶給我們的啟示為：第一，BEST理論的學習與運用是追求幸福的根本保障；第二，平衡性的幸福目標值的設定；第三，「精神財富」的努力生產、充分發現、盡力轉換及盡情享受；第四，對過去困境生活的回憶、重現、體驗。

（10）我們雖然知道人類每天都在不停的浪費大量的物質財富，但我們卻未能領悟到我們人類每天更多地是在不停地浪費大量的精神財富。

（11）BEST理論是一套具有科學性、邏輯性、系統性、立體性、統一性、普遍性、大眾性、實用性哲學理論。它的適用範圍遍及人生觀、價值觀、人際關係、社會關係、情感、家庭、教學、工作、研究、創造、管理、娛樂等各個方面，可以將諸如誤解、失誤、浪費、低效、勞累、分歧、犯罪、暴力、衝突、不公、無理、戰爭、痛苦等各種損人損己的因素轉換為理解、準確、節省、高效、輕鬆、共識、助人、文明、和諧、公平、合理、和平、幸福這樣的利人利己的結果。以此提高人們的生活效率與人生效率。因此，我們可以說BEST理論的學習與實踐將在實現「世界和平、社會進步、人類幸福」這一終極目標上起到無法代替不可估量的作用。

第三章　　情感論

第一節　人們對情感的認識普遍含混模糊

　　說到人的感情，按一般的說法，大致可以歸納為愛情，親情，友情三種。我們還可以注意到這是一種按產生情感的物質性對象來劃分的方法。

　　具體地說，愛情主要因男女性別上的差異而產生，親情則主要是指人對自身出生或生存環境的感情。因此，從這個意義上講，它除了人們通常所說的親屬之間的感情外，我們還可以廣義地把諸如故鄉情、祖國情、母校情等也包括在內。而友情則是指雙方因共事（包括共玩）而產生的情感，如同志、戰友、商友、牌友、網友、球友等等。

　　這是迄今為止人們常用的區分方法。因為這種說法比較直觀，容易為人所理解接受。但實際中的情感僅僅靠這三種是無法區分開來，甚至有時還會自相矛盾。

　　比如，對於同樣是「性交」（Sex）這一行為結果（或目的）來說，其原因（或手段）就有戀人之間的「做愛」，性夥伴之間的「性交」，恩人與受恩者之間的「性回報」，嫖客與妓女間的「性交易」，強姦犯與被害人之間的「強姦」等多種多樣。按通常說法，其中除了戀人之間的「做愛」是源於人們通常所說的「愛情」以外，其它都不能算作「愛情」，更與親情及友情無關。但又不能說他們之間（至少有一方）沒有任何「情感」，因為如果毫無「情感」的話，不可能有實施「性交」這一行為的動機。

　　再進一步說，比如一個男孩向一個女孩多次求愛不成，竟將其強姦甚至殺害。如果僅僅按上述的分類法，我們也將無法就男

孩對女孩的情感做出合理可信的解釋。因為，一方面我們不能把它算作人們通常所說的「愛情」，因為按愛情的通俗定義來講，既然愛她就不可能殺害她。但另一方面，我們又不能說他對她沒有愛情，因為，如果女孩答應了他的求愛，他們未必就不能相親相愛。按這樣的分析法就只能自相矛盾。

其癥結在哪裡呢？其癥結之一就在於因為沒有對詞語所代表的涵義加以本質性區分，其含義自然就會交叉重疊、含混不清。即使使用的是相同的詞語，但其所要表達的涵義卻並不一定相同。

其癥結之二就在於人與人之間的感情並非單一而是多種情感要素的複合，我們把它稱之為**「情感的複合性」**。如果我們各自只著眼於其中的一個要素，試圖只用一個詞語來表達，就必然會彼此衝突。

由於上述兩點原因，就會使人們對於情感問題容易陷入盲目籠統含混模糊的思維模式，造成整個社會對情感問題的認識永遠停留在**「公說公有理，婆說婆有理」「仁者見仁，智者見智」「各執己見，永無共識」**這樣一種低級水準狀態（這也是「傳統哲學」與固有觀念所造成的後果）。

因此，為了解決以上問題，我們就有必要在弄清楚情感的基本組成要素（相當於查明氧、氫、鐵等基本化學元素）的基礎上，分析出人與人之間的各種情感的組成結構（相當於分析水、鹽的分子結構）。只有這樣，才能讓我們對於情感問題，可以根據各種具體情況，既可以分解剖析，也可以歸併組合，達到本質性、系統性地分析問題和有效地解決問題的目的。

第二節 「愛」「情」「愛情」三者的本質特徵及其相互關係

1、「愛」「情」「愛情」三者不可混淆

講到情感，人們最先想到的最多的當然是「愛情」。人們通常所說的男女之間的「愛情」無疑是人類最珍貴最「崇高」的情感。它幾乎可以被看成是人類社會進步發展的不可缺少的動力。正因為如此，才使得我們的日常生活，人際交流，文化藝術活動等無不與「愛情」這個話題緊密相連。

那麼，究竟什麼是「愛情」呢？迄今為止也沒有一個完全為世人所認可的解釋。有的人說愛情就是「奉獻」，但沒有一個人是只管自己愛對方而完全不期待或者不在乎對方愛不愛自己的。有人說愛情的力量是無窮的，但又會有人說愛情不能當飯吃。有人說愛就是「包容」，但又有人說愛是「自私」的。更有甚者，就像歌曲「老鼠愛大米」所說的那樣，居然把愛情這一「神聖」的字眼也能用到老鼠與大米的關係上。這就說明，人們通常所說的「愛情」（或者「愛」）是一個非常籠統、模糊、不確定的概念。其原因就在於因為人們通常所說的「愛情」的成分不止一個，並不如人們所想像的那麼「純」。就像決定物質特性的分子並非都是只有一種元素，而是由幾種元素所組成的結合體那樣。

那麼，人們通常所說的愛情中，實際上又包含著那些情感元素呢？首先，我們可以把它分為「愛」與「情」兩大部分，就像把水分子可以進一步細分為氫與氧這兩種成分一樣（圖2.11），然後分析愛與情各自的本質特徵究竟是什麼。

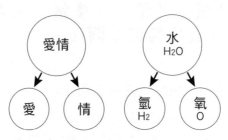

（圖2.11 愛情與水成分分析比較圖）

2、「愛」的本質就是「喜歡」

首先，所謂「愛」的本質究竟是什麼呢？我們不妨從人們的慣用詞語中運用本質求解法之一的「替代法」來尋找答案。如果我們把人們常說到的有關愛的話列舉起來就有，作為男人愛的是女人，作為女人愛的是男人；而作為數學家、音樂家、文學家、美術家、政治家、體育運動員等「愛」的則分別是數學、音樂、文學、美術、政治、體育等等；作為一般的業餘愛好，人們還會愛上棋牌、收藏、飆車、煙酒、寵物等等。縱觀上述諸多有關愛的表現，我們能否發現它們之間所具有的共通的本質呢？

實際上，它們的共同之處就在於「喜歡」二字。因為只要我們把上組話中的「愛」用「喜歡」來代替，就不難發現這些話仍然成立。因此，我們就可以說，「愛」的本質就是「喜歡」。

不過，雖然同樣是「喜歡」，同樣是人的自身欲求的表現，但不難看出，男女之間的「喜歡」與其它類型的「喜歡」有著根本區別。毫無疑問，其區別就在於，「性」的有無。因此，我們又可以把愛進一步分為**「性喜歡」**與**「非性性喜歡」**兩種。

3、「情」的涵義及其與「愛」的本質區別

「喜歡」是因各種**「愛素」**（包括「性素」）而引發的一種

自然感情，而「情」的產生卻與「愛素」無關。更明確地說，它只與雙方在情感「利益」上的收支平衡，即「得到」與「付出」的平衡關係有關。人們通常所說的「人情」「恩情」就是這個意思。即「情素」與其對象本人的性質特點無直接關係。體現得更多的是一種「借貸」關係。即使心理上並不喜歡甚至討厭對方，也依然會作出償還「人情」的行為。所以，現實生活中也就實實在在存在著「欠人情」及「還人情」這種說法。而「把我的愛情還給我」這種還「人愛」的說法則毫無意義。因為「愛」屬於自然產生而不受主觀操縱，自然也就不存在有像「情」一樣的「借貸」關係。換句話說，「愛」是不一定能夠也不應該一定要求得到回報的。相反，「情」則是以相互回報為前提的。因此，「同情」也理所當然不屬於「愛」而是屬於「情」的範疇。

實際上，我們從「同情」的對象就不難看出其本質所在。比如，人們同情的大多是像殘廢人、貧苦人、孤兒、無辜受災或受難者。也就是說同情的是處於同一「共同體」中的落伍者。產生這種情感的原因雖然不外乎在於人的自然求衡（公平）心理，但在這裡體現的實際上就是一種潛在的負疚心理。比如想著同樣是人或者同樣是中國人，為什麼他們要遭受那麼不公平的待遇且無力拯救呢？而這種潛在的負疚心理體現的實際上就是一種情感的收支關係──有負於受災受難者。

因此本質上講「愛」是一種個人的封閉性行為。它既可以以正面方式表現出來，如示愛、求愛等，也可以不表現出來，比如暗戀，甚至以相反的方式表現出來，比如若求愛不成則反生嫉恨，伺機報復等等。但一個人對於另一個人的「情」如果沒有其它外在因素的影響干擾則通常不會以相反的方式表現。比如，你對一個愛你愛得死去活來的求愛者可以沒有半點愛意，但對於一個對你情深意切給予你巨大幫助的恩人你不可能無動於衷。也就是說，愛不一定生愛，但情必定生情。之所以會這樣，本質上還

是源於「人本為我」這一人性論第一定律以及平衡法則所為。

因此，從這個意義上講，就像我們在上章「幸福論」中所闡述過的那樣，「愛」的對象歸根結底是「自我」。因此，我們就應該認識到**「愛」本質上是一種為「我」的獲取性行為，而「情」才是為「他」的付出性行為**（儘管最終仍是「為我」）。

認識到這一點其實非常重要。比如，在男女感情中，往往會誤以為自身的愛是對對方的一種恩惠，從而向對方苛求同樣愛的回報似乎理所當然。而一旦得不到就會心理失衡導致傷害報復對方（愛情偏執狂等）。其根本原因恰恰就在於愛和情的概念混同。

4、「愛」與「情」的相關關係

「愛」與「情」是否完全獨立彼此毫無關係呢？

當然不是，反而是它們之間可以相互影響，相互轉換。

比如，愛上一個人，往往會想到要為對方做些什麼。即所謂的**「因愛生情」**。此時，情則成為愛的一種表現方式。即情為手段，愛為目的。反之，也可以**「由情生愛」**。比如，有的女孩即使開始對對方毫無「愛」感，但最終為對方的真「情」所動，而最終「愛」上對方就是典型例子。不過，這種情況比較複雜。這個通常意義上的所謂的「愛」實際上有可能是包含著兩種成分。一種是為自己而奉獻一切的這種精神本身就是其「愛素」之一。只有當這一「愛素」充分表現出來後，才會產生「愛」（比如女性常常會說「喜歡對我溫柔體貼的男人」這種情況）。另一種就是，對方對自己付出的「情」感會自然而然地激發自身的「情」感。在非男女之間的情況下，一般只能採取**「以情換情」**的方式。但在男女之間這種情況下，作為另外一種簡捷而又輕鬆的回報方式，便採取了**「以『愛』換情」**這種方式。但實際上，這裡

的「愛」不是真正意義上的「愛」（喜歡），而只不過是「性」而已。也就是說本質上是**「以性換情」**而已——這也正是錢色交易，買春賣春的共同本質。

「愛」與「情」作為構成情感的兩個要素，我們只有把它們真正區分清楚，才能加以區別對待、適當處理。夫婦關係也是如此。夫婦之所以能夠白頭諧老，大多靠的主要是「情」而不是「愛」。試想，假設把年輕時的你與你年老的老婆放在同一時空相遇，你們仍然會激情相愛嗎？實際上，「愛」與「情」的總和就構成了夫妻關係的「感情度」。隨著時間的延續，我們也許無法阻止「愛」的成分的減少，但我們完全能夠讓「情」的成分不斷增加，以延緩或者阻止其「愛情」　總和的下降，達到家庭和諧共享幸福的目的。

如果有了這樣的「愛」「情」觀，那麼作妻子的就不會埋怨丈夫婚後不如婚前親密浪漫，產後不如產前有激情，也不會在意丈夫多看美女兩眼。即使丈夫偶爾把持不住犯了錯，也不會一直耿耿於懷，糾纏不休，導致夫妻關係從此走向破裂。同樣，做丈夫的也就不會因妻子的魅力（「愛素」）不如以前而輕視她，也不會因陷於第三者的誘惑而輕易拋棄家庭。甚至不會對妻子偶爾的感情出軌不可饒恕，激化矛盾，鬧到無可挽回的地步。而是**在設法為彼此「愛」的火焰「煽風點火」的同時，儘量為雙方「情」的歸宿「添磚加瓦」**。這才是我們應有的愛情婚姻觀。這也正是本質觀、平衡觀、系統觀在愛情問題上的具體體現。

因此，我們可以把「愛素」與「情素」統稱為**「情感素」**。

5、「愛」與「情」各自的特性比較

可見，「愛」與「情」各自有著以下的幾個特性（表2.4）：

① **愛為自然產生，情為主觀所為；**

② 愛可單向獨立，情需雙向互動；

③ 愛不一定生愛，但情則必定生情；

④ 愛以「獲取」為方法，情以「付出」為手段；

⑤ 愛與情可以相互轉換；

⑥ 不可「以愛換性」，但可「以情換性」；

⑦ 只可要求「情」的同等，不可強求愛的均衡。

表2.4　「愛」與「情」的特性比較表

特性	愛	情
來源	自然產生	主觀所為
方向性	單向獨立	雙向互動
相互影響性	無	有
手段	獲取	付出
相互轉換性	有	有
與性的轉換性	無	有
平等性	無	有
反義詞	厭	恨

6、不求彼此「愛與情」的個別平等，但求雙方「愛和情」的總體平衡

在現實生活中的戀人或夫妻之間有時會由於「為什麼我對他那麼好，他卻對我不那麼好」的不平等心理而一點一點地影響到雙方關係的情況並不少見。這實際上是把不能要求同等的「愛」與必須要求同等的「情」混淆在了一起。也正是只要求在「愛」或「情」上各自的「平等」而不講求「愛情」整體的「平衡」的思想表現。如前所述，男女之愛作為單方自發性行為往往是不同等的。一方愛得多一點，另一方愛得就會相對少一點。愛得多的一方付出的「情」往往就會比愛的少的一方付出的「情」要多。這既是個人這一小系統求衡的自然結果，也是由兩者組成的這一大系統求衡的必須條件（圖2.12）。或者說，這正是小系統中的

「愛」與「情」，大系統中的「得到」與「付出」的平衡條件。正因為有情的「不平等」才使得愛情整體得以「平衡」。如果無視「愛」的多寡而簡單地追求「情」的對等，那麼愛的少的一方就會難以自我平衡而產生不滿，久而久之便會產生感情衝突。要避免這樣的現象產生就只有通過維持各自的「愛」與「情」的平衡，以達到維持整體「愛情」的綜合平衡。即**「不求彼此愛與情的個別平等，但求雙方愛與情的綜合平衡」**。

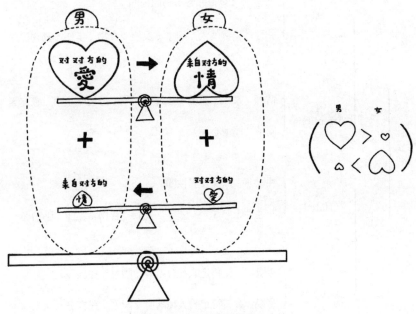

（圖2.12　愛與情的平衡關係）

　　當然，這裡所講的結論歸根結底是站在由兩個人組成的這一系統的角度而言。如果考慮其它外界因素影響而需要打破這種平衡，則自然可以另當別論——因為**平衡必須依賴於系統而存在，離開系統無以論平衡**。

第三節　情感的本質性系統性分類及「情感素分析法」

1、情感的本質性系統性分類法

　　經過上述分析，我們就可以對情感做如下的本質性系統性分類了。

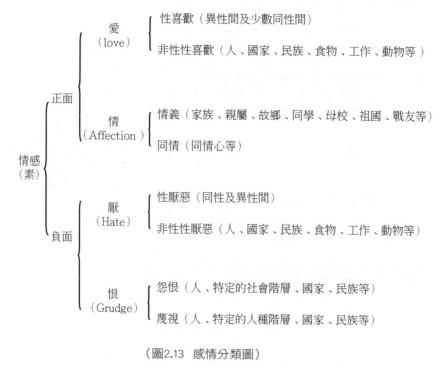

（圖2.13　感情分類圖）

2、「情感素分析法」

　　下面我們就試著對我們通常所說的「愛人」「親人」「友人」等情感的情感素做一個大致分析（表2.5）。

表2.5　　情感素分析表（例）

		愛情	親情	友 情			
				同性朋友	異性朋友	商務朋友	學友戰友
愛	性喜歡	◎	×	×	△	×	×
	非性性喜歡	△	○	◎	○	×	△
情	情　義	○	◎	◎	○	△	◎
	同　情	×	△	△	△	△	△

注：
①為便於理解，該表中仍然沿用了「愛情」「親情」「友情」這樣的慣用說法。
② ◎→含量高，○→含量較高，△→含量較少，×→含量極少或沒有。
③本表所示僅為一範例，其具體情況會因人而異甚至大不相同。

　　當然，此表關於情感素成分多少的劃分只是就一般情況而言做一個標誌性的判斷。實際感情生活中自然是千變萬化，甚至會有完全相反的情況。比如，表兄表妹間的情感中，出現「性喜歡」占主要成分的情況並不罕見。但這無關緊要，因為我們在這裡所強調的重點並不在於具體的判斷結果，而是著眼于建立分析情感素的思維方法和分析手段。

3、只有運用「情感素分析法」才能合理地解釋各種情感現象

　　理解掌握了情感的各種組成成分，我們就能給予諸如以下的各種情感現象以合理的解釋。

　　比如，上面所述的男孩向女孩求愛不成便將其強姦乃至殺害的例子，就正好說明他**有「愛」而無「情」**。如果沒有愛，他不會向她求愛。而如果對她有「情」，則不可能殘酷地殺害她。這也正好體現了愛與情的本質區別。也只有讓人們懂得這點，才能夠使人們具有**「你可以有愛，但不能無情」**這樣的正確思想。

再比如，當熱戀情人的一方因事故而毀容，或者殘疾的情況下，為什麼有的人可以做到對對方的「愛」一如既往，而有的卻始嫌終棄呢？在這裡，為了凸顯問題的本質與主體，我們暫且不考慮其它各種諸如受道德規範的約束，顧及社會影響，他人評價或另有所求等外在的影響因素，而是只就本人內心的真實情感而言。實際上，其本質區別也同樣是，前者即**有「愛」也有「情」**，或者既使「愛」減少了但還有足夠的「情」予以彌補。而後者則**有「愛」而少「情」**，或者說餘留下來的「情」份已經不足以彌補「愛」的減少了。

不僅「愛情」如此，親情、友情也同樣如此。

比如，即使生下來的孩子在別人眼裡再醜，在父母眼裡則恰如天使一般漂亮可愛。即使兒子變成了冷酷無情的殺人魔而使愛子之心消失殆盡，但為父之情也許絲毫未變。因為「醜」與「冷酷無情」雖不能成為父母的「愛素」，但卻影響不到其主要的「情素」——血肉關係。

再比如，為什麼父母對子女在感情分配上有時會出現厚此薄彼的情況呢？實際上，這也就正好說明父母對子女的情感裡除了「情」以外，還有「愛」的成分。也就是說即使對每個子女的情份一樣，但由於每個子女的長相性格等一些「愛素」的不同就有可能導致父母對其「愛」的程度的不同。而兩者的總和就決定了他們之間的**「愛情度」**，即愛情的深淺厚薄。

還有，作為一種不受其它功利人言等外界因素所影響的自然感情，媽媽更喜歡兒子或者爸爸更喜歡女兒這種現象也就說明親情中也存在著「性喜歡」的成分。實際上，只要是異性之間的感情，就必然存在著因「性素」而引發「性喜歡」的可能性。不管雙方的年齡大小、地位高低、都會存在於潛意識中。只不過區別在於有多有少，有正（「性喜歡」）有負（「性討厭」）而已。

因此，從這個意義上講，在**「究竟男女之間是否存在純真的友誼」**這樣的問題上鑽牛角尖就沒有絲毫意義。

兄弟之間的關係也一樣。即使兩兄弟性格不合，相互討厭，但若哪一方遭遇外人欺侮，另一方則必定奮力相助（當然，這也是一種為「我」行為）。這種行為的原動力就是「情」而非「愛」。

一般的人際關係也同樣如此。為什麼有的人一見如故，而有的人則相識多年也形同陌路呢？其根本原因也還是「愛素」的有無。即使是同性也同樣相互存在著吸引對方的「愛素」。只是這裡只有「愛素」而無「性素」而已。

此外，按照這樣的分析方法，當我們按習慣使用有關情感詞語時，就有必要透過詞語看本質。按**「5W1DEF要素分析法」**（本篇第四章第一節）就是，不僅要看到其中真正包含著的情感有哪些（What：是什麼），而且還要明確其所占比例大致為多少（Degree：多大程度）。因為其比例多少左右著總體的「情感走向」及「情感度」。比如，同樣是說「愛」，如果是發生在戀人之間，那麼「愛」（性喜歡）的成分就占主要，但如果是發生在父母與子女之間，那麼「情」的成分就為重點。即使籠統地說**「愛國」，究竟是打心底裡「喜歡」自己的國家而愛國，還是僅僅因為是自己的「祖國」而愛國**（當然也有不少是兩者兼而有之）。比如喜歡祖國的社會制度、民族精神、文化傳統、國土環境的便是前者，而僅僅因為是自己的祖國或者是受之恩惠而產生的感恩之情便是後者。有了這樣的分析法，我們就能對於像那些在愛國遊行中趁機打砸搶的人有一個客觀全面的認識。那就是，**如果他們首先就不是一個勤勞善良、遵紀守法的國人，甚至是殘害同胞的犯罪分子，那就足以說明他們對祖國恐怕即沒有多少愛也沒有多少情。**實際上反而會有可能成為**「一堆隨時可以被任何野心家所點燃去照亮他名字的易燃垃圾」**（愛德榮‧柏克）。也只有通過

這樣本質性系統性的分析，我們才能有根有據地揭穿他們所謂的愛國謊言，駁倒他們所謂愛國無罪的強盜邏輯。此外，這也是對於那些只要看到有人對非友好國家在給予客觀評價的基礎上，肯定讚揚並學習其優點長處就立即扣上漢奸的帽子，貼上賣國賊的標籤這樣的愚蠢行為予以駁斥的有力工具。

即使對於祖國以外的其它國家的情感，也用樣具有「愛」與「情」這兩方面。比如，即使是有國家仇民族恨的國家，也有可能仍然喜歡上這個國家的科技產品、文化藝術、風景名勝等這樣的情況。這就是一種**「有愛無情」**或者**「多愛少情」**的感情。而對於那些從窮鄉僻壤的家鄉定居到繁華富裕的大都市的移民來說，他們再也不會習慣以往的貧苦生活了。因此他們對祖國家鄉的情感又恐怕是**「有情無愛」**或者是**「多情少愛」**的了（當然也不排除**「無情無愛」**這種情況的存在）。

有了這樣的認識，我們就能賦予所謂愛祖國愛人民愛家鄉這樣的詞語以更本質更深刻更豐富的內涵，從而有助於我們辨別相關行為的真偽虛實。

總之，由於由來已久的語言習慣，我們目前還無法通過新造詞語以將「愛」與「情」這兩大情感素嚴密準確地區分開來。但是，只要我們借助於上述的**「情感素分析法」**來幫助我們對情感問題做出客觀詳細的分析，就能夠使諸多情感問題得到唯一合理的、容易為大家所公認的解釋。**使「情感」這一似乎捉摸不透、認識不清、理解不了、控制不住、容易誤會、難以調和的問題變得簡單直觀、清晰明瞭、容易達到共識，從而為正確地、合理地、有效地分析和解決各種情感問題打下良好的基礎。**

第四節 「真情」的真相

1、「情感」的對象究竟指向誰？

「情感」的對象究竟指向誰？這樣的問題不是太簡單不過了嗎？「向誰付出情感，情感的對象當然就是誰啦」。也許大多數人都會不假思索地這樣回答。果真如此嗎？請看下面的例子。

就拿三國時期的曹操謀士荀彧來說。在幫助曹操南征北戰橫掃群雄的階段，獻計獻策忠心耿耿，可謂「忠貞不渝」。但一旦察覺曹操有「篡漢」之心，便開始心懷二意了。這說明什麼問題呢？這就說明他的情感對象本質上並不是對著曹操，而是對著漢王朝。即匡複漢室是目的，忠於曹操是手段。或者說匡複漢室不可替代，但曹操可以被替代，只要另有更合適的人。一旦忠於曹操完成不了匡複漢室的目的，那麼，他就會把對曹操的「衷心」毫不猶豫地改為「反叛」。形式（擁曹還是反曹）雖然變了，但匡複漢室（為「我」）這一本質一點都沒變。因此，我們可以說匡扶漢朝才是荀彧情感的唯一指向。

男女之愛也同樣如此。愛一個人從本質上講，**與其說是愛他這個「人」，還不如說愛的是存在于對方「我」中的可以激發自身愛欲的「愛素」**。比如，身材相貌、談吐舉止、品德為人、學歷工作、地位收入、家庭環境等等這一些有形或無形的東西。這些才是產生「愛」的源泉之所在。或者說，所有擁有自己「愛素」的人都有可能成為自己「愛」的對象。即愛素相對固定，而作為其**「容器」**的人可以替換。這也正是人為什麼不能做到終生只愛一個人而是可以愛幾個人甚至可以同時愛幾個人這一現象的本質原因。

由此看來，雖然情感指向在表現形式上為「對象體」（人、物、事），但本質上則為其「我」所擁有的一部分使人產生情感

的「情感素」。**「對象體」**只不過是情感素的依附體即「容器」而已（圖2.14）。既然如此，我們在審視自己的愛情觀時，就不應該首先把焦點固定於某個「人」，而是首先需要弄清楚哪些才是自己真正所追求的「愛素」。尤其是在考慮這個問題時，**既不要戴著社會固有的識別「好」與「壞」的有色眼鏡，也不要束縛于傳統的所謂「高尚」與「卑賤」，「美麗」與「醜惡」的固有觀念。而是要勇敢地剝開罩在「我」的外面的層層面紗，赤裸裸地將真實的 「我」暴露出來，並要有勇氣去面對它。**只有這樣，才能做到既不會自欺欺人，也不會輕易受到那些精通甜言蜜語的「愛情騙子」的欺騙，更不會為對方外在的一時的表象所迷惑，從而使自己的**情感之路少費周折，情感生活少受磨難。**

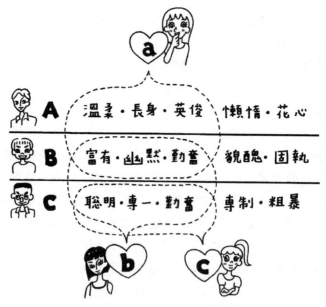

（圖2.14　情感指向示意圖）

2、所謂「真情」的本質究竟是什麼？

不過，有的情況看上去似乎並非如此。比如，曹操的心腹大將許褚。他就是那種只認其人不認其行的忠實奴僕。曹操忠於誰他就義無反顧地忠於誰，曹操反對誰他也就毫不猶豫地反對誰。除了殘留著「一切唯主子之命是從」這一思想以外，已經完全沒有自己的任何其它思想，等於沒有自己的腦袋。他們的「為我」完全與「為主」劃等號。即他的「自我」軸心既不是他自己，也不是他家人，而是完完全全被「曹操」這個「人」所取代。更確切地說就是完全被「曹操」自身的「自我」所佔領。因此，我們可以說許褚的情感對象在表現形式上無疑就是曹操本人。這正是人們為之感動，苦苦尋覓的所謂的「真情」。

「真情」除了這種以「人」為對象以外，也有時是以「事物」為對象。上面提到的荀彧即使被曹操毒殺（傳說之一）也至死不改變對漢王朝的忠心。還有那些為革命為理想為信念不惜拋頭顱灑熱血的犧牲行為自然也堪稱是「真情」所致。

而這樣的「真情」往往給人以一種似乎是「忠誠不二，始終如一」那樣的無條件、永恆性、絕對性的錯覺。

實際上，正如前面已經講述過的那樣，任何感情的對象本質上都在其自身的「情感素」範圍內，其最終歸結點仍然還是「我」。既然還是「為我」，而「我」又具有「可變性」特性，那麼就自然無法滿足**「無條件、永恆性、絕對性」**這樣的條件。因此可以說，人們通常所想像的那樣的「真情」是不存在的。**即使能夠給人以「永恆不變」的感覺以及確有「始終未變」的事實，那也只不過是因為沒有碰到讓其改變的那些條件而已。**即便荀彧對漢王朝，許褚對曹操，關張對劉備的忠誠心始終不變的原因也只不過在於其所依賴的條件自始至終沒有變化而已。

3、究竟應該如何看待及對待「真情」問題

以上分析就能給我們一個重要的啟示。那就是，當一個人對你表示出「真情」時，你就應當清醒地認識到這個「真情」所依賴的前提條件是什麼（本質上就是**「真情度」**有多大）。也就必須具有一旦這個前提沒有了，「真情」便會瞬間「蛻變」成「假意」這樣的覺悟。也就是說，我們既不能憑空希求無緣由、無條件、無限制的真情的出現，也不能無謂奢望真情的常在與永恆。或者說，所謂對情感的專一忠誠雖然可以用來約束自己，但對對方而言，只能是一種自然結果，而不應該首先就把它當作一個非實現不可的願望目標，或者是一種非遵守不可的清規戒律——這就是我們對真情所應當具有的認識。

但是，在現實社會生活中，也許是受一些言情小說及愛情電影的影響，人們無不時時感歎當今社會「真情」難尋。尤其當自己的「真情」付出沒有得到回報的時候，便會盲目地對自己產生後悔，對人生產生悲觀，對他人產生不信，對社會產生怨恨。那麼，具體地說怎樣才能盡可能地減少這種現象的發生呢？在以上述認識為前提的基礎上，就以下三種情況稍作論述。

其一，當對方為自己付出真情時

此時，我們應該認識到兩點。

首先，因為如上所述，無論怎麼「真情」，都超不出其「自我」的範圍，因此就有必要冷靜地認識到對方所付出的是否真的就是「真情」，或者是並非「真情」到了自己所想像（熱戀情人之間往往是期待）的那種程度（比如說到了「無私」的境界）。

再就是，按照真情也是有條件有變化的觀點，即便在承諾的當時本人確實是真心的，但也會有可能隨著時間條件環境的變化而變化，對此要有足夠的認識。

因此，你如果不想後悔或者說不想感受背叛，最好的辦法就

是不要把「山盟海誓」當成支撐自己的夢想支柱，同時也不要把它作為約束對方的精神枷鎖。我們盡可以讓各種花言巧語甜言蜜語滲透到我們的皮肉去盡情享受，但不可輕易讓其鑽進我們的骨髓蠶食自己的心靈（「失去自我」）。或者說，「你可以追求真愛，但不可過分期待」。有了這樣的思想準備，即使在對方「食言毀約」，受到「欺瞞背叛」時，你即使不能做到泰然處之，至少能夠維持最低限度的心理平衡，度過難關，重振精神。而不至於因此一蹶不振，甚至自暴自棄。

當然，這樣說並不意味著對於各種背叛行為的認可。這裡只是想說明在無法控制或改變他人的前提下，如何保護自身盡可能少的受到傷害這個問題。

其二，當自己想為對方付出真情時

當你想為對方付出真情時，你就必須首先認識到，既然想付出的是「真情」，那麼，從開始就不要期待對方對你的回報。如果指望回報，不管是哪方面的或者哪種形式的，這種付出就不能算做「真情」。而完全可以把它定位於**「實情」**（按實際需要付出的感情）。從而考慮你的付出是否值得。如果不值得，就應該中止你的付出行為。否則，一旦得不到回報，反而會導致相互傷害（雙損）的後果。這就是我們幫助他人時應有的心態。

其三，當感覺世間真情難尋時

人們在感歎真情難尋的時候，是否忘記了自己也是社會的一員呢？是否捫心自問過「自己給他人給社會又付出了多少真情呢？」。既然我們自身沒有付出多少真情，那麼又有何理由要求他人呢？既然如此，我們還有指責他人的權利以及抱怨社會的必要嗎？這種平衡觀、系統性看問題的方法，無疑會在幫助我們**保持心理平衡，保護心裡健康，維護社會和諧**方面起到重要作用。

4、認識到「感情」的「可變性」非常重要

人們把所謂朋友間的「出賣」、愛情上的「變心」、革命中的「叛變」、宗教上的「變節」等都會看成是一種「背叛」行為。當然是「不道德」行為。受到批判譴責也就理所當然了。

但是，根據人性論中「我」的「可變性」特性，系統的「維衡性」以及「進取性」特性，本來就沒有保證這種現象一定不會發生的絕對理由。也就是說人的「情感」是「可變」的。既然如此，我們所能做的就是如何消除其變化的條件，而不是只從人的道德品質這樣的角度來孤立靜止地看待它，把問題的根源歸結於個人便可了事（雖然有時也可能會有這種情況）。尤其是不能毫無根據地連以前的感情都一概否認，對以前的功績也一併抹殺。這樣做實際上達不到教育的效果，也起不到預防的作用。

那麼，產生感情變化的本質原因又是什麼呢？

實際上，主要體現在感情發生方與接受方這兩個方面。

首先是感情接受方所擁有的「情感素」的退化或消失。比如從事業興旺發達時的意氣風發到事業失敗時的萎靡不振，從年輕時的青春煥發到年老時的老態龍鍾，從少女時代的嬌嬈嫵媚到家庭婦女的嘮叨囉嗦等等。

再就是感情發生方看待接受方的「視線」（平衡線位置）的變化。像晚上打酣、吃飯出聲這些原本毫不在意的行為，就有可能會隨著時間、環境、心情的變化而凸顯出來。甚至把對方原本感覺最有魅力的優點（愛素）反而視為最為反感的缺點（厭素）。比如，最初交往時，對方在自己眼裡的遇事果斷、敢作敢為這一令人傾慕的優點，到後來反而成為固執己見、獨斷專行的不可饒恕的缺陷。或者，原本從對方身上體驗到的溫柔順從的幸福感，不知何時變成了對軟弱窩囊的厭惡感。從喜歡年輕瀟灑的帥哥到喜歡成熟穩重的紳士，從喜歡活潑可愛的青春少女到喜歡溫柔體貼的風韻少婦等等。

因此，我們只有首先明白情感是有可能變化的這個道理，才能做好兩方面的思想準備。比如在男女愛情問題上，一是具有不斷維護培育愛情的意識。通過改進自己來間接性、漸進性地影響對方，以阻止或延緩「愛情」（「愛」＋「情」）的減退。對「愛素」要想方設法予以恢復或者加強，不能恢復或者加強的（比如年青美貌）則要尋找新的愛素來彌補它。比如，性格溫柔、事業成功、成熟男人的魅力，風韻少婦的風采等等。即使被稱為愛情結晶夫妻紐帶的兒女也不失為增加夫妻「情感度」的一個重要的「情素」。

二是萬一當愛情衰退無法避免的情況下，就只有在對最差結果有充分思想準備的前提下，努力維持心裡平衡，儘量把自身所受的傷害降低到最小限度。為此，平衡線的調整就顯得非常重要。其具體方法會因各種具體情況不同而不同，在此不可能一一繁述。但能否認識到感情破裂也是平衡（終極平衡——零平衡）的一種方式這一點就會顯得相當重要。即感情破裂歸根結底只是兩個人之間的感情平衡關係的毀滅，並不意味著自身的毀滅（除非把對方當成了「自我」軸心），也許這只不過是建立下一個更高級水準的感情平衡關係的開始罷了。只要認識到這一點，就能做到樂觀向上、積極奮發。當然，能否做到這一點，又取決於是否從開始就有明確的交往方式與相處原則（參見本章第五節2）。這些就是我們充其量必須採取且只能採取的措施。

相反，如果只要敏感地覺察到對方愛情度降低或者發現對方似有外遇傾向，就馬上給對方扣上一頂「喜新厭舊」「忘恩負義」的帽子，似乎這樣就可以把所有的責任都推給了對方，自己可以不作任何努力只待對方屈于這兩頂帽子的壓力，便可「回心轉意」對自己「從一而終」了。殊不知，人的情感是最真實的。雖然它的表現形式可以有正表現、逆表現、不表現，但其本質則只有當產生它的「愛素」發生變化時才會發生變化。只要「愛

素」存在，那麼他就隨時有被其吸引的可能。你割斷了張三，還有李四。你管得了他的身卻捆不住他的心。你要從心理上斬斷他的「愛素」是不可能的。你越是死纏亂打，甚至傷害折磨對方，其結果就使得你身上的「愛素」越來越少，「厭素」乃至「恨素」越來越多。這樣，不僅徹底失去了所有的「愛素」，到頭來連起碼的「情素」也會消耗殆盡。其最終結果可想而知──彼此傷痕累累地各奔一方──以損人損己這一最壞結局而告終。而這一結果實際上是本人最不願意看到的（當然，這若是本人最初所願則另當別論）。這也是「自相矛盾」這一思維誤區的典型例子（參見本篇第四章第七節）。

因此，從這個意義上講，僅憑依靠所謂的道德觀念強制性地要求所有的人對愛情「堅貞不逾」「從一而終」是不現實的。因為它違反人的本性，無視愛的本質。縱觀現代社會愛情婚姻上的種種矛盾糾葛，無一例外地證明了這一點。

在這裡又必須再次強調的是，這樣說並非意味著對這種感情的「可變性」的無條件的認可，甚至鼓吹人們視愛情為兒戲，可以見異思遷、玩世不恭。而是要強調**分析問題必須首先把問題的本質弄清楚，把事物的根源搞透徹。因為這是分析和解決一切問題的先決條件**。至於具體究竟應該怎樣對待，還需要把它與BEST理論中的其它三個要素結合起來進行綜合分析才能得出結論。

總之，**我們不應該一開始就帶著有色眼鏡粉飾真相，或者蒙上眼睛回避事實。而是要在充分認識人的本性的基礎上，具有直視那些哪怕是被傳統道德觀已經定性為「醜惡」的東西的勇氣。**實際上，如果我們在還原事物本來面目的基礎上按照BEST理論分析的話，就會發現有不少事物實際上並非真的「醜惡」。即使真的是「醜惡」的東西，我們也只有在真正弄清楚其根源所在的前提下，才能做到對症下藥，藥到病除。

第五節 「平衡論」與「系統論」在具體情感問題上的應用

1、分析情感問題同樣離不開「平衡的視線」與「系統的視野」

分析情感問題，也同樣毫無例外地需要用平衡的視線與系統的視野才能對其予以客觀解釋和正確理解。

比如，古代封建皇帝權力至高無上隨心所欲，可以堂堂正正地獨佔「三千佳麗」，可以想殺誰就殺誰。如果站在現代民主思想與社會制度的角度來看，無論那個皇帝都至少可以稱得上是獨斷專行的「獨裁者」，侵吞國有財產的「大貪官」，霸佔民女的「色情狂」。但如果把他們放回到當時的歷史背景，社會制度中去看的話，無疑這些帽子都給他們戴不上去。因為，他們的行為與他們在所處系統（封建社會下的君主制）中的地位（至高無上的皇帝）是平衡的。他們的行為不僅不是損衡而且還是必不可少的維衡行為。即使皇帝自己不願意那樣做，但那些王臣貴族等統治階級都不會答應。原因很簡單，因為一旦失去皇帝的威嚴，那麼同時也就意味著會失去他們自己的威嚴。皇帝制度沒了，整個封建社會就會土崩瓦解，他們自然也就不再有高官厚祿。從這個意義上講，很多所謂對於皇帝、統帥、天皇、領袖的尊敬、擁戴、吹捧、效忠，從本質上講就是希望通過樹他人而立自己。樹他人是手段，立自己才是目的。在第二次世界大戰時期，日本軍國主義分子之所以極力神化天皇，樹立起天皇這一絕對權威，其本質在於為他們自己的個人野心的膨脹，樹起一面可以威懾整個日本國民的旗幟。實際上與天皇個人關係不大。

也許有人覺得對感情交流像物質交換那樣進行衡量是一種低賤庸俗無情無義的做法，甚至認為是對感情的褻瀆。對於在感情

領域裡講「投資」「收支」「交易」這樣的帶有強烈的商業性銅臭味的說法會表現出本能的反感。但只要看看現實社會中的種種感情糾紛便可知道，無論在感情好的時候，雙方把感情描繪得多麼高尚純真，但一旦衝突起來則會在誰付出多誰付出少的問題上斤斤計較，糾纏不休。這就說明每個人在潛意識中都在「計算」著彼此的感情「收支」。即時常衡量且不斷調整著與對方的感情上的平衡線位置。只不過人們大多希望沉浸在「無私、純真、永恆」「真愛」中享受夢幻般的愛情而不願正視真相面對現實而已。只有一旦感情破裂這一本質問題才會被凸顯出來。

即使從理論上講，按平衡論的觀點，這樣做不僅無可指責，而且很有必要。因為如果一旦雙方的感情上的**「貿易收支」**極度不平衡，則有可能引發感情上的**「貿易危機」**，甚至最終導致「戰爭」（爭吵）或者「斷交」（分手）。

因此，與其造成不可挽回的最壞的結果，還不如首先彼此就有一個明確的**「感情平衡線」**。有吻合的可能性則盡可努力，如果雙方根本不可能吻合，那麼就應該選擇放棄。

如果盲目地認為愛似乎可以不受平衡法則的約束，在愛的名義下，可以一味地向對方索取或者付出的話，那麼這也許能夠維持一段時期，但一旦過度失衡，勢必物極必反。傾注了多少愛**（感情黑字）**反而就會滋生出多少恨**（感情赤字）**。由此甚至還會最終造成瘋狂報復兩敗俱傷那樣的「雙損」後果。

作為系統論的應用，在考慮情感問題時，一定不能把視點孤立地局限於某個人本身，而是要把對方的家庭、工作、社會關係等周邊環境也綜合考慮進去。比如，如果愛上了有婦之夫，那麼就不能無視其家庭的存在。無論你們如何相愛，在考慮如何交往的問題上就必須充分考慮到這一點。如果做不到，那麼從開始就不應當交往。要交往就必須有那樣的覺悟。否則，你的思想與行為就會自相矛盾，其結果也就必定是事與願違。

2、如何認識和對待「傷心」問題

講到「傷心」，人們立即意識到的恐怕只是被誰傷害了這樣一個單純的問題。隨之就會自然而然地覺得受到傷害的一方值得同情，而傷害他人的一方該受譴責。尤其是受到傷害的一方更是把一切歸結于對方的無情、對方的欺騙、對方的狡詐，而認為自己如何真心、如何誠實、如何善良。總之，把一切歸結于對方如何的「壞」、自己如何的「好」。又基於既然「壞人」欺騙了「好人」，那麼壞人就應該受到懲罰的平等觀念，甚至還會產生報復心理。如果雙方都持同樣觀點的話，就必然會形成相互傷害，即所謂「怨怨相報何時了」的惡性循環的局面。

為了盡可能減少這種事情的發生，我們就有必要首先弄清楚人為什麼會「傷心」，即所謂「傷心」的本質原因是什麼這個問題。

實際上，這一現象雖然有時確實僅僅源于對方，但大多數情況下恐怕還是源于當事人雙方，甚至主要源於受傷者自身。即使直接原因在於對方，那也是由於當事者本人配合對方的結果。配合得少也就受傷得少，配合得越多其受傷的程度也就越大。為什麼這麼說呢？下面我們就打個比方（圖2.15）。

通常我們的心臟受到身體裡的骨頭、表面的皮膚以及外層的衣服的保護而免受外部傷害。但這種保護雖然保證了它的「安全」，但卻同時也讓它與世隔絕，「寂寞」難耐。它需要有一顆它喜歡的、溫柔可愛、美麗善良的心來陪伴它。終於有一天它找到了。於是它讓主人為它脫去外套，解開內衣，割開皮膚，鬆開骨頭，把一顆連血帶肉的、溫軟細膩的鮮活的心獻給了對方……。到此為止的求愛過程大家都基本相同。但最後結果如何，則以此為分水嶺。讓我們看看以下幾種情況。

第一種情況，對方不予回應，那麼，作為對方尚未袒露其心，自然無任何傷心可言。而作為求愛方，雖然多少會因受到外

界寒氣的影響，但愛的心靈本身不會受到多大傷害。即使感覺到傷害那更多的恐怕是自尊心而已——而這純屬自我行為，與對方毫無關係。通俗的說就是終歸屬於自作自受的範疇。

但如果對方積極回應，同樣袒露出一顆連血帶肉的、溫軟光滑的、鮮活細嫩的心。於是它們互相擁抱、溫情纏綿、摩擦出愛的火花、性的激情。共同享受著愛的幸福與情的歡愉。且這樣的狀態持續越久，兩顆心就「結合」得越緊，在這種狀態下，雙方都不會受到傷害。這就是第二種情況。

但問題是，假設某一天彼此要分離開了。那麼，彼此「受傷」的程度就主要取決於雙方的「接合」方式。一般來說，結合方式主要有**「嵌合式」**與**「粘結式」**兩種。所謂「嵌合式」表示的就是像兩隻手的手指彼此交叉在一起，或者甚至只是像兩個齒輪那樣，彼此的某一部分時而嵌合在一起，時而分離開來的情況那樣。這種方式是一種即維護整體又不喪失自我的方式。而「粘結式」則是表示雙方像兩塊糍粑一樣總是纏繞為一體的膠著狀態。顯然，前者容易分離且雙方傷害較少，而後者則難以分割雙方傷害較大。也就是說，要分割這兩顆心，就必然造成其心的傷痛——這就是所謂**「感情傷害」**的本質。而且越是粘結得緊（粘結力越強）其受傷程度也就越大。而且，就雙方各自的感受來說，越是柔軟弱小的一方其感受到的傷痛就會越大。相反地，越是堅硬強大的一方則受傷程度就會越小。尤其是，對於柔弱的一方來講，對方那顆已經變得堅硬的心哪怕稍稍挪動一下，都會讓它感覺到疼痛難忍。如果碰到有的為了分離而放肆撞擊對方那顆本已柔軟脆弱的心的話，對於受傷者而言，就宛如利劍鋼刀——因為它此時沒有任何保護層——這就是第三種情況——「感情傷害」。

可見，只要發生感情交往，在「感情享受」開始的那一刻起，「感情傷害」的影子也就無時不刻緊緊伴隨著它。就像攀登懸崖峭壁一樣，從你開始攀登的那一刻起，在享受攀登的樂趣，

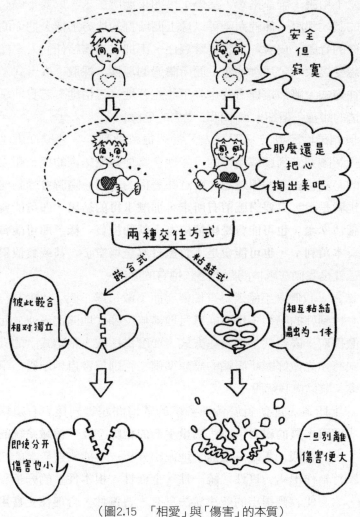

（圖2.15 「相愛」與「傷害」的本質）

征服的快感的背後，無時不刻伴隨著滑落乃至墜落的危險陰影。而且，越是登得高快感越強烈，一旦墜落就會摔得越重（由此看來，與「投資」乃至「賭博」確實也不無相似之處）。

　　既然如此，那麼我們究竟應該怎樣對待「感情傷害」這個問

題呢？不用說，誰都不想「受傷」。如果無所它求，只要不傷心就行的話，那麼，你就完全可以像上面所打的比方那樣，把你的心用你的骨頭、皮膚、衣服緊緊裹住，不把它袒露給任何人。如果不想受傷太大，那麼就像上面所講過的那樣，採取「嵌合式」的交往方式。雖然這種方式也許不能充分地、盡情地、忘我地享受愛情的甜蜜，但卻大大降低了受傷的危險性。

但如果做不到（只要是人，當然很難做到），那麼你就必須首先認識到受到感情傷害的可能性。當你毫無防備的把一顆赤裸裸的心交給對方的那時起，就意味著你的這顆心隨時會受到傷害。也就是說，**只要對感情有所求，那麼求得的結果，即可能會是有感情幸福，也可能會是感情傷害。就像投資一樣，即可能會是「一本萬利」，也可能會是「竹藍打水一場空」，甚或負債累累**。這就是我們在感情問題上應該抱有的態度。

總之，我們既不能因為害怕傷心而不敢袒露心懷，放棄為自己的心找到好的歸宿，也不能盲目地義無反顧式地闖進愛河。而是要麼採取「嵌合式」的交往方式，要麼當採取「粘結式」的交往方式時預先做好願賭服輸的思想準備。否則只會自相矛盾、事與願違，難以自我解脫。

綜上所述，即使對於各種各樣的感情問題也同樣只有這樣運用**「透視本質的視力」**與**「衡量平衡的視線」**及**「俯瞰系統的視野」**來**「客觀、正確、全面」**地做出分析，才能夠對於人的種種情感行為作出**「一貫性、統一性、全面性、根本性」**的分析和解釋，才會使我們提出的解決辦法具有**「普遍性、合理性、實用性、有效性」**。也只有這樣才能讓人們對此做到**「內心理解、真心做到、廣泛應用、長久實施」**。否則，只會讓我們的認識**「膚淺、狹隘、偏頗、片面」**，使我們的行動**「流於形式、浮於表面、始于一時、終於一刻。」**

本章小結

（1）「愛情」由「愛」與「情」兩大部分組成。「愛」的本質是「喜歡」，且包含「性喜歡」與「非性性喜歡」兩種。「情」的本質是「情義」，又包含「情義」與「同情」兩種。

（2）「愛」與「情」在來源、手段、方向性、平等性、相互影響性、相互轉換性、與性的轉換性及反義詞等各個方面均有根本性區別。

（3）「情感」分為「正面情感」與「負面情感」兩大類以及「愛」「情」「厭」「恨」四小類。

（4）不求彼此「愛」與「情」的個別平等，但求「愛和情」的總體平衡。

（5）我們把產生情感的要素稱之為「情感素」。它包括「愛素」「情素」「厭素」「恨素」四種。

（6）人們通常所說的「愛情」「親情」「友情」等情感詞語中，實際並非只含有單一的情感素，而是多種情感素的複合體。只有運用「情感素分析法」，才能合理解釋和正確處理各種情感問題。

（7）情感的指向本質上不是某個特定的人或事，而是「自我所求，對方所有」的「情感素」。對人或事都只不過是中間手段，對「情感素」才是最終目的。這也正是人為什麼不能做到終生只愛一個人而是可以愛幾個人甚至可以同時愛幾個人這一現象的本質原因。

（8）如果要想對情感問題做出客觀正確的分析，我們就既不能戴著社會固有的識別「好」與「壞」的有色眼鏡來粉飾或醜化真相，也不能束縛于傳統的所謂「高尚」與「卑賤」、「美」與「醜」的固定觀念而蒙上眼睛回避事

實。而是要勇敢地剝開罩在「我」的外面的層層面紗，赤裸裸地將真實的「情感」暴露出來，並鼓起勇氣去面對它。只有這樣在認可人的本性的基礎上，按照本質論、平衡論、系統論的觀點去分析，才能對於人的種種情感行為作出「一貫性、統一性、全面性、根本性」的分析和解釋。才會使我們提出的解決辦法具有「普遍性、合理性、實用性與有效性」。否則只會使我們的認識「膚淺、狹隘、偏頗、片面」，使我們的行動「流於形式、浮於表面、始于一時、終於一刻」。

（9）對於所謂「真情」，我們必須在充分認識感情具有可變性這一基礎上，不憑空希求無緣由、無條件、無限制的「堅貞不逾」與「從一而終」。或者說，所謂對情感的專一與忠誠對對方而言，只能是一種自然結果，而不應該首先就把它當作一個非實現不可的願望目標，或者是一種非遵守不可的清規戒律。

（10）分析情感問題同樣離不開「平衡的視線」與「系統的視野」。感情上也同樣存在著「收支」上的平衡關係及由此引發的感情上的「貿易危機」。

（11）「感情傷害」是人們為寂寞之心尋找伴侶而將其袒露於外拱手與人，由當事人雙方共同作用相互配合的後果。也可以說是感情投資的結果之一。因此，我們既不能因為害怕傷心而將其完全封閉不敢袒露心懷，也不能盲目地不計後果地闖進愛河。而是要麼採取「嵌合式」的交往方式，要麼當採取「粘結式」交往方式時預先做好願賭服輸的思想準備。否則只會自相矛盾，難以自我解脫。

第四章　　思維誤區論

　　縱觀人類歷史及現代社會，小到普通老百姓對各種事物的看法，意見，大到哲學家、思想家、專家學者們的思想、學說，各種觀點多得數不勝數。對同一事物的認識，從贊成到反對，或者說從極左到極右，應有盡有。不僅因人而異，而且同一個人也會因時而異因場合而異。比如，對於歷史人物及其思想的評價，往往就受當時統治者主觀意向所左右。需要用孔孟之道為自己的言行添光加彩的時候，就歌頌他。需要假借批判孔孟之道來與自己的政敵鬥爭時，就批判他。人們在日常生活中的觀點行為也同樣如此。人們往往不是按系統論的因果順序，首先從條件原因出發推出結論，而是先主觀性、傾向性、目的性地定好結論，再去找根據。即不是以「**求真**」為目的，而是為如何讓這種結論更有益於自己的利益。假借追求真理只是手段，而為我所用才是目的。這種把手段與目的本末倒置的做法只會導致「**模糊認識，攪渾思想，淹沒真相，埋沒真理**」的後果。其觀點也就難免「**牽強附會，似是而非，根據不足，論據無力**」。結果就必然造成人與人之間的「**觀點不一，認識不同，矛盾不斷，爭鬥不滅**」。實現「**世界和平、人類幸福**」就只能是句空話。

　　之所以這樣，其根本原因就在於沒有掌握正確的思維方式。而所謂正確的思維方式就是建立在「BEST理論」基礎上的本質性（E）、平衡性（B）、系統性（S）的思維方式。如果沒有這樣的哲學思想作指導，我們的思維隨時都有可能陷入「誤區」。

　　通過對現實社會中存在著的各種思想矛盾及觀點衝突的剖析，我們總結出了（1）**思維停滯**（2）**盲信盲從**（3）**極端片面**（4）**錯位短路**（5）**偷換概念**（6）**類比不當**（7）**自相矛盾**（8）**不講效率**（9）**名稱誤導**（10）**決擇陷阱**等十種最為常見的「**思維誤區**」。下面，我們就對這十種常見「思維誤區」分別進行詳細討論。

第一節　思維停滯

　　「思維停滯」是人們最容易陷入的思維誤區之一。其表現主要為**「停於表面，止於局部；只憑感覺，不用思維。」**其根本原因在於如果人們要對各種錯綜複雜的因果關係去做認真分析的話，需要耗費較大的腦力。因此，出於一種惰性，人們往往易於感受或接受那些**「表面的、外在的、直觀的、感情的、傳統的、常識性」**的東西，而懶於更深一步的去思考那些**「實質性的、內在的、抽象的、理性的、開拓性、創造性」**的東西。按照BEST理論概括地說就是**「不求本質（E），不觀整體（S）」**的結果。

　　比如本書開頭舉的關於高速公路與普通公路的本質區別的例子。因為直觀性的聯想到高速公路上大多有收費站，所以就馬上認為收費就是高速公路的本質。思考就此停滯不前，而不去繼續深究收費的原因究竟是什麼，是否真的可以直接與高速公路本質一步掛鉤而不存在介於這兩者之間的其它中間環節，以及是否還有可能成為本質區別的其他要素等等。

　　尤其是人們在對一些傳統說法、風俗習慣、道德規範、清規戒律以及名人名言、警句格言面前就表現得更為突出了。因為有了它們便即可以作為懶於思考的藉口，又能夠充當免受懷疑的保護傘和免遭批判的護身符。

　　再比如說一講到某個人是壞人，就只會停留在人們通常所定義的壞人形象中，而對於**究竟對誰（Who）壞，為什麼（Why）壞，什麼情況下（When）壞，壞在哪些方面（Where），如何（How）壞，壞到何種程度（Degree），壞的結果（Effect）怎樣以及上述各種結論的根據理由（Foundation）**在哪裡之類的問題恐怕就不一定願意花精力瞭解，費工夫弄懂了。而這裡的Who、Why、When、Where、How、Degree、Effect、Foundation則是我們分析任

何問題時都必須首先弄清楚的 8 個基本要素。因此，我們簡稱為「**5W1DEF分析要素**」，又把這種分析法稱之為「**5W1DEF分析法**」（表2.6）。實際上，恰恰是這些具體因素對我們判斷問題的正確性起到關鍵性決定性作用。如果對這些只有一個籠統模糊隨機不定的印象，那麼，必然使人得出不確定的錯誤結論。且不同的人錯誤得也會各不相同。於是，**人與人之間也就總有爭論不休的問題和永遠達不到共識的觀點**，人際隔閡與社會矛盾也就自然無法消，甚至只會愈加深刻。這也是導致世界永無寧日的根本原因。

表2.6 5W1DEF分析法

簡稱	英文	中文
	Who	是誰
	Why	為何
5W	When	何時
	Where	何地
	How	如何
1D	Degree	程度
1E	Effect	結果
1F	Foundation	理由

當然，這並不是說要求任何人對於任何事都要追根刨底非得弄個一清二白。因為既沒有必要也沒有可能。在這裡只是想強調的是，如果我們一旦形成這種思維停滯的習慣，失去了深追細究的能力，那麼對於我們在日常生活或者工作學習中碰到的各種各樣大大小小不得不去認真對待的問題時，我們往往就會「**滯於其表，不入其裡；只觀其果，不思其因**」，自然就不可能會找得到合理有效的解決辦法，甚至還會適得其反。

下面就讓我們從「**說與聽**」「**教與學**」以及「**預測與判斷**」這三個方面來討論這個問題。

1、在「說」與「聽」上的思維停滯

人與人之間的思想交流無疑是通過語言即「說與聽」（包括「寫與讀」）來實現的。但由於人們往往容易陷入思維停滯這一思維誤區，從而使得我們的許多說法難免以虛蓋實，以假亂真。而對這樣的說法人們往往囫圇吞棗，不經自身思考消化便全盤接受。這就是思考停滯這一思維誤區在「說與聽」上的表現。下面就舉幾個典型例子來說明這個問題。

（1）「孔子第75代直系玄孫」的真相

在日本有位著名的中國作家，在其所著書籍的名字後面往往會標注一個「孔子第75代玄孫」的字樣。他這樣做無非就是想利用日本人的崇孔心裡來提高他的作品的價值。這作為一種積極有效的宣傳手段未尚不可。其結果也確實能給日本人更進一步的崇拜感、親近感、信賴感——只有他的身上才依然繼承著幾千年前偉大思想家孔子的血脈（科學地說就是遺傳基因）呀，或許說不定在他的身上能找到以孔子為指導思想的救世秘方呢。果真是這樣嗎？

我們姑且不去研究思想是否也會遺傳這個大難題。因為我們既沒有足夠的證據去否定它（許多偉人的子孫往往會承襲其祖宗的思想），也沒有足夠的證據去肯定它（承襲祖宗思想實際上往往是因為陷入了**「錯位短路」**中的「前後倒置」這一思維誤區，即為了「我」而借祖宗之光占血脈之便而已）。因此，按照建立BEST理論所必須遵循的「寧可不斷，決不妄斷」的原則，我們不輕易下這個結論。但只要我們不陷入「思維停滯」的誤區，按照本質論、系統論的原理去思考，借用簡單的數學公式計算一下，不用費多大功夫，便可使其真相大白了。

所謂傳宗接代的本質，就是指基因的遺傳。如果是單傳，也就是說兒女只繼承他父親的基因這一條件成立的話，便不能完全

否認上面觀點的正確性。問題是人都為父母所生，那麼必定是從父母雙方那裡接受遺傳。我們可以大致設定各自遺傳1/2（雖然兒女從父母那裡繼承基因的多少不一定是均等的，也許會有偏差。但按照概率論，總體來講各為1/2）。按此推算下去，且暫且假定每次聯姻對象在姓氏上都不重複，即不發生孔子遺傳基因的交叉。那麼，孔子的兒子（第1代）繼承了孔子$1/2^1 = 1/2$的基因；其孫子（第2代）就只剩下1/2的1/2，即$1/2^2 = 1/4$了；到了曾孫（第3代）還有$1/2^3 = 1/8$；但到了玄孫（第4代）就只有$1/2^4 = 1/16$了……如此逐步「稀釋」下去，到了第75代，孔子的遺傳基因就只剩下$1/2^{75}$了。即便考慮孔子後代之間的聯姻，即遺傳基因的交叉，比如說，保守一點，按每3次聯姻中就有1次孔姓之間的聯姻，那麼，就相當於只稀釋75*2/3≒50次，那麼其遺傳基因濃度就為：

$$1/2^{50} ≒ 1/10^{15} = 1/1，000，000，000，000，000$$

即1千兆分之一。這個數據一方面說明了其遺傳比例極其低微，另一方面說明了經過幾十代的隨機遺傳，在一個沒有對姓氏間的通婚進行嚴格人為限制的團體內部來說，對其各自祖先的繼承成分，實際已趨於均等。**就像大染缸一樣，無論有多少種顏色，只要經過長時間的隨機攪拌，各個部分的顏色含量最後幾乎完全均等**。因此，我們就可以有根據的說，作為姓氏本身雖然具有一定的短期的遺傳影響，但不再具有那麼悠久的歷史作用。也就是說，也許到玄孫（1/16）還有意義，再往下去恐怕就幾乎沒有意義了。

實際上，如果我們應用「**假設論證法**」，其論證就變得更為簡單了。我們假設人類一直承襲母系社會的傳統，即以母親姓氏流傳下來的話，可想而知，我們每個人現在的姓就都會變得面目全非。孔先生不僅無法尋得到孔子之根，連能否與孔子同性都很

難說（概率為幾百分之一）。這也就正好說明姓氏對於我們每個人的天分（性格智力才能外貌等）影響程度實在是可以忽略不計（這也就等於使那些按姓氏筆劃算命的做法又失去了一個理論依據）。

因此，既然姓氏的作用如此有限，人們大可不必因為在自己的祖先中出了哪位歷史偉人而自豪，也不必因為在自己的祖先中出了哪位歷史罪人而羞愧。因為**這些祖先都是我們共同的對等的祖先**。

通過上述分析，我們就會清楚的明白，只要我們不受世俗習慣的影響，不陷入思維停滯的誤區，敢於正視並懷疑那些慣用說法，拿起BEST理論這一有效工具去剖析它，衡量它，則要驗證其合理性、真理性，戳穿其虛假性、虛偽性，其實並不困難。這麼容易戳穿的謊言居然可以在那麼長的歷史中矇騙那麼多的人，足見「思維停滯」這一思維誤區給我們帶來的思維障礙何其深重。

（2）劉備的「忠」與曹操的「奸」實屬同出一轍

對於三國時期的劉備與曹操這兩位中心人物的評價，從歷史到現在，大多以「劉備是忠臣」「曹操為奸賊」這一說法為主流。即使有人對此持懷疑或批判態度，但也似乎找不出充分的理由，講不出明確的道理。

為什麼呢？根本原因依然在於陷入「思維停滯」這一思維誤區所致。因為書是這麼寫，劇是這麼編，戲是這麼演，專家是這麼評，大家也是這麼說的。自然也就用不著我們去進一步思考，不能或者說根本就不想越過這些障礙來看清事物的本來面目了。

下面就讓我們還是從分析事物的本質著手，按照系統論、平衡論的思想來綜合的作一下分析。

為什麼說劉備「忠」曹操「奸」呢？其根據主要就在於，劉備的志向是致力於「匡扶漢室」，實際上就是維護當世王朝劉家

天下。而曹操呢？「挾天子以令諸候」「名為漢相，實為漢賊」。

　　按照系統論的觀點，這樣的評價是站在漢朝劉氏統治集團（小系統）的立場上，而不是站在全體中國民眾（大系統）的立場上所作的評價，自然也就不可能代表全體中國民眾的思想，其結論也就不可能代表全體中國民眾的利益。因此，為了闡明這個問題，我們必須分別站在這兩個不同的立場上來分析這個問題。

　　首先，就讓我們站在中國這一大系統上，來分析這個問題。

（一）對皇帝的「忠」與「奸」不等於對國家的「忠」與「奸」

　　既然站在國家這一立場上來看待這個問題，那麼顯然，這時忠的對象就不應該是某個特定的皇帝，而是全體國民。或者是能夠代表全體國民利益的總代表。即能夠從整體上給國家帶來發展進步，給大多數國民帶來幸福的統治者。因此，如果當時的最高統治者（比如皇帝）能夠代表發展的、進步的勢力，能夠體現大多數民眾利益，那麼，對皇帝「忠」就等於對國家和人民「忠」，對皇帝「奸」就是對國家和人民「奸」。相反，如果當時的最高統治者代表的是腐朽的，倒退的勢力，體現的是極少數特權階層的利益，那麼，對皇帝的「忠」就等於是對國民的「奸」，對皇帝的「奸」則反而就是對國民的「忠」。

　　按此標準，看看當時的漢王朝，起初是朝廷腐敗，皇帝無能，宦官專權，民眾怨聲載道，農民起義不斷。後來是董卓亂朝，社會更加腐朽黑暗，人民更加災難深重。再後來就是群雄割據，戰禍四起，兵荒馬亂，人民生活在水深火熱之中。在這種情況下。什麼樣的人才是代表國家和人民總體利益的人呢？那就是能夠憑藉其卓越的才能和力量，在盡可能減少戰爭給人民帶來的災難的前提下，可以較為迅速地實現平息戰亂、統一國家、重整綱紀、富國安民這一重大目標的人。

　　既然如此，那麼，下面的問題就是，劉備與曹操究竟誰更適

合做這樣的人呢？

先看曹操。曹操起初在朝廷為官時，抱著成一番功名，幹一番事業，造福於民眾的思想，不畏權貴，秉公執法（棒打當朝權貴賽碩叔父便是一例），反腐唱廉，可以說對劉氏漢朝忠心耿耿，對治理國家兢兢業業。即使到東漢末年，皇帝荒淫，朝廷腐敗，宦官專權，民眾起義的情況下，他始終如一地表現出了對朝廷的赤膽忠心。這可以從他奮力鎮壓黃巾起義，積極參與懲除宦官的鬥爭中得到充分證明。尤其是在諸侯聯軍討伐董卓的戰鬥中，在各路諸侯為保存實力而觀望等待，駐足不前的情況下。即使明知寡不敵眾，唯有曹操勇於率部出擊這點來看，應當說他至少在當時對朝廷是忠心耿耿的。這就說明，曹操並非本來就是所謂的「漢賊奸臣」。

但是，為什麼後來又有了篡漢野心了呢？從對待朝廷態度上看，是發生了先「忠」後「奸」的變化。但就曹操本人而言，是否就意味著他個人在其理想抱負上也發生了質的變化呢？實際上並非如此。這只要參照我們在本篇第三章第四節1中所闡述過的有關情感指向問題的觀點就一清二楚了。

首先，我們從當時曹操「挾天子以令諸侯」時的歷史大背景來看，當時的朝廷已經有名無實，國家已經被各路諸侯及地方軍閥弄得四分五裂，戰亂不止，民不聊生。在這種情況下，勉勉強強去扶持一個奄奄一息的王朝，顯然難以真正發揮朝廷統管全國的作用。因為即使那樣作，已經形成龐大武裝勢力的各路諸侯也不可能聽命於朝廷。他們不僅想割據一方，有的甚至早就想篡位稱帝（比如袁術）。因此，站在國家總體利益上講，應該是改朝換代的時候了。何況從中國幾千年的歷史來看，每一次的改朝換代往往對歷史進步起到了巨大的推動作用（參見第一篇第二章第二節7）。因此，從國家這個角度來講，在當時情況下，應當說推

翻朝廷這個行為本身不但不是「奸」，恰恰是「忠」，對國家的忠，對人民的忠。

再看劉備，當曹操打敗袁紹，消滅袁術，從群雄中脫穎而出，成為當時中原的頭號勢力時，劉備還毫無勢力，不得不屈居於曹操手下。如果不是因為諸葛亮出山相助，非要為劉備爭得三分天下，恐怕曹操統一國家的進程要提早相當一段時間。這樣的話，就不會讓成千上萬的士兵拋屍荒郊，也不會讓無數的民眾流離失所，受凍挨餓甚至慘遭屠殺。尤其是即使是蜀漢政權相對穩定的情況下，儘管並未遭受相對強大的曹魏方面的主動攻擊，諸葛亮也仍然窮兵黷武，不斷挑起戰爭，不惜耗費大量的人力、物力、財力，尤其是不惜犧牲無數將士的性命。而他唯一依據的的「大義」，就是伐魏興漢。既然如此，按照上面已經分析過的那樣，這樣的行為不僅不是對國民的「忠」（至於是否是真正對漢王朝的忠，我們將在下節討論），而恰恰是對國民的「奸」。即使主觀上不是，但其結果所體現的卻是實實在在的「奸」。且實際結果也證明了這一點，即，在曹魏與蜀漢並立的時代，並不存在曹魏統治黑暗，人民受苦，而蜀漢統治英明，人民幸福的事實。

因此，無論從道理上來講，還是從歷史最終結果來看，都沒有任何理由能夠證明劉備比曹操更適合做全體國民的代表。這樣，在曹劉兩者相爭的情況下，我們雖然還沒有足夠的理由說明曹操的正統性，但也更沒有理由說明劉備的合理性。也就是說，僅此而已，我們絲毫不能徹底以忠奸將兩者區分。

如果分析問題到此為止的話，我們會說，即使從國家這個角度來看兩者難分忠奸，但至少從漢王朝的立場來說，應當是劉「忠」曹「奸」的吧？

果真是這樣嗎？下面，就讓我們再進一步站在漢王朝的立場

上來分析這個問題。

（二）劉備所謂的「忠」與曹操所謂的「奸」是同出一撤

實際上，無論我們是站在國家立場上來評價曹操的「忠」，還是站在漢王朝立場上來評價劉備的「忠」，都還沒有找到其本質所在。那麼，本質究竟在哪裡呢？也就是說最本質的「忠」究竟是什麼呢？實際上，就像我們在「人性論」與「情感論」裡所講過的那樣，歸根結底忠於的還是「自我」。在這裡具體的說就是，他們所追求的理想，即想成就一番事業的雄心壯志。而這點反而才是他們唯一真正的共通點，也是他們爭鬥的本質。

就拿曹操來說，他最初的本質目的顯然不是為了篡奪皇位，而是志在提高自身地位以施展自己的才能，實現自己的抱負，也許想的只是要當一個有所作為的大臣就滿足了。當不當皇帝只是手段的不同，而不代表本質目的。因此，無論他當初忠於朝廷還是後來凌駕於朝廷之上，其本質都一樣，只是表現形式不同而已。即當他認為借助朝廷可以幫助自己成就一番事業，他就忠於它。當他覺得朝廷是實現自己理想，滿足個人私欲的絆腳石，他就要踢開它（明目張膽的篡位）或者把他踩在腳下（挾天子以令諸侯）。

既然如此，僅憑曹操的「**為我**」這一點，我們沒有標準，也沒有必要去衡量其忠奸好壞。因為在人性論中，我們已經講過，「**人之性、本為我**」是普遍自然的規律。曹操如此，眾多的歷史偉人，時代英雄也同樣如此。劉備又何尚也不是如此呢？下面不妨就讓我們來分析一下劉備的「忠」。

在董卓被滅以前的階段，無論從哪方面，劉備都體現不出他比曹操更忠於朝廷，雖然他也積極參加了鎮壓黃巾，討伐董卓的戰鬥。那麼，為什麼到後來，他又顯得更忠於朝廷了呢？實際上，根本原因在於他與曹操在對待皇帝態度上的表現所形成的鮮

明對比。一方面，因為皇帝始終為曹操所控制，曹操在如何對待皇帝這一現實問題面前，喊不了空頭口號，掩蓋不了稱霸野心，不得不暴露出那不忠之心。而劉備呢？他遠在天邊，遠離皇帝。這樣的環境條件使他可以為順應民心而始終打著皇親國戚的招牌，喊著「匡扶漢室」的口號，堂而皇之地指責曹操為「奸臣」。這既可以獲得民心，顯示正義，又可以強調曹操之「奸」更顯自身之「忠」。

透過劉備在口頭上「忠」的這一表象，讓我們再看看劉備究竟作出了哪些忠於漢王朝的實際行動呢？縱觀整個三國歷史，實在是找不出他寧可犧牲自己或者自己集團的利益而誓死保衛漢王朝的任何事實。從而，分析到此，我們至少可以說，劉備雖然沒有凸顯其「奸」的一面，但也沒有凸顯出其「忠」的一面。

也許有人會說，與奸臣曹操殊死搏鬥就是忠臣的最好證明。顯然這個推理不能成立。只要我們運用 **「類比論證法」**（見附錄 I），要駁倒它並不難。因為，當初曹操不也是與「奸賊」董卓殊死搏鬥過嗎？也就是說，僅憑這點還根本不足以證明劉備的「忠」。不僅如此，我們還可以用 **「替代論證法」** 來做進一步證明。即假設把劉備與曹操的環境位置調換一下，那麼，劉備是否會對皇帝真的可以作到忠心不二？因為是假設，所以我們即不能否定，也不能肯定。但可以推測一下，如果說本來早就應該滅亡的政權，因為劉備出生入死，南征百戰，才得以保存下來的話，那麼，劉備也許不會或者說至少開始不會有篡權之心，可以做到盡力輔佐皇帝。但那也是有條件的，這個條件就是皇帝必須給予劉備足夠的待遇，還要總體上儘量按照劉備的意願行事。如果一旦皇帝想要自行主張的話，誰也無法保證劉備還會忠心耿耿、百依百順。因為按照平衡論的觀點，劉備自然而然就要得到他認為與他的付出相平衡的回報。居功自傲體現的是極其自然的平衡法

則，中國幾千年的歷史事實都說明了這一點。董卓如此，曹操如此，司馬懿也如此（實際上連諸葛亮也不例外）。有什麼根據能證明劉備就不會如此呢？這也正是為什麼開國皇帝建國之後，對於開國功臣，往往伺機削其兵權，革其官職的重要原因（典故「杯酒釋兵權」就是一例）。就算劉備不如此，能保證整個劉備集團也不會如此嗎？

再看看當代資本主義社會制度下的執政黨與在野黨的關係就一清二楚了。不管在野黨如何攻擊執政黨的腐敗專制，一旦變成執政黨，其做法也幾乎一樣！何況比起曹操來，劉備稱帝要名正言順得多。還不一定背上篡奪皇位的罪名。因為他本來就姓劉，再爭再搶，最多看作是皇族「內部鬥爭」。可見，就因為「劉」這個姓、「皇叔」這個名，相當於給劉備頭上罩上了一把寬大而堅固的保護傘，保護他不被扣上「奸賊」的罪名。

但即使我們這樣說，也還只局限於推論的範圍。還不能說有足夠的證據，也就不能說有足夠的說服力。那麼，劉備有沒有露出過他「奸」的一面呢？有！只不過被人們忽略了。我們從劉備稱帝就可以推測他照樣如此的可能性極大。即使他開始扭扭捏捏不肯登基，但最終還是登了。而且，他登基的第一件事不是討伐「漢賊」曹魏，而是急於攻打東吳，其原因僅僅是為了報結拜兄弟關羽被殺之仇。這就充分說明了，劉備忠於朝廷同樣是有條件的、表面的，忠於的本質還是在於自我。

這樣一分析，問題的本質就暴露無遺了——劉備歸根結底忠於的是自我，而且只能是自我。

此外，之所以人們認為劉忠曹奸，這除了首先源於三國演義原作者的個人思想傾向在小說中的初始定位以外，再就是一些小說戲曲作家為了通過加強正反兩方面人物的對比性以增強其故事性、起伏性、吸引力而進行的主觀渲染所致。

　　至於為什麼劉備處處表現出忠於朝廷，實際上恐怕主要有以下三個原因。其一是作為普通民眾的一員，有著皇帝不可反的固定思想。產生這種思想的原因又是來自統治集團的奴化教育（皇帝乃天子，反帝即反天）以及封建制度下的專制統治（誰反對皇帝，誰就是犯法）。其二是他本人姓劉，而且還算是皇室宗族，按照「人本為我」的法則，在同等條件下，與其它姓氏相比，他開始當然應該更忠於劉氏天下。但如果到了可以自取天下的情況下則又另當別論了。其三是，正好利用姓劉這一優勢，達到批判曹操，籠絡人心，自任正統的目的。

　　根據以上各方面的綜合分析，我們就可以得出這樣一個結論，那就是：**對於漢王朝（S）的態度，曹操與劉備本質上（E）並無忠奸之分，兩者只是由於因各自具有的不同的條件（姓氏之別、實力之差等），相異的環境（執政黨與在野黨等），不同時期不同的社會背景（從群雄割據到三足鼎立等）所導致他們各自不同的表現方式而已**。他們忠於的本質對象歸根結底都是各自的「自我」。且本質上講，他們最終不僅不會把漢王朝置身於其**「自我」**之中，反而只會將其置於**「非我」**之中試圖加以消滅。

（3）劉備的「仁」與曹操的「惡」也乃殊途同歸

　　劉備「仁」曹操「惡」似乎也已成定論。果真如此嗎？

　　只要我們防止思想陷入「思維停滯」的誤區，透過現象本質性地看待這個問題，就不難真相大白了。

　　首先看看曹操的「惡」主要表現在哪些方面呢？最主要的仍然首推「寧可我負天下人，不可天下人負我」的指導思想，再就是陰險狡猾，心狠手辣。

　　這幾頂帽子加到曹操頭上一點也不冤枉。

　　問題是，劉備就不一樣嗎？

　　首先我們分析他為什麼要標榜仁慈。實際上，正如他自己所

言：「曹操殘暴，我就仁慈，曹操奸詐，我就忠厚，只有與曹操相反才能成功」。這就說明一個什麼問題呢？這就說明他的所謂的仁慈不是源於本質思想（Ｅ），而只不過是一種策略（Ｔ）。也可以說是一種表現（表象）。通俗一點的說就是有的時候只不過是「裝」而已，並非都出於本心。既然是「裝」，那麼，能夠裝得過去的他儘量裝，甚至會刻意去表演。比如，為趙雲把阿斗扔於地上，永安托孤時表示容許諸葛亮自立為王等等。

但裝不過去的呢？就只好露馬腳了。最典型的就是，呂布為曹操所擒，連曹操都因惜才而有所猶豫時，劉備卻力主該殺。應該說呂布於曹操無恩，而卻于劉備有「轅門射箭」那樣的救命之恩。此外，他不去攻佔「漢賊」曹操的領地，反而主要靠掠奪同族兄弟、朝廷命官的領地來擴大地盤。這無非是因為曹操強大而劉表、劉璋他們弱小而已。這也正是弱肉強食的一種表現。既然是弱肉強食，就顯然不能說是仁義之舉。而拱手將益州讓于劉備的劉璋則可以算是仁義之舉。而且，這個仁不僅是對劉備的仁，而且是對於廣大益州老百姓的仁。因為，劉璋本無治國之能，為劉備所取已是大勢所屈，投降乃讓老百姓免遭戰亂之苦，將士免遭生靈塗炭的最好方式。不過，也許有人會說，因為劉表與劉璋都太軟弱無能，劉備自己不取，遲早為他人所取。這理由乍聽起來，似乎不無道理，但只要不讓**「思維停滯」**，運用**「類比法」**與**「矛盾法」**這兩種論證法再往前想一下。也就是說，想想當時的漢憲帝既然因軟弱無能而有被曹操取代的可能性的話，按此道理，劉備不也應該先其取而代之嗎？顯然這種類似「我不偷反正也會有人偷」「我不侵略反正也會有人侵略」的地地道道的強盜邏輯是完全站不住腳的。

此外，劉備先是隨公孫瓚，後又跟袁術，再跟袁紹，又降曹操，最後獨立門戶。幾易其主，數次背叛。有何恩義可言呢？最

不義的表現恐怕是對曹操了。首先是在劉備被呂布逼得窮途末日之際，曹操不僅將他收留且助其在小沛立足，還封官（豫州牧，鎮東將軍）許願，寄予厚望。小沛兩次失陷，曹操不僅未加責備還幫他奪回妻兒，為他補齊兵馬，再加封左將軍。而他卻一直只想做曹操的死對頭。我們不論對錯與否（這需要以各種系統為前提），單就人們通常所說的仁義而言，顯然劉備是名不符實的。

　　至於因桃園結義而構成的劉關張三人之間的關係，則不能不說他們作到了仁至義盡。但這樣的「仁」也還只不過是局限于由劉關張三者所組成的這一小系統而言的。對於蜀國或者整個中國那樣的大系統來說，就根本談不上，有時甚至恰恰相反了。比如，他僅僅為了報關羽一人之仇，不惜耗費大量的人力、物力、財力，不惜犧牲幾十萬年輕將士的生命，強行攻打吳國。關羽一人之命在劉備眼裡比幾十萬士兵的生命還要珍貴。這就充分說明劉備對關羽的「仁」恰恰是對廣大民眾的「不仁」。足見劉備的仁義是有條件的、有局限性的、有目的性的。

　　再反過來看看，曹操是否就完全不仁呢？其實也並非如此。雖然與劉備同樣，對於他的對手敵人決不會良心發現，以慈悲為懷。但對於有用之人，卻是倍加珍惜，愛將惜才。只要是有用的人才，即使對他有些不恭，有所批判，誹謗甚至背叛，他都能夠適度容忍。這不僅從他對關羽的仁至義盡的態度上，而且在對「人在曹營心在漢」的徐庶的態度上也就足以證明這一點。

　　由此看來，劉備與曹操在仁義與否的問題上，雖表現各異，但卻殊途同歸。表現是隨著各種具體事情、場合環境的變化而變化，而本質則不會發生變化。這個本質就是為帝王霸業所用。

　　實際上，任何想成就帝王霸業之人，光靠所謂的絕對的「仁」是不可能成功的。他們有時不得不**爾虞我詐，勾心鬥角；見風使舵，唯利是圖；陽奉陰違，兩面三刀；口是心非，老奸巨猾；**

嫉賢妒能，六親不認；忠言逆耳，心狠手辣；順我者昌，逆我者亡」等等（圖2.16）。

（圖2.16　帝王霸業的特性）

　　而這些都是為所謂的正人君子所不齒，所謂的道德標準所不容的。但即使那樣的正人君子一旦處於那樣的位置，恐怕也只能身不由己，同流合汙了——除非你放棄霸業。這從中國幾千年血腥的宮廷鬥爭史便可以看出。從被譽為一代明君的唐朝李世民也同樣是典型的殺父弒君的奸臣賊子這一史實中也足以證明這一點。只不過在其環境條件下所採取的方法手段不同而已。可以說，他們的霸業之路往往都是一條被鮮血染遍、被人頭堆滿的血腥之路。這是由歷史背景與社會制度所決定的。現在社會發展

了，文明進步了，這條路也許不再有那麼大的血腥味。但同樣是一條硝煙彌漫、戰火四起的聞不到血腥味的血腥之路。因此，我們沒有理由去責備他們個人，也不必只以忠奸的視點去看待他們的行為。因為這樣做既沒有理由也沒有意義。

（4）在對國家或民族看法上的思考停滯

人們說到某個國家、民族時，往往會用「殘暴」「騙子」「貪婪」「狡詐」或其相反意義的「溫柔」「善良」「廉潔」「誠實」等詞彙來形容。這裡我們必須注意到的是，這些詞語不是在針對某件事情本身而言，而是對諸如某個國家、民族這樣的主體本身性質所做的評價與定位。即把這些已經歸結為其主體本質而不僅僅是一時的表現。之所以這樣，其根本原因就在於陷入「思維停滯」這一思維誤區所致。

比如中國人說日本人「生性殘暴，冷酷無情」，說美國人「本性霸道，恃強凌弱」。反之，日本人對中國人也有「欺騙撒謊，拜金無禮」之類的固有看法。甚至有個別極右分子公然聲稱中國人裡只存在「壞人」和「極壞的人」這兩種人等等。

當然，我們不否認每個民族有其各自的特點，比如中國人重視裙帶關係，日本人比較講禮貌，美國人性格比較開朗，法國人比較浪漫，猶太人比較聰明等等。但在對人性的評價上，卻沒有任何理由把這樣的詞語當作其特有的本性而強加於任何民族或國家。為什麼呢？首先，在「人性論」裡我們已經闡述過**「人本為我」**的道理。這些現象歸根結底都只不過是人的本性在不同情況條件下的不同的表現方式而已。這也就意味著既然本質一樣，那麼只要所處的情況條件相同或類似，則由其本質所表現出來方式也就必定有相同或相似的可能性。

比如說「殘暴」，二戰時期，日本軍隊不單實現殺光燒光搶光這樣的三光政策，對活人還作出了開膛剖肚、生殺活埋、生化

試驗等慘絕人寰的行為。當這樣的行為通過電影電視反覆表現出來以後，作為中國人逐漸地把這種行為的主體不是看成「日本侵略軍」，而是不知不覺潛移默化地轉換成了「日本人」。而這兩者本質上有著天壤之別。按本質論就是簡單地把本質與其諸多表象中的某一方面的表象等同起來。我們可以把它稱之為**「本象誤同」**。即在人性這一領域（或系統）中「日本人就是殘酷」，甚至還可進一步擴大為「殘酷就是日本人」。果真如此嗎？

只要我們不陷入「思維停滯」的誤區，即把思維向事物的本質再向前推進一步，把視野再擴展一些，就不難發現其荒謬之處。

首先，著眼於日本人來講，在和平年代的日本人是否也同樣殘酷呢？即使在侵略戰爭年代中的日本鬼子對於他們自己的親人朋友是否也會同樣兇狠呢？顯然不是。這就說明了，他們表現出的這樣的性「惡」的一面，是有著場合與對象這樣的客觀條件為前提的。即在戰爭狀態下對敵方才會如此殘酷。即便如此，我們還不能作出日本人本性並不殘酷的結論，因為也許在同樣的場合和對象下，其它人種也許不一定會那麼殘酷。因此，下面需要驗證的就是，其它人種在戰爭中是否也會對敵方作出同樣慘無人道的事情來呢？對此，恐怕無需舉出太多例子，作出太多說明了。中國歷史上不僅出現過不少活埋俘虜、屠城百姓的事例，還有把俘虜剁成肉醬曬成肉乾食用的暴行。對於政敵情敵仇敵的報復方式就有剝皮、凌遲、梳洗、抽腸、灌鉛、下油鍋、點天燈、五馬分屍等等極其殘忍的酷刑。不僅中國如此，世界各國同樣如此。因此，我們不能把殘酷只與某個特定的民族或國家劃等號。即**殘酷並非「某個民族」的本性而不過是「戰爭」的本性**。只要是戰爭就毫無疑問地會伴隨著殘酷，再善良的人在戰場上都不得不變成魔鬼。

同樣，**霸權**也不例外。霸權決沒有成為美國的特權。歷史上

的世界霸主歷盡變換。從最初的英國、法國、蒙古到二戰時期的德國、日本、戰後的蘇美，直到今天的美國。霸權的主體不斷變換，但其擁有的某個特性卻是不變的，那就是它擁有稱霸世界的強大力量。國家的霸權行為基本上與其國家實力成對應的平衡關係。有實力就霸，沒實力就不霸。實力強就大霸，實力小就小霸。這也正是平衡論的體現（參見第一篇第二章第二節12（5））。但如果超出自身的實力勉其所為，稱霸過度，那麼，這就是一種毀衡行為，且必不持久。二次世界大戰的結果也毫無疑問地證明了這一點——**日本德國失敗的本質原因不在於他們稱霸而在於稱霸過了頭**。當今世界下的美國雖然在世界各地到處插手伸腳、為所欲為、橫行霸道，雖然其中也會因為做得過分而受到各種各樣的打擊（越南戰爭的失敗，因阿富汗戰爭及伊拉克戰爭等引起的像911事件那樣的恐怖事件以及滋生出IS那樣的恐怖組織），但至今還沒有遭受到重大失敗與致命性打擊，原因就在於它在世界中的實力比重與其霸道行為處於相對平衡狀態。由於蘇聯解體，世界局勢從美蘇兩霸變為美國獨霸，美國自然可以為所欲為了。如果我們設想把美國與蘇聯的位置調換一下，可想而知，橫行天下的必定又是蘇聯而不是美國了。這從蘇聯當年恣意入侵波蘭，捷克，阿富汗等國家的歷史事實上就足以證明這一點。與到底是美國人還是蘇聯人本質無關。

　　值得特別強調的是，上述理論與**「弱肉強食」**有著根本不同。我們並非在此認可甚至鼓勵「弱肉強食」這種觀點，我們的理論也決不可能成為這種片面性觀點的理論依據。不僅如此，正如我們在人性論裡所講過的那樣，利人利己才是人類應該遵守的基本行為準則。在歷史長河中，即使在某個歷史階段是強盛的，但沒有任何理由可以保證會永遠強盛。如果一味奉行「弱肉強食」的思想，任其橫行於世，那麼，即使在強大的時候過得好，

而一旦變得弱小則有可能會遭到報復而自食其果。不僅過去如此（見第一篇第二章第二節12（5）），現代也還是如此。比如由於美國的直接入侵及間接操縱使伊拉克及敘利亞等中東國家陷入失控狀態，並產生出了史上空前未有的極其龐大的「IS」恐怖「國家」，鬧得全世界惶惶不可終日。雖然這其中還有其他諸多原因，但「弱肉強食」的觀念無疑起到重要作用——其結果只能陷入「冤冤相報何時了」這樣的**惡性循環**。這種思想的病根在於對BEST理論中系統論（S）認識的不足。也就是說，在講平衡時，我們不僅要考慮當時的平衡，還要考慮今後的平衡。我們把前者稱之為**「空間軸上的平衡」**，把後者稱之為**「時間軸上的平衡」**。

總之，在看待民族或國家時，我們沒有理由也沒有必要只是把眼光盯在這些行為主體本身上，而是要把眼光向縱橫兩個方向擴展開來。所謂「橫」就是指包含這些主體的系統環境，所謂「縱」就是指歷史變化過程。在此基礎上，再把眼光聚焦到具體的民族、國家、統治集團、統治者個人進行考察。只有這樣，才能使我們看清本質，維持平衡。才有可能在減輕甚至消除受害方的固有成見和維護加害方的人格自尊的前提基礎上，使不同的國家、相異的民族真正做到**「相互理解、彼此諒解、真心和解」**。才能**通過順其人的本性，發揮人的主觀能動性，以實現具有持久性的、世界性的、真正意義上的博愛與和平。這與通過喊千次空洞的口號或者寫萬本勸說性的書籍那樣的「說教」方式相比，無疑有天壤之別。**

（5）在對特定群體看法上的思維停滯

對於中國幹部們的貪汙腐化這一嚴重的社會問題，人們往往只是從個人身上找原因。即只歸究于貪官們的思想品德問題。這也是陷入「思維停滯」這一思維誤區，只問其表不究其裡的結果。

　　也就是說，既然貪汙腐化是當今社會的普遍性現象，那麼要解決這個問題就只有從改進社會這一大系統（法律制度）著手。而如果僅僅從改變個人這一小系統（思想道德）出發顯然收效甚微甚至徒勞無益。即使一時見效也終難持久。其原因就在於，前者所包含的必然性成分多，而後者則所包含的偶然性成分大（理論根據就在於「人本為我」這一人性論的觀點）。因此，我們可以說，**前者可以形成普遍規律，而後者只能造成個別現象。按前者改進可以達到立竿見影的效果，而按後者改進則其效果隨機難料**。

　　對此，我們不僅可以按上述的**「因果論證法」**加以證明，還可以用**「替代論證法」**加以佐證。我們假設把中國的官員們和歐美國家的官員們相互調換一下，其結果會如何呢？可想而知，中國的貪官們不得不變得清正廉潔，而歐美官員則必定會變得貪汙腐化。再設想如果把政府官員與一部分普通老百姓的位置調換一下，其結果又會如何呢？可想而知，其產生貪官的概率至少不會變低。因為我們找不到任何理由能夠說明新換上來的普通老百姓就一定比原先的官員們思想道德水準高，會更廉潔公正。哪怕那些平常表現得對貪官們深惡痛絕，自己如何善良純潔，大公無私的人，一旦自己處於那樣的位置，恐怕在人的本性的驅使下，也難以抵制誘惑，說不定只會變本加厲，有過之而無不及。

　　再從中國歷史來講，只要是封建社會，哪個時代不是貪官成群，受賄成風呢？又有幾個時代不是**弱肉強食**，權貴當道，百姓遭殃呢？何以見得現在的中國人就比祖先們道德水準低下了呢？

　　這就充分說明了**造成貪汙腐化這一社會現象的主要原因在於制度上的缺陷，而不在於人的所謂的思想道德水準的低下**（就像如果交通事故集中在某一區段的話，那麼問題的根源必定在於這一區段本身構造上的缺陷，而不在於駕車者本身一樣）。

（6）在對各種「政治口號」「社會宣傳」認識上的思維停滯

　　歷史上沒有哪個政黨及政治家不是打著「為民」的招牌，沒有哪個獨裁者不是喊著「為國」的口號，沒有哪個恐怖分子不是扯著「正義」的旗幟，沒有哪個霸權主義者不是打著「維和」的幌子，沒有哪個侵略者不是立著「自衛」的招牌，沒有哪個殖民統治者貼著的不是「共榮」的標語。你說他們是在說謊嗎？也未必如此。在他們心裡往往是真的這麼認為（即使是自欺欺人）。因為既沒有哪個政治家絲毫不為民眾著想，哪個獨裁者一心只想搞亂國家，也沒有哪個恐怖分子僅僅就是專門為了搞壞事而搞壞事，哪個侵略者生性就僅僅是喜歡侵略嗜好戰爭，更沒有哪個殖民統治者一心只是想讓殖民地人民受苦受難。那麼，問題究竟在哪裡呢？

　　僅就這些詞語本身而言，它們作為褒義詞被披上華麗的外衣，無從挑剔無可指責。正因為如此才往往被政治家們隨意拿來裝點門面混淆視聽。但我們只要不讓自己的思考在這些美麗辭藻面前停滯，而是透過語言看本意，那麼就能夠弄懂藏在這些詞語背後的真實意圖。因為問題的關鍵不在於這些話本身，而在於這些話存在的前提條件（Foundation）。離開其前提條件毫無意義。具體地說就說，它們各自的本意分別是，**政治家所說的「民」是指支持擁護自己的「民」，獨裁者所說的國是指自己統治下的「國」，恐怖分子所說的「正義」是指符合自己思想觀念的「正義」，霸權主義者所講的「和平」是指本國可以稱霸世界為所欲為下的「和平」，侵略主義者所講的「自衛」是將自身的權利領土範圍擴大解釋後的「自衛」。殖民統治者所講的「共榮」是以本國或本民族統治為前提條件下的「共榮」。只要不符合上述條件，只要遭到反抗或阻力，政黨或政治家立即可以「不為民」（對反對黨或反抗民眾可以殺無赦），獨裁者馬上可以「不為國」（逃**

亡國外甚至要求他國制裁本國），霸權主義者可以「不和平」（恃強淩弱，威脅攻擊），侵略者可以對本不屬於自己的領土發動「侵略戰爭」（兩次世界大戰），殖民統治者可以「不共榮」（燒殺擄搶，血腥鎮壓）；恐怖分子可以「不正義」（亂殺無辜）等等。

　　人們為了使自己的行為正當化，往往會喊出像「誓死保衛祖國！」「與侵略者血戰到底！」「愛國無罪！」「正義必定戰勝邪惡！」等口號。說的人似乎理直氣壯，聽的人也自然會覺得句句在理。但如果世界上真的像這樣一些口號所說的那樣，那麼，可想而知這個世界上就不會還繼續存在著侵略、矛盾、鬥爭、邪惡，剩下的就應該只有和平、善良、正義了。因為只要我們看看一些黨派的政治綱領，政治家的施政演說，宗教團體的經文說教，領導幹部的講話語錄，老師家長的教育勸導就會發現，他們說的這些大道理喊的這些大口號幾乎都是相同或相似的。

　　這就說明，**這樣的大道理幾乎沒有多少本質意義和實際效果。問題的關鍵在於要弄清楚究竟屬於「自衛」還是「侵略」，究竟是為了「愛國」還是僅僅為了「愛自己」，究竟誰是「正義」誰是「邪惡」**（歷史上相互敵對的宗教派系之間也都這樣彼此批判對方）。否則，雙方都說同樣的話，其結果也就等於沒說。

　　特別是像「人不犯我，我不犯人，人若犯我，我必犯人！」這樣的口號，聽上去似乎很有道理，而實際上關鍵在於「犯」這個字上。即究竟是別人在犯你還是你在犯別人？（抗戰結束當初，共產黨只想和談以求生存，而國民黨卻欲除之而後快。但當共產黨取得三大戰役勝利後，國民黨雖只圖劃江而治，共產黨卻照犯不誤）。這個問題又最終還是回歸到「平衡論」裡所講過的問題，即其癥結在於雙方各自的「主觀平衡線」位置的不同。當各自的「主觀平衡線」無法調節成「事實平衡線」時，衝突便在所難

免。

實際上，大多數政治家只不過想把和平當作實現政治野心的工具。當力量強大想稱王稱霸時，雖然語言上仍然用它迷惑民眾，但實際行動上則會置之不顧。而當力量弱小可能會遭到欺侮侵犯時，才想起用它做「護身符」「擋箭牌」。但此時為時已晚，強大的侵略方此時卻往往把「**和平**」「**仁慈**」拋到腦後，有恃無恐。而一旦弱者與強者的立場發生逆轉，則雖然彼此的做法會發生相應的轉換，但發生戰爭的潛在危險性這點卻沒有改變。如此的周而復始循環往復，才使得這個世界戰爭不斷，民無寧日。

這也就告訴我們，當我們研究「**戰爭與和平**」問題時，必須像上述這樣本質性、系統性以及平衡性地分析問題，才會找到問題的癥結，否則只會**緣木求魚、砸冰取火**、永不得要領。

（7）在對各種勸說告誡之詞上的思考停滯

人們往往會受到諸如「不要鑽死胡同」「不要上當受騙」「不要搬起石頭砸自己的腳」「不要玩火自焚」等勸說忠告。實際上，任何人絕不會明知是死胡同還要鑽，明知是騙還要去受，明知是砸自己腳的石頭還會去搬，明知要燒自己的火還去玩……。而大多數勸說者，往往只會把話說到上面所說的這一步，而不會進一步對於究竟是否「死胡同」，什麼是「欺騙」，哪個是「砸自己的石頭」及如何判斷哪是會燒著自己的「火」做出具體說明——而這才是**事物的本質、問題的關鍵**。足見思維停滯這一思維誤區對我們思維影響的範圍之廣、程度之深。

2、在「教」與「學」上的思維停滯

（1）「教」與「學」無論對於人還是社會都至關重要

不用說，人的一生無不與「教」「學」二字密切相關。一個人的思想性格的形成除了一部分受先天性遺傳因素影響外，主要由其所受的家庭、學校、職場、社會教育等來決定。我們不僅需要接受像在校學習、專業培訓、職業進修等那樣的「集中式」學習方式，還會在日常生活工作中以「分散式」學習方式自覺不自覺地接受著諸如有關處世之道、為人之法、社會知識、生活常識等各方面的知識。真可謂「活到老、學到老」。同時，我們又時時肩負著向他人、後輩、後代講授道理、傳播知識的重任，也可謂是「活到老、教到老」。尤其是以「教」為終生職業的教師、學者就更不用說了。而對於由人構成的社會來說，其教育方針、教育方法、教育水準無疑也就決定著它的思想高度、文化水準、技術能力。

總之，教與學無論對人還是對社會來說，都是極其重要，甚至可以說是關鍵所在。

既然如此，現行的教育思想以及「教」「學」方式是否有效地達到了預期效果呢？

（2）現行的「教」「學」方式「低效低能」

人們大都已經習慣了現行的6、3、3、4教學體制。雖然家長們深感負擔沉重，有不少學生尤其是大學生們也覺得是虛度光陰。但既然制度如此，大家一樣，也就不會考慮這樣一個問題，那就是，真的讓所有人都有必要在學校讀那麼長時間的書嗎？

比如，花10年學的英語單詞到最後還能記得多少？最簡單的微分積分、力學定律、運動公式、化學分子式又還能有多少印象？又有多少人能夠運用所學知識靈活解決工作中實際發

生的多少具體問題？一旦要用時，人們常說**「學校學的都還給老師了」**。這是很能說明問題的。說明什麼問題呢？**就說明沒有學進去，沒有消化變成自己的東西，如果消化了想還也是還不回去的。**

由此，我們不得不說，現行的「教」「學」方式仍屬於**「低效低能」**性，給人生與社會資源造成極大的浪費。雖然學校的教學內容為適應現代科技的進步發展而有所豐富更新，但在教育方式上（教育學上）可以說是進步甚微，發展極小。換句話說就是，社會的「生產效率」（Ｔ）在成倍增長，而**「教育效率」**卻並無根本性進步（參見本章第八節〈不講效率〉）。

那麼，造成上述結果的根本原因在哪裡呢？我們不妨從討論所謂「教」的本質入手來討論這個問題。

（３）「教」的本質作用

雖然同為一個「教」字，但卻有著兩層本質不同的涵義。

第一層是「傳達」（僅僅相當於一個「傳聲筒」的作用），比如，回答問路、向人傳話、告訴人物品位置、教人開車或告訴各種機器工具的操作方法等。以講述事實為宗旨的地理課也屬此類。它不要求通過思考理解來弄清原因原理。因此，其受教方式主要為**「死記硬背」**，其效果就只不過是**「知道」**而已。其評價標準也就不過在於是否**「易記」**而已了。

而**更高的一層就是「講授」**，這才是真正意義上的「教」。

比如，在講解各種定理定律、公式法則以及各種機器的工作原理時，它不僅要求「知道」，而且要求通過思考理解以弄懂其

表2.7 「教」的兩種類型

種類	方式	效果	評價標準
傳達	死記硬背	知道	易記
講授	按理理解	懂得	易懂

原理。因此，其受教方式必須是**「按理理解」**，其效果也就必須是**「懂得」**才行——這才是「教」的本質所在（表2.7）。既然如此，**「易懂」**就成為教育方法手段優劣的「評價標準」了。

如何才能讓受教者好學易懂呢？這個問題看上去似乎很難，但實際上我們可以從大人給小孩餵水果吃這一行為中得到很好的啟示（圖2.17）。也就是說，這就要求我們需要把所要教的東西首先自己**「咀嚼咬碎，化整為零；從繁到簡，由大變小；從表到裡，由淺入深；取其精華，去其糟粕；步步分解，層層擊破」**。這也才是「老師」這一稱呼所具有的真正涵義。

（圖2.17 教學的本質與給嬰兒餵食物）

然而，在現實中的大多數情況下，我們又是「怎樣教」「如何學」的呢？

（4）現行的教學方式仍以「機械式」與「填鴨式」為主流

實際上，現行的教學方式幾乎都仍然停留在「機械式」與「填鴨式」的水準上。

比如，大凡老師在講述數學公式或物理定律、機械原理時，

恐怕其做法都基本相同。其特點，**一是按書本教材照本宣科，二是對公式定理強灌硬塞，三是對解題做答生搬硬套**。而不會去著重向學生講述這些定理的原始來由。即使講述原始來由，也不會站在學生的立場上，為了讓學生更容易理解而考慮如何使其解說更直觀、更形象、更淺顯、更容易消化吸收。就像給嬰兒餵食一樣，不把食物加工成嬰兒有能力消化的程度就直接硬塞的做法，顯然只能引起嬰兒的消化不良，最後被回吐出來（圖2.17）。老師既然這麼教，做學生的也大都只會這麼學。也就自然而然地僅僅停留在對公式定理的死記硬背這樣的「知道」而不是「懂得」的水準上。這樣培養出來的學生大多數成了**應付考試的機器，蒙混畢業證的工具**。天生記憶力強的，考前死記硬背，考後立刻就忘。遇到實際問題需要應用理論知識的時候，就只能默守成規或者生搬硬套甚至不知所措，更不用說做到舉一反三、融會貫通、改革創新了。而那些相對記憶力差的學生則連考試也難過關，自然只得認命自己天生腦袋愚笨，想到反正再努力也無濟於事便更加厭惡學習，如此造成惡性循環，最後就是不可救藥了。

　　而一旦追究起造成這種結果的原因來，往往可以要麼輕而易舉地歸咎于這些學生的天生腦子愚笨，要麼歸結為此乃正常現象，誰都無能為力，似乎與現行的教育制度、學校的教育方針、老師的教學方法全然無關。

　　果真是這樣嗎？如果不是這樣，那麼又究竟怎樣才能從根本上徹底改變這樣的現狀呢？

（5）「追本溯源」「形象直觀」才是「教」「學」的最有效手段

　　所謂一個人對知識原理的理解掌握以及記憶的本質是什麼呢？實際上就是在「理解本質」的基礎上，能夠把新的知識原理與「已有知識」聯繫起來。無法與已有的舊知識聯繫起來的，看能否**「自然聯想」**，即能否與日常的「自然現象」掛起鉤來。不

能掛鉤的看能否通過**「形象推理」**與其連貫起來。因此，我們的教學也就只有圍繞著**「本質理解、知識關聯、自然聯想、形象推理」**這四點來展開，以達到預期的效果。我們把這種方法稱之為**「本質直觀通俗永久性學習法」**。用英文稱呼叫**「EICL 學習法」**（Essence、Intuition、Common、Lasting）或用漢語稱呼就叫**「艾克爾學習法」**。

下面就以「飛機飛行原理」「浮力及靜水壓方向」「牛頓定律」為例來說明這個問題。

（6）各種「定理」「公式」的「艾克爾學習法」

i.飛機飛行原理

飛機為什麼能在天上飛？對於這個問題，「因為有翅膀」這點恐怕誰都知道。如果再問「為什麼有翅膀就能飛呢？」，能想到「因為有浮力」的人就恐怕不很多了。若再問「為什麼會有浮力呢？」恐怕就很少有人能回答出來了。這正是由於受傳統教育方法教育，陷入「思維停滯」這一思維誤區所帶來的後果。

那麼，看我們能否不依賴對公式的死記硬背，且不以人已有的知識水準高低為前提條件（姑且假定僅僅具有最起碼的日常生活常識），而是只需我們的層層分析與徐徐善誘，就把飛機的飛行原理讓幾乎所有的人「完全弄懂」，而且在此基礎上作到「永久不忘」呢？（圖2.18）

① 第1層原理──為什麼產生「浮力」

飛機的浮力是因為飛機翅膀下面承受的向上的氣體壓力比飛機翅膀上面承受的向下的氣體壓力大，兩者之差（壓力差）就形成向上的浮力。

② 第2層原理──為什麼產生「壓力差」

形成這種壓力差又是因為飛機翅膀的上下面所形成的氣流速度差的緣故。也就是說翅膀上面氣流速度快，所以壓力就低；而

翅膀下面氣流速度慢，所以壓力就高。

③ 第3層原理——為什麼「氣流速度快，氣體壓力就低」呢？

這時，老師們大都毫不猶豫地搬出一個如下所示的一個叫貝魯利（Bernoulli）定理的公式來了事。只要強調學生把這個公式記

$$\frac{v^2}{2g} + z + \frac{p}{\rho g} = \text{const.}$$

住，便自以為「教」到位說到底，大可沒有繼續向學生做更進一步說明的必要了。但實際上想要每個學生都記住這個公式也不容易，即使勉強記住了也隨時都有可能忘掉。

其實，要達到能夠正確理解並靈活運用這一公式的目的，我們不一定需要對公式的詳細推導過程及其使用數據非要時時記得完完全全，因為這完全是電腦的專長。因此，大多數情況下都是只要掌握它的基本原理，大致方向及基本趨勢就足夠了。因為在科研生產、技術應用中需要人做出判斷的主要就是各種影響因素及其它們之間的相關關係（與〈系統論〉中的要素及其相關關係同樣）。那麼怎樣才能做到呢？實際上我們只要按照前面所講的「**自然聯想法**」與「**形象推理法**」這兩種方法，這樣的公式定理就都會變得不那麼難以理解了。

首先，當我們往相近懸掛著的兩隻氣球之間吹氣時，就會發現這兩隻氣球不是彼此分開而相反地會靠近。這也就說明氣流速度快則其垂直方向的氣壓便會降低。這就是「自然聯想法」。

接著，如果我們稍稍推理一下，比如說，推測一下氣流速度加快就意味著速度方向的「動力」加大，而在總能量大致不變的情況下，與速度方向垂直的「壓力」就必然會減少——這就是所謂的「形象推理」。這裡之所以稱之為「形象推理」以區別於「**邏輯推理**」，就在於這樣的推理不一定要求具有極其嚴格的邏輯性，只要結果一致就可以了——因為我們現在的目的只是為了對「該公式」在理解基礎上的記憶。

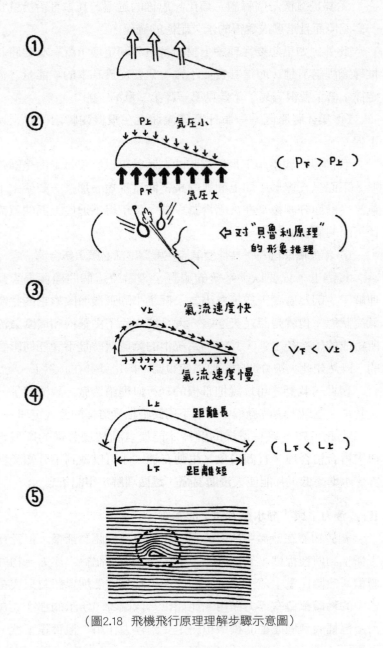

（圖2.18 飛機飛行原理理解步驟示意圖）

尤其是這樣一個聯想、類比、思維的過程，其本身恰恰就是一個記憶而且是形成難得的永久記憶的過程。

此外，如果想要從理論上講清楚貝魯利定理，就有必要將其推導過程講清楚。而這其實並不難，只要從最基本的「能量守恆定律」著手就很容易了（參見第一篇第二章第三節4）。

④ 第4層原因——為什麼氣流速度在飛機翅膀兩側會上快下慢？

我們只要觀察一下飛機翅膀的形狀就可以發現，上面呈圓弧形，下面呈直線形。即上面弧線長下面直線短。那麼，要使上下氣流從前面分開後又在後面合為一處，就不得不迫使上面的氣流比下面的氣流跑得快。

⑤ 第5層原因——為什麼氣流在機翼尾部必須重新合流一處。

實際上，只要以「系統的視野」來看待這個問題便很容易理解了。因為廣闊天空不會因為一個小小的飛機而改變它的整體氣流狀態。也就是說在天空這一大系統中除了由飛機和周圍氣流所組成的子系統之外，其它子系統中的氣流狀態是不受任何影響的。既然如此，被分開的兩股氣流重歸一處也就勢在必然了。

至此，我們才可以說把飛機的飛行原理講透徹、說清楚了。尤其是，在以上講解過程中可以不用硬啃枯燥難懂的公式定理。

由此可知，只有這樣的解釋才能使各種枯燥難懂的原理定律變得**合情合理、直觀形象、生動有趣**，才可以做到不分知識多寡、水準高低，都能使人**淺顯易懂、透徹理解、牢記不忘**。

ii.「浮力」與「靜水壓方向」的本質

關於物體在液體中所受的浮力，大家可能認為都懂。但究竟「懂」到何種程度，恐怕就難說了。由於只死記得「浮力＝物體體積×液體比重」這一公式。因此，也就想當然地會認為只要在水中的物體都會有浮力作用。比如以為像圖2.19所示的那樣立在河中但插入到地底裡的橋墩也一定受到浮力作用。但實際不然。

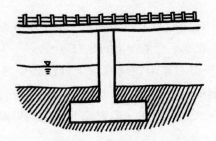

（圖2.19 立於河中的橋墩，沒有浮力）

之所以弄錯，原因就在於受思維停滯的束縛，沒有把問題再往前深究，沒有真正弄清楚產生浮力的本質原因究竟是什麼。

實際上，如圖2.20所示，產生浮力的根本原因就在於物體上表面與下表面所受到的水壓的差。也就是說，由於水壓的大小與水深成正比，因此，一般來說，物體上表面壓力小而下表面壓力大，兩者之差就對物體形成了往上的浮力。

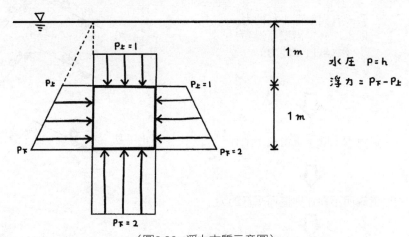

（圖2.20 浮力本質示意圖）

這就讓我們明白了，浮力並不是什麼特殊的力，它本身不體現本質，只是「**水壓差**」這一本質的表現。懂得這一點，我們就能對剛才的問題給予正確回答了。那就是，因為雖然橋墩的上半

部分浸入水中，但由於其下表面未進入水中，故並未受有向上的水壓的作用，因此並不產生向上的浮力。

還比如，我們在初中物理課程上就已經學過「**靜水壓作用方向一定與容器面垂直**」這一力學原理。但不會有人告訴我們為什麼，從而讓我們甚感神秘。但實際上，我們只要運用「**假設論**

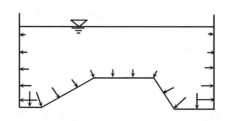

假設有與壁面平行的力
則水珠必定沿壁面滑動
（水無自立能力）

往右

或

往左

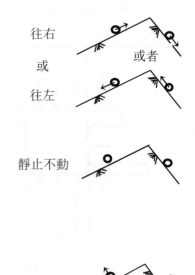

或者

⇩

但事實上既不下滑也不上行

靜止不動

⇩

這就說明不存在與壁面平行的力

⇩

也就是說只剩下與壁面垂直的力
（之所以並不會因此產生移動是
因為受到壁面的阻力）

（圖2.21 靜水壓作用方向本質分析圖）

證法」，要證明甚至發明這個定理都毫不困難。如圖2.21所示，我們假設水壓不垂直而是與容器壁面成斜角，也就是說有與容器壁面平行的分力作用的話，其結果又會如何呢？可想而知，因為水的特點是沒有粘性，也就是說沒有自立能力（自身沒有任何抵抗外力作用的能力），那麼它必定沿著與容器壁面平行的方向移動。而實際情況是水並未移動。這就說明不存在有與容器壁面平行的力，而只存在與容器壁面垂直的力的作用。

這樣的推理並不需要什麼高深的理論，誰都能懂，誰都能發明。實際上，即便那些複雜高深的理論也只不過還是這些簡單道理的重疊、引申、發展、綜合而已（那麼複雜的電腦也同樣只不過是許許多多的簡單部件的組合而已）。由此足見這樣的本質性思考方法何等重要。

iii. 只用BEST理論就能證明乃至發明「牛頓定律」嗎？

對於牛頓的幾個定律，我們是否可以僅僅根據**「平衡論」**與**「系統論」**也能發明出來呢？

為了方便起見，我們不妨從**牛頓第二定律**著手。它被定義為「物體的加速度跟物體所受的合外力成正比，跟物體的質量成反比，加速度的方向跟合外力的方向相同」。其公式為：

$$F = ma$$

對此，只要我們同樣採取**「自然聯想法」**與**「形象推理法」**並配以**「假設論證法」**及**「矛盾論證法」**把這個公式推導出來並不難。因為，僅憑我們的直觀感覺就很容易懂得以下三點。首先，對於同一物體，給力越大加速就越快；其二，在受同樣大小的力的作用下，物體越重（質量越大）加速就越慢。其三，速度方向只有與合力方向相同，才不違背因果定律（有因必有果，同因必同果）。因為無論假設成其它任何方向都會形成無因之果，同因異果這樣的矛盾現象。而這三點恰恰就是牛頓第二定律的全

部內容。

而牛頓第一定律——慣性定律實際上只不過是上述牛頓第二定律在當F＝0這樣一種特殊情況下的體現，且在「系統論」中我們已經按系統的「因果性」特性直接推導過，在此就不再贅述。

此外，我們還可以按照同樣的方法推導出**牛頓第三定律**，既「兩個物體之間的作用力和反作用力，在同一直線上，大小相等，方向相反」這一「作用力與反作用力定律」。

如圖2.22所示，我們首先設定物體A受到由於給與物體B以F的作用力而受到的反作用力為kF。因為是相互作用，那麼作為下一步，物體B就又會受到因給與A以kF的作用力而受到來自A的大小為k・（kF）＝k^2F的反作用力。同樣，作為再下一步，物體A所受到的來自物體B的反作用力又為k^3F，循環到n次則其反作用力就會變成k^nF。這就是作用力與反作用力不斷的相互刺激循環反應的結果。

既然如此，那麼如果假設k＞1，比如為2，由於n→∞，則$F＝k^nF＝2^nF→∞$。

如果假設k＜1，比如為0.5，由於n→∞，則$F＝k^nF＝0.5^nF→0$。顯然，前者無故無窮膨脹擴大，後者無故無限縮小消失。這既違背了**「因果律」**及**「世界有序可知論」**，也完全違背實際自然現象。

由此可知，無論把反作用力假設成大還是小（k＞1或k＜1），都不合邏輯，違背事實。那麼，就只剩下唯一的一個結果——相等（k＝1）。至於力的作用方向，顯然也只有在同一直線上且方向相反才符合客觀事實，因為如果我們運用與上面同樣的「假設論證法」，即假設不在同一直線或者不在同一方向的話，其推導出的結果必定同樣是自相矛盾，違背客觀事實的。

有了這樣的基本理論，再通過實驗加以驗證（包括確定各項係數），即使凡人發明出這樣的**「偉大」**公式也就不足為奇了。

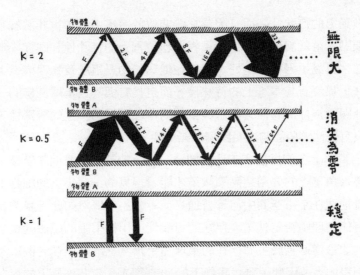

（圖2.22　用「系統論」證明牛頓第三定律示意圖）

3、在「推測」與「預測」上的思維停滯

　　對於未知的事物，我們往往過於依賴於科技手段而懶於對其進行深入思考，不敢於從邏輯上做出合理推測與確切判斷。實際上，只要我們敢於衝破「思維停滯」這一思維誤區，正確運用這種建立在BEST理論基礎上的邏輯推理方法，我們不僅可以簡單地證明前面所講過的已經發明的公式定理，還可以對於未能證實或無法證實的事物做出正確的推測與預測。

　　比如，對於宇宙間是否有**外星人（UFO）**存在這個問題，多少年來一直是學者們爭議的話題。限於目前人類科技發展的水準，我們尚沒有足夠的能力靠科技手段來驗證其存在性。但我們只要用系統的視野與平衡的視線，就不難得出相當精准的結論。

　　比如說，如果我們站在宇宙這一大系統上來看的話，地球這一小系統是一個什麼樣的位置呢？現代物理學研究表明，地球只不過是宇宙間幾千億兆（10^{25}）顆星中的一個。這體現了它不具

備數量上的特殊性。而又因為它既非位於宇宙中心，也非處於宇宙頂點。這就體現了它也不具備地理位置上的特殊性。同樣，無論在宇宙誕生過程上也好，還是在地球的物質組成及物理構造上也好，都沒有其本質上的特殊性。而是具有與其它星球一樣的一般性與隨機性。即便有像水與空氣的存在那樣的一定的特殊性，但沒有任何跡象能夠表明其獨一無二性。

實際上，如果把宇宙比作地球一樣大的話，那麼地球僅僅是其邊緣角落上的要用超高顯微鏡才能看得見的一個小小的細胞！足見地球在宇宙空間中何等普通又何等渺小。既然如此，我們就沒有任何理由否定外星人存在的可能性。用概率論的說法就是，像地球這樣適宜於生命存在的星球在宇宙其它地方存在的機率不會相差太大。因此，雖然我們不能100%斷定一定有外星人的存在（因為沒有通過事實得到證實），但至少我們可以說「有」比「沒有」的可能性要大得多得多。

即使這樣說，也許有人還是難以信服。因為還是可以認為地球有許多特殊性。尤其是具備了人類生存所必須的而其他星球所沒有的許多得天獨厚的條件。比如，地球上的溫度、氣候、晝夜、食物等等都是那麼地適合於人類生存繁衍。似乎唯有地球才是生命的樂園。但實際上，這樣的思維方式又是因為陷入**「單向思維」**（本章第三節**「極端片面」**思維誤區的表現之一）的結果。即**只是站在人的角度，把人的立場固定，以人為中心來看待事物的結果。**就像只站在人的角度，把動物分成害蟲益鳥、鮮花毒草一樣。如果我們站在整個宇宙的立場上來看，我們就不難獲得這樣的認識，既不是地球為了46億多年後的人類而誕生，而是46億多年以後才誕生出來的人只有適應於地球的環境才能生存。也就是說，正因為人類祖先在極其悠久漫長的歲月中，朝著適應一個太陽一個月亮晝夜交替這樣的環境不斷進化演變才形成了當

今的人類。從各種動物為了適應自然條件的變化以及生存競爭的需要仍然在不斷進化著這一點就足以得到佐證。因此，我們才可以說，**這個宇宙中的太陽與地球不是為人而被創造，而是人因為可以適應這樣的條件而誕生又因為為了適應這樣的條件而進化的結果。**

由此可見。**只要我們衝破「思維停滯」這一誤區，對事物的原因本質追根溯源，對於一些公式定理，我們就可以不因為覺得其神秘莫測而只得依靠死記硬背。對於那些毫無根據的偽學假說便可以明辨是非而不再盲信盲從。對於無論多麼複雜深奧的問題，我們都可以「從繁到簡，由大變小；從表到裡，由淺入深；步步分解，層層擊破」。從而做到「事半功倍、高效多能」。** 以給我們的「教」「學」帶來突破性的進展。我們的教學科研學習便會變得**「生動活潑、興趣再然、輕鬆愉快、一勞永逸」。** 也才能使我們在工作實踐中做到活學活用、用之有效，對於未知事物的推測與預想也就會更具有科學性、可靠性與準確性。

第二節　盲信盲從

　　所謂「**盲信盲從**」就是指**對一些警句格言，偉人名言，或者是傳統迷信，傳說傳聞都不經自己大腦思考就無條件地去相信它，盲目地服從它這樣一種習慣行為**。雖然這也是上述「思維停滯」這一思維誤區的範圍，但由於它的突出性和普遍性特點，我們特地把它從中分離獨立出來。也就是說，造成它的不主要是其自身的主觀原因，而主要是受其客觀條件的影響，即偉人的威懾力，傳統迷信的震懾力，大眾集團的誘導力等等。

1、警句格言

　　從古至今流傳下來的警句格言實在是太多了。但它們究竟具有多少真理性、可信性和實用性呢？

　　比如，人們常說「健康用金錢是買不來的」，但實際上呢？有時錢不僅能買到健康，甚至連生命都能買到。不是嗎？有最小限度的錢才能不受凍挨餓，有一定的錢才能不受苦受累，有較多的錢才能買車購房，有很多的錢才能瀟灑遊玩，有足夠的錢才能治病救人等等，這些哪一種不是與健康乃至生命息息相關？

　　人們又說「紅顏薄命」，實際上美女長壽者大有人在；人們還說「紅顏是禍水」，實際上，紅顏本身並不是禍水，是否成為禍水則取決於男人本身。多少偉人恰恰得益于「紅顏知己」。

　　人們還說「沒有事情是不可能的」，但實際上可以輕而易舉地舉出無數個不可能的事情來。比如，人死就不可能復活，人不可能突然變成猴子，猴子也不可能瞬變成人，地球引力不可能突然消失，一個村民不可能第二天就成為總統等等。

　　不僅如此，許多警句格言之間本身就相互矛盾、彼此衝突。

　　比如，想息事寧人時，就會用「退一步海闊天空」或「宰相

肚裡能撐船」來勸說；想支持人時就會拿「狹路相逢勇者勝！」或者「有仇不報非君子！」當古訓；想給人壯膽時就把「男子漢大丈夫寧死不屈！」或者「寧為玉碎，不為瓦全！」搬出來當理由；而想勸說忍讓時則換成「男子漢大丈夫能屈能伸！」或者「留得青山在，不怕沒柴燒！」；想認真對待人生時就用「人無遠慮，必有近憂」來鞭策自己；想得過且過時就用「車到山前必有路」來自我欺騙；對失足者好意評價時就說「浪子回頭金不換！」，惡意貶損時就說「狗改不了吃屎的毛病！」；要給人打氣鼓勵時用「堅持就是勝利！」「人定勝天！」似乎很有說服力，相反要給人潑冷水時把「識時務者為俊傑！」或者「天命難違！」搬出來說似乎也很有道理；剛剛對年輕人說過「青出於藍而勝於藍」，轉身又會對長者說「薑還是老的辣！」；想包庇統治者時就搬出「刑不上大夫」的古訓，想聲張正義時就拿出「王子犯法與庶民同罪」的戒律；夫婦和諧圓滿就信奉「有緣千里來相會」，老鬧不和就又相信「不是冤家不聚頭！」；沒錢時用「金錢不是萬能的」來自我安慰，有錢時則用「有錢能使鬼推磨！」來自我吹噓；想教人行善時把「善有善報，惡有惡報」或「得饒人處且饒人」講得頭頭是道；想教人行惡時則又會把「人善被人欺，馬善被人騎！」或「縱虎歸山，後患無窮！」的話說得振振有詞……（表2.8）。

　　這就說明，**許多警句格言表示的並不是一種本質的普遍的規律，而往往是一種主觀取向，自然也就是「偏頗之言，片面之詞」。人們只不過「各取所需，為我所用」而已。**也就是說，先定好了結論再去找根據，或者說先定目標後找理由（這也是與**「錯位短路」**中的**「前後倒置」**這另一思維誤區的重疊體現）。當然也就不可能讓人們做到客觀正確全面地看待和處理問題。而由於人們往往又沒有這樣的自我認識，從而抓住其中一個就信以為真，以為是

放之四海而皆準的普遍真理，且一旦失敗又會立即轉而信奉正好相反的觀點。如此從一個極端走向另一個極端，來回往返，**永不識真理，永不得要領**。其結果，就會導致對同一件事的看法不僅因人而異，且因時而異。這也就自然會**拉大人與人之間認識上的差異，加劇人與人之間的矛盾，損害人與人之間的關係，破壞整體社會的和諧**。

表2.8 相互矛盾的警句格言（例）

事項	主觀意向	警句格言	相反性主觀意向	相反性警句格言
爭鬥	支持縱容	狹路相逢勇者勝 有仇不報非君子	息事寧人	退一步海闊天空 宰相肚裡能撐船
忍耐	壯膽	男子漢大丈夫寧死不屈 寧為玉碎不為瓦全	勸說	男子漢大丈夫能屈能伸 留得青山在，不愁沒柴燒
人生	珍惜	人無遠慮必有近憂	遊戲	車到山前必有路
失足者	好意鼓勵	浪子回頭金不換	惡意貶損	江山易改，本性難易
奮鬥努力	鼓勵	堅持就是勝利 人定勝天	忠告	識時務者為俊傑 天命難違
年齡與能力	對年輕人	青出於藍而勝於藍	對老年人	薑還是老的辣
統治者犯法	嚴厲	王子犯法與庶民同罪	包庇	刑不上大夫
男女緣分	好緣	有緣千里來相會	壞緣	不是冤家不碰頭
金錢	貶低	金錢如糞土	抬高	有錢能使鬼推磨
道德教育	勸善	善有善報，惡有惡報	勸惡	人善被人欺，馬善被人騎

2、偉人名言

一旦被尊為偉人奉為聖人，人們往往就會把他所有的觀點言論通通視為無可置疑的金玉良言，不可動搖的絕對真理。人們在偉人名言面前，大都會喪失正常的思維能力，往往容易無條件不

加思考地全盤接受，盲信盲從。說者似乎理直氣壯，聽者也自然深信不疑。對於一些似是而非的問題，這樣做既可以使自己免於思考，又能夠讓別人無條件接受。如果那些偉人名言的確句句是真理的話，這樣做也未嘗不可，問題在於真的句句是真理嗎？

實際上，偉人們有關哲學社會學方面的思想觀點歸根結底只是**一個思「想」，一個觀「點」**。即並不是建立在一個具有完整「理論體系」基礎之上的，可以適用於整個社會的觀「**體**」（參見圖2.23）。而且大都並未以「求真」為準則，從而也就難以像本書創建的BEST理論那樣能夠實現哲學的**「科學化、系統化、統一化、普遍化、大眾化、實用化」**。這也就決定了他們的思想觀點無法突破**「專業立場的局限性，時代環境的受迫性，性格經歷的特殊性，無視現實的盲目性，憑空假設的虛假性以及對其解釋的隨意性」**等等。自然也就不可能成為**「放之四海而皆準，用之萬代而皆通」**的普遍真理。

下面我們就從偉人所受到的種種局限性這個角度來剖析一下偉人名言的正確性。

（1）專業立場的局限性

所謂偉人只能是在某方面有獨特見解的人，不一定就是全方位的偉人。比如，毛澤東在率領中國共產黨打敗國民黨建立新中國這一領域範圍內，無疑是第一偉人。因此，他在這方面的言論可以算得上是金玉良言乃至「聖言」。比如有名的「槍桿子裡面出政權！」「星星之火可以燎原！」「農村包圍城市最後奪取城市！」等等。但在如何建設新中國尤其是在經濟建設方面的言論中，就很難體現出那樣的真摯灼見。

即使再著名的科學家、文學家、藝術家、歌唱家、體育明星，雖然對於他所屬專業領域範圍內的有關發言也許算得上是真知灼見，但對於有關社會人生愛情思想方面的見解則未必就一定

準確恰當——因為這是兩個完全不同的領域，前者屬於專業技術（Ｔ），後者屬於哲學。他們有適合於他們自己在某方面的社會觀、人生觀，但不一定適合於任何人、任何方面及任何事情——遺憾的是人們往往把這兩者容易混淆在一起。

（2）時代環境的受迫性

即使是在某些偉人所屬的專門領域內，偉人們或傳統的哲學家們也不可能做到時時正確、處處正確。其原因首先就在於**自古至今沒有形成一套建立在嚴密的邏輯理論之上的，經過歷史驗證過的，為人類社會所公認的哲學基礎理論**。那麼，就使得其觀點往往只能代表在某個特定的時代或某種特殊的環境下的正確性，而不能成為適合於任何時代任何環境下的普遍真理。也就是說，既不能保證他們的思想從過去到現在直到將來都一直正確，也無法保證國內國外任何條件環境下都一貫正確。比如，以工人運動為主，以奪取城市為先的蘇聯式的革命方式就不一定適合於中國革命。孔孟之道的思想也許適合於復辟奴隸制社會，但不一定仍然適合於人權化自由化的現代社會，更不用說用這樣的思想去教化歐美國民。

再就是大多數偉人名人往往處於一種特殊立場（權力、地位、名聲）。這就意味著其言行必須與該特殊立場相平衡。即必須符合他所代表的某類社會集團的利益，除非他想放棄這樣的立場。這樣的話，也就自然無其真理性、普遍性可言了。

（3）性格經歷的特殊性

從諸多偉人名言中，我們可以發現其觀點大都來源於個人特殊的性格特點與人生經歷，帶有強烈的個人色彩。**即使是偉人，由於沒有以科學性、系統性、普遍性哲學理論為工具，其思維方式大多偏頗片面，其言論大都不代表所有人的看法，更不能代表**

**普遍真理或自然哲理，充其量不過代表著具有特定目標既定利益
的人或群體的主觀願望或思想觀點而已**（表2.9）。

表2.9 偏頗性的名人名言（例）

領域	名人	名　　言
人生觀	叔本華	人生就像鐘擺一樣，在痛苦與無聊間搖擺
	巴金	生命的意義在於付出，在於給予，而不是在於接受
	肖楚女	人生應該如蠟燭一樣，從頂燃到底，一直都是光明
	托爾斯泰	人生不是一種享樂，而是一椿十分沉重的工作
	池田大作	平庸的生活使人感到一生不幸， 波瀾萬丈的人生才能使人感到生存的意義
	雷鋒	自己活著，就是為了使別人過得更美好
	巴爾扎克	苦難是人生的老師
	哥白尼	人的天職在勇於探索真理
命運觀	子夏	死生有命，富貴在天
	董仲舒	天人合一，君權天授
天才觀	亞里斯多德	沒有瘋狂性格的人，絕沒有龐大的天才
	愛迪生	天才是百分之一的靈感加上百分之九十九的努力
成功觀	盧梭	成功的秘訣在永不改變既定的目的
	俾斯麥	對於不屈不撓的人來說，沒有失敗這回事
	維龍	要成功不需要什麼特別的才能，只要把你能做的小事做好就行了。
	柏拉圖	成功的唯一秘訣——堅持最後一分鐘
審美觀	蘇格拉底	美麗的真相是醜，浪漫的真相是瘡疤
	托爾斯泰	人並不是因為美麗才可愛，而是因為可愛才美麗
勞動觀	馬克思	體力勞動是防止一切社會病毒的偉大的消毒劑。
	高爾基	只有人的勞動才是神聖的
其它	福澤諭吉	上帝不在人上造人，也不在人下造人
	孔子	唯小人與女子難養也
	張岱	女子無才便是德
	柏拉圖	無論如何困難，不可求人憐憫。

比如，在如何看待「**人生**」問題上，有托爾斯泰的「人生不是一種享樂，而是一椿十分沉重的工作」；叔本華的「人生就像鐘擺一樣，在痛苦與無聊間搖擺」；哥白尼的「人的天職在勇於探索真理」；巴金的「生命的意義在於付出，在於給予，而不是在於接受」以及「人生的價值，並不是用時間，而是用深度去衡量的」；雷鋒的「自己活著，就是為了使別人過得更美好」；日本創價學會會長池田大作的「平庸的生活使人感到一生不幸，波瀾萬丈的人生才能使人感到生存的意義」等各種說法。顯然，這都只是他們各自自身的看法，自然也就偏頗失真。人生既不可能光是受苦，也不能光是給予而不求得到；既不能太平庸，但也未必非得波瀾萬丈才行。人生價值既不能只用時間，也不能只用深度來衡量，而應當是兩者的乘積（人生價值＝時間×深度）……。

在如何看待「**天才**」這個問題上，亞里斯多德說：「沒有瘋狂性格的人，絕沒有龐大的天才」；而愛迪生則說：「天才是百分之一的靈感加上百分之九十九的努力」。這兩句話最多只能說明他們各自所屬的天才的類型。即亞里斯多德是「瘋狂性」，而愛迪生則是「努力性」，絲毫不代表所有天才必須具備的性格特點或風格類型，更不能把靈感與努力的比例絕對性地劃分為1比99──即使大致比例也談不上。

在如何看待「**成功**」這個問題上，盧梭說：「成功的秘訣在永不改變既定的目的」；柏拉圖也說：「成功的唯一秘訣──堅持最後一分鐘」。可維龍卻說：「要成功不需要什麼特別的才能，只要把你能做的小事做得好就行了」。顯然他們都只表達了影響成功因素的某一部分，犯了以偏概全的錯誤。因為成功主要取決於天分、努力、環境、機遇等多種因素而不單單取決於某一方面（參見本章第三節1（5））。尤其是如果強調過頭，則反而成為謬論。比如如果過分強調「堅持」，則難免不會陷入「執迷

不誤」的陷阱。

在如何看待「**美麗**」這個問題上，像托爾斯泰說的「人並不是因為美麗才可愛，而是因為可愛才美麗」也屬極端片面。因為顯然「可愛」與「美麗」並非勢不兩立，非得有個先來後到。而實際上是它們既可以同時存在也可以相互轉換。且因人的審美觀的不同而變化，不可一概而論。至於蘇格拉底之所以說「美麗的真相是醜，浪漫的真相是瘡疤」，則是因為他所經歷的三個女性（母親、妻子、女友）給他造成的傷害太深所致。

由此可見，偉人們說的多半是自己，不一定適合於所有的人。這點從偉人之間的思想觀點也是千差萬別甚至截然相反這一現象中也就足以得到證明。總之都是「**不一定**」。但恰恰有不少人卻往往容易把它誤認為普遍規律而盲目仿效，其結果可想而知——這正是問題關鍵所在。

特別需要指出的是，在「**什麼是哲學**」這個最基本的問題上，傳統哲學家們的說法真可謂讓人無所適從。既有說「哲學就是賦予人以智慧」「哲學是對超現實超經驗的思考」的，也有說「哲學就是提問」「哲學不是一套自以為是的關於真理的答案，而是對自以為是的答案的質疑」「哲學不需要有什麼實際作用」的，還有說「哲學是一種批判性的思考活動」「哲學就是為了讓人反思」等等。從這些說法中，我們就可以充分認識到，他們都**沒有把哲學真正當作一門科學以嚴謹的態度來對待，而只不過是把它當成了可以為人類提供一個「任何人任何時候都可以任意地談看法、發牢騷、提意見、搞批判、挑起爭論、顯示存在」的「無法地帶」而已**。既然如此，也就自然**不需要什麼「科學性、邏輯性、系統性、普遍性、實用性」**了。而問題是，如果只是提問、思考、反對、批判，而不求答案、結論，那又意義何在，智慧從何而來呢？難怪以往的哲學會被人形容成「**簡直就是一切人反對**

一切人的戰場」，或者被諷刺為「**世上本無事，庸人自擾之**」的了。足見其「誤人子弟」之後果。尤其是，這樣一來，哲學便可**以因人而異**（數不清的哲學家及哲學流派），**因國而異**（東方哲學，中國哲學，印度哲學，西方哲學等），**因領域而不同**（管理哲學、電影哲學、體育哲學等等）使之成為永無定論的「**遊戲工具**」了。不過，這也就反過來證明了**以往的「傳統哲學」毫無科學性、真理性而言**——數學，物理等自然科學真理是不可能因人而異，因國家民族、階層領域而不同的。

（4）無視現實的盲目性

日本著名「思想家」福澤諭吉（其頭像被印刷在一萬日元紙幣上）不乏有許多的優秀思想。但人們記得他的最有名的一句話居然是「上帝不在人上造人，也不在人下造人」。這句話常常被人們當作至理名言倍加推崇，在其家鄉車站裡赫然懸掛著寫有這一「名言」的版畫。但是，只要我們沖出「思維停滯」與「盲信盲從」這兩個思維誤區，正視現實，重新審視，就很容易明白，這句話永遠**只是一個主觀設想，而不是普遍真理**。我們姑且不涉及上帝是否真的存在這個難題，我們只需把眼光從這句「聖言」上移到現實中，甚至不用任何思考，立刻就能感受到這句話的虛偽性。誰都知道，人的出身可謂是千差萬別，五花八門。既有豪門旺族，也有貧窮人家；既有政要權貴，也有普通百姓……。從人出生的那天起，其天生素質及家庭條件就在很大程度上影響著甚至決定著他的人生之路。更有甚者，像古代封建社

（掛在福澤諭吉家鄉車站的語錄牌）

262

會，只要以長子身份出生在帝王之家，那麼，他就有了第一繼承權——不管他是什麼樣的人！

（5）憑空假設的虛假性

有不少偉人提出的思想，並不是從實踐經驗中總結出來且又得到實踐驗證的客觀規律，歸根結底逃不出「**猜測、猜想、假設、假想**」的範圍。其根本原因就在於他們分析問題不從追尋事物的本質著手，從而只能依賴於某種「猜想」。比如，猜想天是圓的，地是方的。猜想皇帝都是上天派下來的「天子」等等。而當時的科技水準又使得人們無法去驗證或者揭露這些「猜想」的虛假性，從而為他們憑空捏造這些「猜想」提供了方便。可想而知，以這些「猜想」為前提推導出來的各種觀點，就只能是「**天上雲霧，地上塵埃；空中樓閣，水上浮萍；無源之水，無本之木**」。不可避免地帶有極強的「**片面性、極端性、局限性、不確定性**」。不同的甚至完全相反的猜想就形成了諸多不同甚至完全相反的哲學派系（比如「人性論」中所講過的各種流派即其人性論觀點）。這也是造成迄今為止，**沒有任何一種哲學獲得普遍認可的根本原因之一**。

比如子夏提出的「**死生有命，富貴在天**」，董仲舒提出的「**天人合一，君權天授**」之類的猜想，以此為根據告誡民眾要作甘願受壓迫受剝削的「良民」，而不要做反抗統治者的「刁民」（這也是「**錯位短路——前後倒置**」這一思維誤區的表現）。

最突出的恐怕是有關**世界起源**的問題（表2.10）。我國歷史上既有易經的陰陽五行說（金、木、水、火、土），也有王充的氣一元論及張載的「道」「玄」「氣」之說。國外就有印度的四大說（木、水、火、地），義大利恩格多克勒的四要素（水、火、土、氣）論，希臘拉克利特的「火」之說，義大利畢達哥拉斯學派的「數」之說等等。直到後來隨著科學技術的進步，才逐步弄清楚

表2.10　有關世界本源的各種假説（例）

種　類	假　説
易經	五行説（金、木、水、火、土）
王充	氣一元論説
張載	三要素説（道、玄、氣）
印度	四要素説（木、水、火、地）
恩格多克勒	四要素説（水、火、土、氣）
拉克利特	「火」之説
畢達哥拉斯	「數」之説

了組成物質的最基本的單位是素粒子（包括電子），通過素粒子組成中子和質子，而由這兩者構成的原子核和電子相結合組成原子，最後由各種原子組成各種各樣的分子，而各種各樣的分子就形成了這樣一個形形色色、千變萬化的物質世界。古人所信奉的「金木水火土氣地」之類的東西，既代表不了物質的同一層面的分類（世界上的物質不可能只按這幾種加以歸類，因為它們彼此交叉重疊，不屬於系統論中所講的並列關係），也代表不了物質的最基本的組成成分，由此而產生的各種思想觀點，自然也就不可能正確得了了。

　　實際上，這些觀點的提倡者以及其宣傳者自身也未必就把它講得清楚，更不用說讓大眾明白了。當然，他們盡可以用「只可意會，不可言傳」這句話來解釋，也不排除是因為理論「博大精深」，我們一般人理解能力不夠這樣的可能性。但也不能排除有「故弄玄虛」的嫌疑。從那些偉大的「哲學家」「聖人」們相互都不能理解（據傳對於道玄氣之說，連孔子那樣的大聖人都理解不了）這點，也就能說明並非源於我們的理解力不夠。再退一萬步就算真的是「博大精深」，如果對其所作的解釋只能讓極少數「聖人」才能真正理解的話，那麼，這樣的理論除了充其量

有一小部分盲從者以外，則無法真正深入到大多數人的思想，影響大多數人的實際行為，那麼等於跟沒有這一理論一樣。不僅如此，往往還會因為沒有定論而造成人與人之間在意識形態領域上的不必要的無休止的鬥爭。比如歷經幾千年的宗教間的血腥糾紛以及近百年來的資本主義與社會主義兩大陣營之間的殊死鬥爭就是典型例子。

正因為這些假設沒有確鑿的證據，合理的根據，所以就會使普通民眾往往難辯真偽，無所適從。經過某件事，剛覺得孔子講的有道理，但一碰到另外一件事後，又會覺得荀子講的才是實話。張三根據張三的經驗，站在張三的立場上認為墨子講的是真理，而李四根據李四的經歷，站在李四的立場上認為莊子說的才是正道。究竟哪是真理，哪是謬論永遠沒有答案。其最終結果是，哪種觀點都即會起到正作用，也會起到負作用，而且往往是暫時性的、局部性的，從整體（S）來看，就等於是，**不僅因其好壞作用兩相抵消而只能帶給人類以時間和精神的普遍浪費，而且由於使得大家單單為「我」而可以「各取所需」，從而造成「各執己見」，直至「互不相讓」，最終「矛盾衝突」這樣的弊遠大於利的後果。**

（6）對其解釋的隨意性

對於同一種學說或同一句至理名言，往往會有多種解釋。這可能首先是由於創造這些學說或名言的偉人們本身的思想就不夠成熟完善甚至自相矛盾所致。於是如果講得太具體太詳細太是非明確，那麼勢必會凸顯其說法與客觀事實的矛盾以及其自相矛盾而難以自圓其說。因此，不得不故意含糊其詞，模棱兩可——無論結果如何都可以在其說法範圍內得到「合理」的「解釋」，免遭質疑和非議。再可能就是解釋方面的原因。這除了理解水準、認識能力的差異以外，還有因每個人所站立場的不同以及所具有

的主觀性傾向、功利性目的的不同而形成多重解釋、多向誤導所致。

這種解釋的隨意性會有可能使同一宗教內部產生各種不同甚至完全對立的派別，有的甚至還會因此爆發宗教或者政治團體內部鬥爭。比如同屬社會主義陣營的中蘇兩國在很長一段時期內都處於思想上的相互批判和關係上的彼此對立狀態。最有說明性的例子便是，這種解釋的隨意性也就使得世界末日永難確定卻永遠不會被否定（參照本節3〈傳說傳聞〉）。

值得順便一提的是，這種「隨意解釋」的現象不僅表現在對名人名言上，而且更多地表現在一些政治家對於一些定義、概念、法律條文的解釋的隨意性中。比如，日本安倍首相為了讓日本成為一個可以發動戰爭的國家而對日本和平憲法做出的完全相反的「解釋」就是典型例子（暫且不論其正確與否）。

（7）只有建立在平衡觀基礎上的偉人名言才真正有價值

按照上述說法，是否就意味著所有的偉人名言都毫無價值甚至全是謬論呢？當然不是。比如，孔子的「欲速則不達」「小不忍則亂大謀」「學而不思則罔，思而不學則殆」；老子的「將欲取之，必先與之」；叔本華的「謙虛對才華無奇的人來說是一種誠實，而對才華絕頂的人來說則是一種虛偽」；毛澤東的「謙虛使人進步，驕傲使人落後」等就有一定的教育意義。尤其是中醫的「陰陽」理論更是具有實際作用。但我們仔細斟酌便能發現，這些話都有一個共同特點，那就是都在講**「適度」**——這實際上就是我們所說的**「平衡」**。也就是說這些偉人們都只不過是有時自覺不自覺地應用著「平衡論」。換言之，只有當他們無意中應用平衡論時，其觀點才會有一定的正確性。之所以說「一定」，是因為**分析問題時，光有平衡（B）思想還不夠，還必須有本質（E）與系統（S）這兩個要素相配合**。即這裡所說的正確仍然是

局部性而非普遍真理。下面就以中醫的陰陽論為例來討論這個問題。

　　中醫上的陰陽論並非是一種假設，而是我們人能夠直接感知感覺到的東西。因此，有它一定的科學性。但它實際上只不過是強調了任何事物都會具有的諸如上下左右、長短粗細那樣的相對立的兩面性。換句話說，就是只不過說明了形容詞都是成對出現（反義詞）的這樣一個再簡單不過的現象。那麼其本質究竟是什麼呢？

　　實際上，其本質正是本書所闡明的平衡論之理論。所謂陰陽正是平衡模型中的兩個平衡對（P_L與P_R）。但它與平衡論又有根本區別。區別之一在於，陰陽論的核心沒有涉及事物的本質，它充其量提及到了影響平衡的兩個對立的要素，沒有上升到平衡這一哲學概念的高度。雖然在其理論中也談及到了平衡，但沒有把它**核心化、普遍化、規律化**。區別之二在於，陰陽論把所有事物都**機械性、教條性、強制性、牽強附會性**地只按陰陽兩類加以區分。如胸為陽背為陰，手心為陽，手背為陰等。實際上，正如系統的相對性特性所闡述的那樣，在不同的系統就會具有不同的位置。事物的平衡只與該事物的平衡素有關，而與該事物陰陽屬性無本質關係。

　　但是，陰陽論作為中醫思想精華為何又起到了巨大作用呢？

　　其原因主要有兩點。一是它自覺不自覺地運用了平衡論的觀點。比如「冷熱表裡虛實寒熱」等等。二是它僅僅用於「醫療」這一特定的相對較小的物質性系統中。因此，作為表示事物正反兩方面的陰陽之說，不會露出太大的矛盾或破綻。但歸根結底，它只是借用了陰陽這一表達形式，行使的還是平衡這一本質。也正因為如此，這樣的說法就不能普及到其它自然現象，更不能推廣應用到哲學社會學領域，否則，便會矛盾重重，漏洞百出。這

就再一次說明了，**任何事物如果不最終追究到平衡這一最本質的東西上來，其結論都將不具有其真實性與普遍性。**

（8）造成偉人名言偏頗失真的根本原因

迄今為止的傳統哲學思想雖然起到了引導人們探索世界奧秘、人間真理的作用，但他們的學說觀點有的是正確的，有的是錯誤的。或者說在某個時代，某個特定的場合下可能是正確的，也可能起到一定的作用。但在不同時代，不同場合下，他們的觀點則顯得無效、無力，甚至會起相反作用。為什麼呢？就在於他們的觀點都是像空中取物一樣，憑空想像出來，而不是像自然科學上的公式那樣建立在公理、公式或實驗基礎上的。也許有人會說，社會科學無法檢驗，實際上並非如此。只不過大家盲信盲從偉人格言，沒有去認真檢驗而已（這點在下面的分析中馬上就能得到證實）。這就決定了他們的有些說法難免大多是一種**「空洞理論，缺陷學說，片面思想，矛盾觀點」**，而且這種矛盾既會是自相矛盾又會相互矛盾。**為什麼空洞？就是因為沒有看透事物本質的視力；為什麼缺陷？就是因為缺乏系統性視野；為什麼偏頗？就是因為沒有平衡的視線；為何自相矛盾或者相互矛盾？就是因為它們都沒有一個公認的統一的基本「思維模式」與正確與否的「判斷標準」。** 而能夠解決這個問題的，唯有本書所闡明的BEST理論（四維哲學）。正如上面已經說過的那樣，如果說諸多說法是某些「觀點」或者充其量可以算作是某種「觀線」的話，那麼，BEST理論則是由**「本質、平衡、系統、技術」這四個「觀點」** 彼此形成**六根「觀線」**，又進一步形成**四個「觀面」** 而最終組成的一個**「觀體」**（圖2.23）。正因為如此，才可以真正成為**「千古不變，萬事皆通」** 的普遍真理。

比如，孔孟思想的核心就在於以治平為本，以仁為核，以和為貴，以禮為重，追求的目標是天下為公，講信修睦，謀逆不興，盜

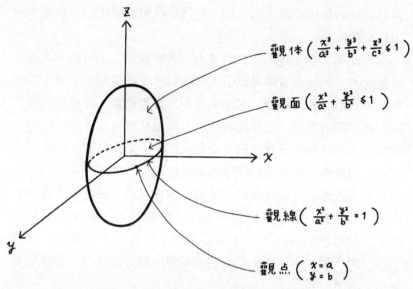

觀体 $\left(\frac{x^3}{a^3} + \frac{y^3}{b^3} + \frac{z^3}{c^3} \leqslant 1 \right)$

觀面 $\left(\frac{x^2}{a^2} + \frac{y^2}{b^2} \leqslant 1 \right)$

觀線 $\left(\frac{x^2}{a^2} + \frac{y^2}{b^2} = 1 \right)$

觀点 $\left(\begin{matrix} x = a \\ y = b \end{matrix} \right)$

（ 圖2.23 「BEST理論」與「傳統哲學」的關係）

賊不作的大同社會，提倡的是自強不息，與時俱進，天人和諧 。

這些提法本身看不出有什麼錯（其它傳統哲學思想及各種宗教經文說法也都大同小異），確切地說是光看這些無法判斷對錯。因為它們本身就沒有形成一個有機結合的整體，也就是說**沒有形成一個具有明確的目標與手段的系統結構**。就像一堆雜亂的汽車零件擺放一地，即便零件再好也終究發揮不了汽車的功能。按「**5W1DEF分析法**」（參見本章第一節）便是，比如說，**為什麼要仁義禮？為什麼要自強不息，與時俱進，天人和諧？怎樣才能讓人做到天下為公，講信修睦，謀逆不興，盜賊不作？**如果不能具體確實地回答這些問題，這個提法實在意義不大。因為這都只是提出了一個不確實的方向目標，並不能讓所有的人都在理解接受信服的前提下，沿著其所指的方向安心地行進。尤其是對於教育已經得到普及的現代社會來說，更是幾乎沒有價值——因為

類似這樣的想法不僅人人皆知，而且早就知道這樣的口號再多喊也沒有意義。

再比如，孔子提倡「仁者愛人，人恆愛之」，否則，「為人者難成君子，為王者難得天下」的觀點。僅就這句話來說，首先是空洞。對於前句部分，太簡單沒多少實際意義。而後半句部分則顯然不符合事實，而且往往相反。無論是歷史上改朝換代的封建帝王，還是現代社會的國家統領，無一不是靠對敵人的征討，對異己的排擠，與對手的競爭而獲得統治地位的。光靠仁得天下只是天方夜潭。這裡就是缺少了另一個與「仁」組成「平衡體」的另一個平衡因素，那就是「嚴」。也就是說。如果只是站在統治者自身的立場上，那麼要打下天下管好天下，就需要保持「仁」與「嚴」的平衡。即該嚴的要嚴，該仁的要仁，這才是真正的「王道」。

（9）迄今為止的哲學家大都實際上只是教育家

眾多的「哲學家」名言中，讓我們感覺到實在，可信，有益的恐怕不外乎下面一類。

比如，孔子的「敏而好學，不恥下問」「學而時習之，不亦說乎？」「學而不思則罔，思而不學則殆」；朱熹的「讀書之法，在循序而漸進，熟讀而精思」及「讀書有三到：謂心到，眼到，口到」；福澤喻吉的「不活學活用等於沒學」；蘇軾的「發奮識遍天下字，立志讀盡人間書」；盧棱的「讀書讀得太多，反而會造成一些自以為是的無知之徒」等等。

實際上，我們可以發現這些名言有三個特點。第一，內容都是以讀書學習這一題目為中心；第二，宗旨都是強調學習的重要性或提示某些學習時的注意事項；第三，強調的方式大多是一種規定式、教條式，即只是強調「是這樣」（What），而沒有闡述到「為什麼」要這樣（Why）和「如何（How）」才能做到這樣。

比如，該如何「學」又如何「思」？又怎樣才能做到「心到，眼
到，口到」？尤其是，因為它的宗旨是「勸學」，所以自然不會
讓人覺得有什麼錯；又由於講到了部分學習要領（雖然抽象），
所以讓人覺得不是沒有道理。因此，我們就可以說，雖然這些觀
點言論在**一定範圍某種場合對部分人來說正確有益**，但歸根接底
是一種**「說教」**（充其量屬於BEST理論中的「T」的範圍），而
不是在闡述某種**「自然哲理、客觀真理、普遍規律」**。那麼，我
們便可以說這些言論的創造者所起到的也就只不過是一個教育家
而不是哲學家的作用。

3、傳說傳聞（世界末日傳聞的欺騙性）

　　人們對於民間的一些傳說傳聞是最容易迷信的了。比如，說
男孩如果被女孩子從身上跨過就會長不高；如果飯掉在地上就會
遭雷打；在結婚典禮上誰接到新娘子拋出的花束誰就將成為下一
個新娘；在旅遊景點，誰摸了某個石頭誰就能喜結良緣，誰喝了
哪裡的泉水誰就可以長壽；大年初一做菜時不能炒只能煮，否則
夫妻會炒一年的架（因為炒與吵諧音）；在印尼，人們就相信痣
上長的毛是吉祥物等等。這樣的傳說在世界上真可以說是花樣百
出無奇不有。

　　在諸多傳說傳聞中，最典型的莫過於有關世界末日的傳聞
了。迄今為止，我們已經經歷過不知多少次「世界末日」了。從
北美農夫米勒聲稱在「聖經」中發現的從1843年3月21日開始的
一年間，以及到傳聞哈雷彗星撞毀地球的2000年。連科學巨匠牛
頓在很久以前就認為，《啟示錄》中預言的世界末日將在2000年
發生；尤其是在1998年和1999年間，有關世界末日（對諾查丹
馬斯預言解釋得到的1999年7月）的謠傳接連不斷，末日恐慌達
到空前絕後的程度；還有美國一個叫做Family Radio的組織根據對

表2.11　世界末日種種預測

NO	預測者	預測時間
1	真理之路 （The True Way － 臺灣）	1998年3月31日 12點01分
2	諾查丹馬斯	1999年7月1日
3	牛頓	2000年
4	Family Radio（美國）	2011年5月21日
5	瑪雅研究權威學者	2012年12月21日 （後改為2015年9月3日）

「聖經」解釋宣稱，2011年5月21日將是世界末日；而瑪雅預言則是：2012年12月21日的黑夜降臨以後，12月22日的黎明永遠不會到來，等過了這一天終於什麼也沒發生後，又改為2015年9月3日；在瑪雅預言風行時，居然有人從「易經」中也推算出了與瑪雅預言相同的結論！在具體時間上，有的甚至還精確到幾點幾分，比如臺灣宗教團體「真理之路（The True Way）」的領導人在美國電視臺上宣佈世界末日為公元1998年3月31日上午12時01分等等。

　　人們一次次相信，又一次次被欺騙，一次次再相信，又一次次被再欺騙……。為什麼會如此循環不止呢？根本原因就在於，人們對於這些所謂預言的根據不予關心，懶於追究。為什麼懶於追究呢？就在於人們往往很容易也很心甘情願地讓自己的思維陷在「盲信盲從」的泥坑裡，聽憑聖言天命的擺佈。即使那些「聖言」一次次失敗，他們也寧可視而不見；即使自欺欺人也心安理得──連聖人都猜不准的事，講不清的道理，哪還輪得到我們凡人去追究呢？

　　事實果真如此嗎？我們只要充分掌握BEST理論中的**「本質論」「系統論」「平衡論」**，對於那些似乎不容置疑的「聖言」，

敢於正視它，懷疑它，剖析它，那麼，我們就不難證明它們的自相矛盾，虛想妄斷。下面我們就以預言世界末日這件事為例進行重點討論。

（1）事物發展變化與時間的關係

我們都知道，任何事物離不開時間。既然如此，產生時間決定一切的觀念也不足為奇。除了地球壽命論以外，還有個人的壽命論，即從出生的那天起就註定了你的壽命有多長等等。果真如此嗎？時間與事物究竟是一種什麼關係呢？

我們不妨從具體現實中的事例著手進行分析。

比如我們開會，預先計畫9點開始10點結束，這是否意味著開會的始與終就只由時間來決定呢？顯然不是。因為如果有緊急情況，可能會推遲時間甚至更改日期，也會根據會議的進展情況提前結束或者延長時間。我們說會議幾點幾分結束了，其本質實際是會議這一系統工作停止了。也就是說，決定會議開始與結束的本質因素不在於時間值，而在於會議這一系統的自身需求。

同樣，決定退休的因素本質上並不在於年齡，而在於其工作能力的下降，雖然採用了年齡這一表現方式。因此，這個數字也會隨社會經濟狀況和人們健康狀態的變化而變化。

因此，雖然時間與我們的行動息息相關，但它們只為我們服務，而不決定我們的行動。我們可以大致估計小孩的出生期間，但我們無法估計到具體哪一天，更不用說具體到幾點幾分幾秒了。按**本質論**來講，前者是本，後者是表。按**系統論**來講，前者是因，後者是果。

總之，事物是由他自身的**平衡**條件決定著它保持平衡的時間和打破平衡的時刻。是**事物決定其變化的時間，而不是由時間來決定事物的變化**。歸根結底，**時間只不過是事物的一個隨從、尺度、標誌、工具**而已。 這就是事物與時間的本質關係。

（2）預測時必須遵守的三個原則

那麼，是否這樣就意味著，不可以時間為尺度來預測事物呢？當然不是。這樣的話就又會陷入極端片面這一思維誤區。恰恰相反，時間作為一個最有效的衡量尺度與工具為我們預測事物發展提供極大的方便，比如大到預測世界政治局勢、經濟狀況，小到天氣預報、地震洪災等等。

而問題只不過在於，我們應該如何預測，或者說預測該遵循怎樣的原則呢？

在討論這個問題以前，我們不妨把數學上的概率論與本書的系統論結合起來，做一個如下的假想實驗（圖2.24）。

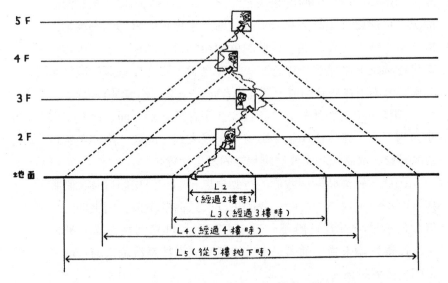

（圖2.24　手帕從5樓落下後的著落點預測精度示意圖）

我們假設從5樓上拋一塊手帕下來（假設無風狀態）。此時我們只能預測大致在L5的範圍內，但當它飄過4樓時我們便可把預測範圍縮小到L4範圍內，而當它飄過3樓時我們又可更進一步

把預測範圍縮小到L3範圍內……，以此類推。總之，越是離地面越近，那麼我們的預測精度就可以越高。

這個實驗結果充分告訴我們，超越時間去預知未來的事物發展變化，不是不可能，只是其精度會隨著時間的拉長而急劇下降（這也正是預測精度與預測根據的平衡關係）。因此，對於有46億年歷史的地球和約幾十萬年歷史的人類進行這樣的大預測，在沒有足夠的科學根據的情況下，其預測的精度之低可想而知。即使我們根據科學理論能預測1000年後，甚至100年後，但絕不可能可以精確到某年某月某天，如果說到幾點幾分就更為荒唐了。

實際上，這裡有著非常重要，而又往往不為人們所重視所應用的概率理論，那就是，對於事物下一步會如何發展只直接取決於上一步事物的狀況。雖然上上步的狀況會間接的影響它，但這種影響不可能越過上一步直接波及到它（這也正是系統的「相關性」及「因果性」在預測上的體現）。這就要求我們需要保證預測的科學根據及技術水準與預測的精度具有良好的平衡關係。據此，我們也就可以很自然地尋求出如下**預測時所必須遵守的三大原則**。

表2.12 預測三原則

第一原則	只憑科學根據，不按想像假設
第二原則	保持「理由根據」與「預測精度」的平衡
第三原則	只預測大致範圍，不斷定精確結果

只有這樣才能夠保證預測的科學性、可靠性、實用性。而以往的那些所謂的世界末日的預測恰恰違反了這三個原則，所以才虛不可信，屢屢失敗。

4、傳統經驗

對於生活中的一些傳統習慣，人們往往會不假思索的遵守；

對於工作上的經驗之談，也往往會不加思考的盲目照搬。因為「大家都這麼辦，以前也這麼做」。當然，不少傳統習慣都有它一定的道理，不少經驗之談也有它值得借鑒的地方。而問題在於，對於這些「傳統經驗」如果我們從一開始就失去審視它的主觀意識和考察其正確合理與否的能力，而陷入「盲信盲從」的誤區，那麼，這些傳統經驗有時不僅不能有益反而還會有損於我們的工作學習生活。

比如，在中國，古時候殺童男童女以祭天拜神，解放前婦女必須纏足，伊斯蘭教婦女不能暴露肌膚，回族人不容許吃豬肉，印度少數民族依然有對所謂的不貞行為處以極刑的習慣等等。而且有些還是一旦被人堂而皇之地冠以「民族文化」的美稱，披上「傳統美德」的外衣，便可立於神聖不可侵犯的地位（對此，同樣需要我們按BEST理論去剖析所謂「文化」與「美德」的本質，姑且在此省略）。對此，我們都不應當盲信盲從，而是應該以BEST理論為指導思想，重新審視其科學性、客觀性、合理性。取其精華，去其糟粕，發揚那些真正能夠給廣大民眾（而不是特定階層少數當權者）帶來幸福的傳統文化與美德，吸取那些真正實用可行的經驗。

當然，有些傳統習慣，比如各種傳統節日及民間慶祝活動等作為一種民族文化（T），是有其文化藝術價值的，但如果影響到人的價值觀，左右到人的思維，那麼無疑是有害的。

5、占卜算卦

占卜算卦可謂歷史悠久，種類繁多。既有根據屬相、星座、生日、時辰、姓名的，也有根據血型、手相、面相的。還有使用彩頭、撲克、羅盤、寶石等道具乃至章魚、猩猩等動物的（表2.13）。其內容大多複雜繁瑣，看上去博大精深，神秘莫測。也正因為如此，才使得人們更容易輕信盲從。

表2.13 主要算命方法

NO	名稱	要 點
1	屬相	鼠、牛、虎、兔、龍、蛇、馬、羊、猴、雞、犬、豬
2	動物	獅、豹、天馬、象、猴、狼熊、虎、黑豹
3	星座	白羊、金牛、雙子、巨蟹、獅子、處女、 天秤、天蠍、射手、魔羯、水瓶、雙魚
4	月份	1、2、3、4、5、6、7、8、9、10、11、12
5	八卦	五行（金木水火土）、 十二天干（甲乙丙丁戊己庚申壬癸）、 十二地支（子丑寅卯辰巳午未申酉亥）、 十二生肖（鼠牛虎兔龍蛇馬羊猴雞狗豬）
6	姓名	天格，地格，人格，總格
7	血型	A、B、AB、O
8	外觀	手相、面相、足相
9	道具	撲克、寶石、動物等

實際上，我們只要跳出「盲信盲從」這一誤區，敢於用「透視本質的眼力，俯瞰系統的視野」去正視它，審視它，則並不難發現其虛假矛盾之處。

首先，這些都既不是根據任何統計資料，也非來源於某種實驗結果，更不是依據邏輯推理或理論推導，而僅僅只不過是靠某人（特別是所謂的「聖人」）的「猜想」而已。雖然我們還沒有足夠的證據來證明所有的算命方式一概虛假，但至少我們可以對於其中一部分作出有根據的判斷。

比如**屬相**，在眾多動物中有什麼理由只選擇了豬牛羊馬雞犬猴蛇鼠兔龍虎這十二種呢？既然有虎為什麼可以沒有獅呢？（何況獅子還是百獸之王呢），有鼠為什麼反而沒有貓呢？它們即不是對動物進行分門別類（**「系統思維法」**的第二步驟）後的類屬代表，比如說按照移動屬性（天上飛，地上走，水中游，洞中藏等等）或者食物特性（草食，肉食，果食等）；也不具備其它動

物所沒有的共同特徵，比如都屬於與人類最接近或最親近的動物等等。甚至還攙和進了一個根本就不存在的「龍」。而在西方的動物算命法裡就有鹿與獅，而無龍與虎。至於選擇十二種類也恐怕是因為十二這一數字的自然性（一年共十二個月），而這十二數位也並非具有代表人類某一本質必然性的數字，只不過是地球自轉這一自然規律所形成的隨機性結果。足見動物屬相的說法具有極強的**主觀性、隨機性、杜撰性**，自然也就談不上有任何的科學性與可信性了。

再比如十二**星座**之說也同樣如此。首先，星座的構成僅僅是把我們肉眼所看到的星星人為地加以組合編排而成的。同一星座中的星星本來就沒有任何特殊的聯繫或者共同的特點，也就沒有把它們人為地劃歸到一起的理由。至於根據其形狀給以某種動物的命名就更是荒唐無稽了。因為除了說其形狀本身與動物形狀相似就已經極其牽強附會以外，其所表示的只是從地球上看到的平面視覺結果，而並非實際的立體形狀，彼此相距多遠也未可知。再者，從如此數不清的星星中唯獨只選出這十二星座與地球上的所有人的命運相對應這種做法本身就是一種典型的違反平衡論與系統論的行為。因為它們彼此互無影響互不干涉。也就是說，人的性格及命運與相對應的星座之間不存在任何因果關係，也不存在任何平衡關係。這就決定了這種說法不存在任何合理性與有效性。

但是，為什麼大家有時又覺得似乎說得很象呢？實際上，這裡又是因為陷入了**「極端片面」**這另一誤區所致，即沒有系統性眼光的體現。為什麼這麼說呢？因為人有不少性格在不同場合下的表現方式不一定是一成不變的。比如，你說那個人大方，可那是對情人，對老婆卻可能是非常小氣；你說那人謙虛謹慎，那是對上司領導，對屬下或普通老百姓可是傲慢霸道；你說他欺蒙拐

騙，可對他老婆可是衷心耿耿；你說那那女孩打扮得漂亮乾淨，那是在外面，卻不知家裡既亂又髒等等。而人們在算命時，卻往往只與其某一方面對應掛鈎，比如象上面那樣說到謙虛謹慎，就只想到其對上司領導的態度而忽視了對下屬的態度；說到大方只拿對朋友或情人的態度去對號；說到愛整潔，只是看到衣服外表，卻對其家中的髒亂景象一無所知……。

除此以外，我們還可以運用「**反證論證法**」與「**矛盾論證法**」來做下面兩種簡單的實驗便可以使之得到驗證。

第一種實驗是，對同樣一個人分別按血型、星座、屬相、生日、手相、面相、姓名等各種方法來算命，然後把它們各自的算命結果放在一起比較，看其中有多少是相同，而又有多少是不同的。

第二種實驗是，我們給某人算命時，不是按通常根據生日或者星座、屬相、血型等來找算命結果（性格命運等），而是相反地首先讓大家給予該人以評價，按評價結果反推其星座屬相或血型。最後確認與該人的真實情況吻合的比例有多大。

結果會怎樣呢？顯然，其算命結果不僅彼此矛盾，而且**算法越多矛盾也就更多**。這是必然的結果，因為它們彼此之間本來就完全獨立毫無關聯，何以那麼湊巧正好吻合呢（因果律）。

即便退一萬步講，容許毫無根據地假設人的性格命運是由諸如生辰、屬相、星座、血型、動物類別等來決定，也不應該只考慮某一個因素，而是至少要把它們綜合考慮進去，用函數方程式表示便是：命運性格＝f（生辰，屬相，星座，血型……）

推論至此，反而得出了它們互相矛盾，自相矛盾的特點。也就反證出了它們的片面性與虛假性。

第三節　極端片面

　　所謂「極端片面」，就是指**人們對事物在評價上容易走向極端，在認識上容易陷入片面這樣一種思維誤區**。比如，在評價上，首先是只站在一個角度或只從某一個方面來評價。其次是只用「好」與「壞」這兩種極端來評價。這也是不懂得「系統論」的典型例子。而這種現象在人們日常生活工作中普遍存在。

　　實際上，正如「系統論」中所闡述的那樣，事物所處的狀態並不一定在「好」與「壞」，「左端」與「右端」，「頂端」與「底端」等這樣的兩種極端狀態，而大多數情況下是處於這兩種狀態之間，且因其所占的立場所看的角度的不同而不同。

　　除此以外，還有「不好也不壞」或者乾脆就認為「不存在好與壞」這兩種思維方式。實際上這也是極端片面式思維方式的另外兩種表現形式。如果我們把前兩種分別稱之為**「極左」**與**「極右」**的話，那麼，後兩種就可以分別稱之為**「極中」**與**「極無」**。而造成這一思維誤區的原因主要有**「不講比率」「不講概率」「不講條件」「單向思維」**這四個方面。下面就此分別加以闡述。

1、不講比率

（1）人物評價

　　人們往往習慣於把人首先就只分為兩種，既「好」人和「壞」人（極左與極右），或者再多加一種「不好也不壞」的人（極中），甚至乾脆全面否定好與壞本身的存在，認為「無所謂好與壞」（極無）。這樣的定位一旦在腦子裡形成，就很難或者說很不願意改變它。比如，對定位於「好人」的人，覺得做的什麼事都「好」，就像俗話「情人眼裡出西施」所說的那樣；相反，對定位于「壞

人」的人，覺得做的什麼事都「壞」，甚至擴大到連長相都覺得可憎，動作也覺得可惡，聲音也覺得刺耳。而這種「壞」的形象一旦改變成「好」的形象，卻會來個180度大轉彎，連本人都會意想不到地怎麼會覺得不僅其長相可親，而且動作可愛，聲音悅耳——而當事人在此前後實際上並沒有發生任何變化。

實際上，就像本篇第一章〈人性論〉裡所闡述的**「人本為我」**的道理那樣，人的任何行為都離不開「為我」這一本質。而這種「為我」的根本思想體現在人的言行上就會有多種形式，多個層次，多個方面，不能簡單地一律用「好」與「壞」這兩個極端點來評價。為什麼呢？這面裡包含著以下三個道理。

首先，評價結果會隨著評價者及其所站立場的變化而變化。因此，這樣的評價方式缺乏針對性。比如說「好」的時候，究竟是對「誰」（Who）來說好。

其次，評價方式不可過於單純空洞。因為在「好」與「不好也不壞」及「壞」這三個點之間存在著無數的中間點。比如說好的話，要弄清楚究竟有多好。即對好的**程度**（Degree）要做一個大致的定量分析。也就是說，好與壞的比例除了10：0（極左）、5：5（極中）、0：10（極右）這三種極端值以外，應該更具體地評價出到底是8：2，或者6：4，還是3：7等等。如果不這樣做進一步的細緻分析，解決問題時將會不知道從何處下手，如何下手，下多大的手，從而往往失去實際意義。就像做菜一樣，一盤菜是否做的好吃，除了原料調料的選擇要適當以外，是否按比例將原材料搭配得當也同樣重要。人們雖然對這樣簡單的生活常識很容易理解，但對於同樣類似的抽象性社會問題就往往看不透了。

最後就是，評價不能教條僵化。**「好人」與「好思想」和「好行為」三者不能混為一團**，更不能劃等號，它們都會隨著時間、場合、環境的變化而變化。所謂的「好人」也會有萌發「壞」

思想的時候，即使按「好目的」去作，有時也難保不會出現「壞結果」。所謂「弄巧成拙」「好心辦壞事」等說的就是這個道理。何況這裡的好壞會隨著參照系統的變化而變化，不可一概而論（像「醜陋的中國人」這種說法如果改為「中國人的醜陋」就是正確的了）。

至於「不好也不壞」及「無所謂好與壞」的觀點顯然是無視現實，掩耳盜鈴式的自欺欺人的說法。最有代表性的恐怕是老子的「無思無慮，無生無死，無喜無悲，無是無非，無有無無」這樣的**「極無」**論。顯然，這種說法既不反映客觀現實，也不代表所有人的世界觀。因為現實中實實在在存在著「思慮，生死，喜悲，是非」（至於所謂「無有無無」就純屬文字遊戲毫無任何含義了），而且大多數人也不這麼認為。事實上，即便有那樣的人

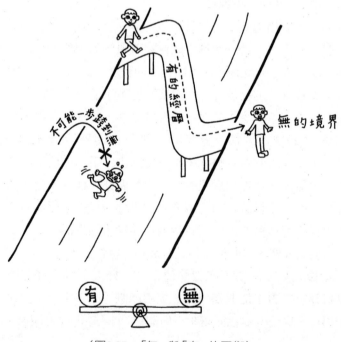

不可能一步跨到滿

有的經層

無的境界

有　無

（圖2.25　「無」與「有」的平衡）

具有那樣的境界，那也必定是在經歷了許許多多的思慮，生死，喜悲，是非之後才可能到達的。無論他是「看破紅塵」的佛門弟子也好，還是「志滿意得」的成功人士也好，不可能不經過任何的風風雨雨、是是非非就一步登上「無」的「幸福天堂」。再者，從理論上講，按照「平衡論」及「系統論」觀點，不知道「有」也是斷然不可能知道什麼是「無」的（圖2.25）。

總之，**這種說法不是在講一種客觀真理或普遍規律，最多只能代表一部分人的人生中某個階段的思想觀點而已**（所以說這樣的說法**充其量只能算是「教育家」而不是作為「哲學家」的言論**）。

（2）矛盾處理

當人與人（或群體與群體）發生矛盾甚至是衝突時，對其評價或裁斷也往往是四個極端。即要麼把責任全部歸於甲方（**極左**），要麼全部歸於乙方（**極右**），要麼各打五十大板（**極中**），要麼都沒有責任（**極無**）。由於這樣的極端性處理方式並不反映事情的真相，從而不能使雙方真正各自對自身的錯誤有客觀正確的認識，也就不能有效地防止同樣矛盾衝突的再次發生。

比如說夫妻離婚了，妻子一口咬定全是丈夫不好，因為有外遇了（這也是思維停滯的一種表現——有外遇不一定就非離婚不可）。但是，究竟丈夫為什麼有外遇？是否與妻子一點關係也沒有呢？平常有沒有對丈夫關心太少，指責太多？對丈夫管得太緊或太鬆？（平衡論）。而丈夫呢？則一口咬定全是妻子不好，因為妻子脾氣暴躁，家中得不到溫暖，所以才到外面求溫暖找安慰。但是，妻子為什麼會脾氣暴躁，不溫柔體貼？難道就與丈夫自己的行為沒有一點關係？除了這兩種「**極左**」與「**極右**」論以外，作為第三者的看法，還會有「兩個人都不好」或「兩個人都沒有什麼不好，只是合不來而已」這樣的「**極中**」與「**極無**」

論。且後兩種尤其是最後一種恐怕最為大多數人所認可。但實際上，說「兩個人都不好」時，必須進一步具體地分析清楚兩點。首先是雙方不好的**程度比例**（Degree）有多大。是8比2（男多女少）還是2比8（男少女多）？其次就是各自在哪些方面不好（Where）。因為這兩點恰恰是問題的癥結所在，是解決問題的著手點。只有這樣才能使問題主次鮮明，重點突出，使雙方容易達到共識；也才能方便我們找到有針對性的，有效的，合理的解決辦法。否則，出於人的「為我」的本能，雙方都只會誇大對方的責任，縮小自身的錯誤（當然，其誇大或縮小的程度也因人的平衡觀水準的高低而不同）。一旦雙方在極左、極右、極中這三個平衡點上達不到共識，那麼不僅問題得不到解決，反而還會為今後矛盾的進一步激化埋下禍根。

至於「**極無**」論，則顯然是在逃避問題，絲毫無益于問題的根本解決。因為，不可能想像夫婦兩個人的思想、觀點、性格、愛好都會完全一致，所有的夫婦關係都不可能是生來就100%的吻合，而是在交往中不斷磨合的結果。如果僅僅抱著「合不合得來」的觀點，本人就不會對自己的性格缺點有任何的反省與改善，在下一場婚姻中犯同樣錯誤成為同樣結果的可能性也就很大。因為可想而知，我們沒有任何理由能夠保證100%的人離婚後都能100%的找到與自己100%相吻合的人。

此外，當公司出現工作上的失誤時，圍繞著本人、上司、公司分別在執行、指導、管理上的責任問題，也會出現與上述同樣的現象。

（3）詢問回答

無論是日常朋友間的聊天也好，還是傳聞媒體網的問卷調查，電視節目上的專題討論也罷。在詢問他人意見或者表明自己觀點時，往往採取的是極端式的表達方式。比如，「你喜歡他還

是討厭他？」「你愛不愛他？」「你認為是好還是壞，誰對誰錯？」「你是支持還是反對？」「你把它看成朋友還是敵人？」「穿著過於外露性感的女孩遭到強姦，你說到底該怪女孩還是怪強姦犯？」等等。這樣的一種問答方式就自覺不自覺地把人們的思維都向極端論方向誘導。最典型的極端性問法就是**「我和你媽掉水裡了，你救誰？」**（參見本節〈3.不講條件〉）。

　　實際上，同樣說「愛」與「恨」，或者是「喜歡」與「厭惡」，其程度則千差萬別。從「捨生忘死」的「至愛」到老鼠愛大米式的普通的愛。從「血海深仇」到一般的「心有不滿」等等。而很多問題的關鍵，不在於簡單籠統地「愛不愛」「恨不恨」與「喜不喜歡」「厭不厭惡」。因為如果那麼簡單的話，一切問題就都很容易得到解決了。而關鍵在於愛或者喜歡的程「度」（「食之無味，棄之可惜」便是典型例子）。這個**「度」**正是平衡的支配性因素。如果愛得很深，那麼可以平衡掉許多其它毀衡或者失衡因素；而如果愛情較淡，則容易為其它平衡因素所左右；如果非常討厭甚或恨之入骨則兩者關係恐怕難以挽回。也就是說，應當按照**「5W1DEF分析法」**，才能使我們對問題的認識變得清晰得多，簡明得多，在這樣的基礎上去解決問題就自然會變得有效得多，有力得多。

　　至於穿著過於外露性感的女孩遭到強姦一事的責任問題，當時網絡上也曾發生過全部歸罪於女孩（極左）和全部歸罪於犯人（極右）及雙方都有同樣的責任（極中）這三派之間的激烈論爭。但實際上既有女孩無意識地客觀上的「誘惑」之過，也有強姦犯主觀上的「強姦」之罪。但是否就可各打五十大板（「極中」）呢？當然不是。因為前者為**「失誤」**，而後者則為**「犯罪」**。前者為**「風俗道德」**範圍，後者則屬於**「違法犯罪」**行為，兩者有本質區別，不可同等看待。需要定性或定量分析，比如說責任

度比例大致為1:9或2:8——這才是本質性，系統性，平衡性的思維方法。

（4）對人生觀的認識

在有關人生觀的問題上，偏頗極端的表現尤為普遍。比如在看待**「愛情」與「金錢」**問題上，要麼是主張「愛情就是一切」的「愛情至上主義」者，要麼就是認為「有錢能使鬼推磨」的「極端拜金主義者」。實際上，在人的「幸福」這一系統中，它們彼此雖然有時發生衝突，但並非總是水火不相容，而有時甚至還是一種相互依存相互轉換的關係。因為如果只擁有物質，而不能將其轉換為愛情的話，按照**「幸福論」**的觀點，是肯定享受不到愛情幸福的。同樣，如果只擁有愛情，而沒有維持它，培養它的最基本的物質基礎，愛情之花也會因經受不住風吹雨打而逐漸凋謝。最簡單的例子就是，如果你所愛的人病了，而你又沒有錢給她治病使其不治而亡，那麼人都沒有了，你還談何愛情？因此，這兩種極端論都是不可取的。

那麼，「愛情」與「金錢」都同樣要的觀點是否就正確了呢？其實不然。為什麼呢？因為，按照**「系統」**及「我」的「能量有限性」原理，人可使用的總能量是相對一定的，因此，我們在考慮對「愛情」與「金錢」這兩者的能量分配問題時，如果你只是籠統的具有「兩者都要」這樣一種模糊概念，而不進一步明確區分比較彼此間的主次大小，輕重緩急，則仍然沒有意義，也就無所謂正確。這樣的區分比較不但需要因人而異，而且還要因時而異。這裡的「因人而異」的意思就是，每個人對於愛情與金錢的價值觀認識都會有所不同（失衡度不同）。有的強烈地渴望愛情，而有的則強烈地渴望金錢。所謂「因時而異」的意思則一方面是指本人對於愛情與金錢的價值觀認識會隨著社會形勢以及周圍環境的變化而變化，另一方面則是指在這兩者發生衝突的情

況下，要權衡利弊，作出適合於當時條件下的輕重緩急的選擇。比如，當處在技術攻關的節骨眼上，因加班加點很難保證與戀人或家屬在一起的時間時，戀人或妻子便會說「工作和我（或家庭）到底誰重要？！」。其實，本質上講，整體來看理所當然是家庭重要，工作只是使家庭幸福而採取或者不得不採取的一種經濟手段。雖然兩者在表現形式上（時間或者精力）似乎是「並列」關係，但本質上是「因果」關係。兩者有表現形式上的衝突，但本質是一致的，只不過在當時的攻關這一特殊條件下，把家庭與工作在表現形式（時間）上的輕重比例從平常的4：6暫時調整為1：9而已，本質並沒有發生變化。

在看待**「外表美」**與**「心靈美」**哪個重要的問題上也同樣容易表現出「唯外」派與「唯心」派以及追求內外兩全的「兩全」派三種。這也同樣是極端片面的三種表現。我們應該根據自身的條件和需求，決定兩者的比例大小，且這樣的比例關係也需要隨著時間，年代，環境的變化而變化。

此外，在諸如**「名與利」「情與法」「德與才」「工作與休息」「現在與將來」「靠人與靠己」**等其它認識問題上，以及**「物質與精神」「唯物與唯心」「理論與實踐」「先天與後天」**等哲學問題上也同樣如此，它們所包含的兩要素中沒有一個是絕對的，也不只是彼此衝突而本質上恰恰是相互依存，相輔相成甚至可以相互轉換的。而**起決定性作用的仍然是「本質」「平衡」「系統」「技術」**這四個因素。

比如，在「靠人與靠己」問題上，流行著「靠人不如靠己」這句話。顯然這種絕對化的說法是不現實不正確的。其錯誤之處就在於把本是因果關係的兩者看成是並列關係。即前為因後為果（前為手段後為目的）。再者能否靠人也仍然取決於你自己的能力。武則天及慈禧太后均靠其皇帝丈夫起家，但那也歸根結底還

是她們自身的因素（美貌與才能、努力）所致。如果說靠人沒能靠得住，那麼歸根結底是你自己靠人的能力不夠。比如說靠錯了人（不會識別人），靠錯了時間（不會把握時機），靠錯了地方（不會選擇方向），靠的方式不對（不講究技巧手段）等等。因此，按照平衡論與人性論觀點，我們可以把靠人與靠己的關係總結為以下一段話作為參考。即「不靠人不行，全靠人也不行；靠人不一定行，但不靠人就更不行；主觀靠自己，客觀靠別人；只靠別人的人，到底靠不住，不靠別人的人，終究頂不住。」

據此，我們可以把上述各種似乎對立的因素之間的關係總結為圖2.26。

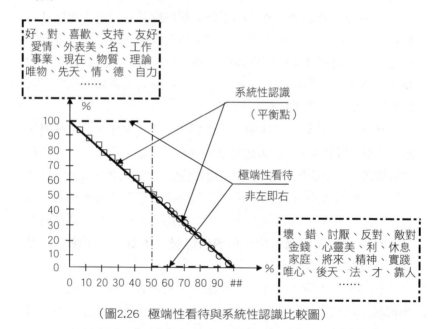

好、對、喜歡、支持、友好
愛情、外表美、名、工作
事業、現在、物質、理論
唯物、先天、情、德、自力
……

系統性認識
（平衡點）

極端性看待
非左即右

壞、錯、討厭、反對、敵對
金錢、心靈美、利、休息
家庭、將來、精神、實踐
唯心、後天、法、才、靠人
……

（圖2.26　極端性看待與系統性認識比較圖）

總之，**對於處於同一系統中的既相互矛盾又相互依存的兩個因素，我們不應該只是單純地把某一方絕對化，而是應該按照系統論，分清主次大小、輕重緩急，並隨條件的變化適當地進行**

調節。只有這樣才能幫助我們抓住重點，突出要害，不失時機且合理有效地分配系統能源，以最小的能量消耗取得最大的系統效果。

（5）對「成功」的認識

　　說到成功的原因，有人說全靠「天賦」，「龍生龍，鳳生鳳，老鼠兒子會打洞」就是這種觀點的典型代表。顯然，這是錯誤的，名人後代不乏庸碌無為之輩，偉人巨星出身貧寒也不在少數。

　　作為其對立面，有的人又反過來完全歸結於後天的「努力」。「世上無難事，只怕有心人」「有志者，事竟成」就是最典型的說法。顯然這也是不完全正確的。多少「有心人」奮鬥一生最後還是以失敗告終；多少「有志者」拼搏一世到頭來還是功不成名不就。

　　還有的乾脆就把一切歸結於**「命運」**。人們常說「命中註定」「天命難違」，連孔子也說「不知命，無以為君子也」。這又是另一種極端論思想。

　　顯然，這種說法也同樣沒有任何科學性。就如在上節的「占卜算卦」裡提到過的那樣，這種說法既不是以建立在統計學基礎上的調查實驗結果為依據，也不是以建立在哲學理論基礎上的邏輯推理為論據。再者，就算有命運，那麼是否是任何人，任何事物，任何時候，任何情況就都完全由命運來決定呢？按**「5W1DEF分析法」**就是，它究竟為什麼（Why）會起作用，對誰起作用（Who），何種情況下起作用（When），在哪些方面（Where）起作用，如何起作用（How），又究竟能起多大作用（Degree），其最終結果究竟又會怎樣（Effect）以及上述各種結論的根據理由（Foundation）是什麼。比如，就算命運註定你能當官或者能賺錢，但具體地究竟能當多大的官，能賺多大的錢，也

完全由命運來決定的嗎？

實際上，我們只要正確理解**系統論**，就不難懂得以下三點。

首先，按照系統論，人不可能完全以個體單獨的方式存在。這除了其自身本來就是一個系統以外，它也必定存在於社會這一大系統之中。那麼，他從出生的那一天起，他的人生之路（即所謂的**「命運」**）除了受到天生的本質特性（遺傳基因）支配以外，無疑還必定受到以平衡為本質規律的社會系統（周圍環境）的限制與約束。既然如此，決定它的就絕不可能只是他本人，更不可能只是他所出生的時間（生辰、屬性、星座、月份等）。

其次，在多種影響因素中，它們的影響程度也不可能會是完全一樣，也就是說必定有主次之分。它們各自對於某件事情影響的程度，不僅因人不同也會因事而異。比如，對於優秀的歌唱家，藝術家或者運動員來說恐怕天賦要占主要部分。而對於小商小販來講恐怕個人努力的成份要多一些。中獎中彩則幾乎全靠機遇。

最後，用**「矛盾論證法」**也可以證明出**命運**存在的虛假性。我們假設世界上所有人的命運從生下來起就已經定好了，也就是說每個人一生所走的路都已經預先規劃好了。這就意味著每個人的命運都不會受到他人或社會的影響而「可以走自己的路」。但顯然，既然是在這個社會中，那麼就既不可能給每個人都安排好一條只屬於他個人的專用道路，也不可能做到讓這條路不與其它任何路交叉。這就意味著人們必定彼此碰撞相互影響而難以保證各自仍然可以按既定的「命運之路」一直走下去。也就是說一個人的人生之路不能只由自己一個人來決定，而是**在各個不同時期受各種不同的人的人生之路干涉的結果**（從數學上說就相當於**不存在可以滿足世界所有人的「命運之路方程組」**）。且具有不到那時不知道會怎樣的特性（參見上節3（2））。也就等於說走

不了「自己的命運之路」。從這個矛盾上，我們就可以說所謂「命運」是不存在的。

就算退一步說有命運存在，我們也至少可以說，人的成功絕不只是由命運來決定。

那麼，成功與否究竟由哪些因素決定呢？實際上，只要我們在理解**「本質論」「系統論」「平衡論」**理論的基礎上，把上面的各種「極端論」觀點有機的結合起來，就不難找到一個比較全面正確的答案。具體地說就是；

①成功與否主要取決於天賦、努力、環境、機遇這四種因素；

②但各個因素的影響程度因人而異也因時而異；

③這四種影響因素既相互激發又彼此約束（比如，天賦會促使人更加努力，也會創造出好的環境。努力既能使天賦得到更好的發揮，也同樣可以創造出更有利的條件，甚至吸引機遇的到來。但出眾的天賦或者優越的環境有時反而會讓人懶惰等等）；

因此，我們可以把成功用如下公式表示出來，以供參考：

$$成功 = \alpha 天賦 + \beta 努力 + \gamma 環境 + \mu 機遇$$

其中的 $\alpha\ \beta\ \gamma\ \mu$ 為各要素相對的比重係數，不同的人以及在不同的時代環境下會有所不同。

（6）對國際紛爭的認識

在看待國際關係問題上，極端片面同樣是阻礙公平合理，和平友好，互惠互利地解決各種國際爭端的最大障礙。

比如，人們往往把敵對國家定性為「壞」國家，把本國或友好同盟國定性為「好」國家。在這樣的前提下，敵對國家的一切行為都理所當然的被打上「壞」的烙印，本國及友好同盟國的一切行為都毫無疑問的被帶上「好」的帽子。

但實際上，我們不應該只是站在本國的立場，而是首先要站

在雙方的立場以及世界這一更大的系統上看待，在考慮大系統平衡的基礎上，再回到小系統（本國）中研究小系統的平衡。因為只有以大系統的平衡為基礎才能真正保證小系統的平衡。

比如，最容易發生的「統獨」與「領土」問題。通常只存在兩種極端論。即在「統獨」問題上的，「絕對統一」與「全面獨立」，「領土」問題上的各自的「絕對」所有權。

實際上，因為任何國家民族都有著各自不同的歷史背景。世界歷史就是一部反覆演繹著「侵略與被侵略」「佔有與被佔有」「統一與分裂」「合併與獨立」的歷史。而影響它的因素錯綜複雜多種多樣。比如民族性的，制度性的，文化性的，歷史性的，地理性的因素等等。因此，難以形成一個關於「領土」與「國家」的絕對定義。直到今天也還沒有一個有關裁定領土與國家的統一的國際性的絕對標準。比如，同一民族未必就必須是同一國家（中國朝鮮族，印尼華人）；同一國家未必只能是單一民族（中國就是典型的多民族國家）；歷史上統一過的未必就一定要再統一（科威特與外蒙古原本分別是伊拉克和中國領土）；歷史上獨立過的未必就一定有理由要再獨立（美國的夏威夷，日本的沖繩）。就島嶼來說，未必曾經佔有過就可以無條件地把它再要回來等等。既然沒有這樣的統一標準，那麼，就不存在統一或者獨立的絕對理由。只要出現「領土」或者「獨立」之爭，那麼任何一方就沒有理由強調具有100%的「權利」或者「理由」。所謂「固有的」「無可爭辯」的，恰恰表明「不是固有的」「是有爭議的」。如果雙方都不具備這樣的思想，其結果只能靠武力（戰爭）來解決。這樣的話與動物世界也就沒有區別，戰爭就永遠不會停息，持久和平也就永遠只能是句空話——這也正是極端片面式思維方式所導致的結果。

當然，兩者平分這樣的「極中論」也照樣不可取。要把歷

史，地理，法規，國際環境，綜合國力等多種因素綜合起來進行評價，以此決定雙方各自的權利分配比例大小。這也正是我們在系統論中已經講述過的**「加權評價法」**的思維方法。比如說，我們首先可以把領土所有權象劃分股權一樣把它分割為諸如最先發現命名權，最先登陸權，最先管轄權，當前佔領權，佔領期間權……等等若干股權，然後根據它們之間的主次輕重劃分它們之間的相對比重，即給予它們各自的加權值。當然，當事國都會站在各自的立場上堅持有利於自己的比例分配，那麼，這就需要一個像聯合國那樣的世界性組織來找到最大的公約數並制定這樣的規則。各個因素的股份值與加權值的乘積之和便是各自的總股份值，其相對比例便是相關國家的的相對領土所有權。

表2.14即為其計算一例。當然，這裡的要素劃分以及比重值的分配只是一個參考例子而已。比如也許還需要考慮地理上的遠近，佔領期長短，乃至國民感情等諸多因素。有了這樣的評價標準，剩下來的就是相關各國為各自的權利尋找證據並得到公認。這樣，雙方就都沒有必要喊一些諸如「堅決捍衛我國無可爭辯的固有的領土」之類**空洞、形式、挑釁、威脅性**口號，而是站在

表2.14　島嶼歸屬權分配計算表（參考）

No.	因素	第一種分配方式 （重視最先管轄權）			第二種分配方式 （重視實際支配權）		
		比重 加權值	A 國	B國	比重 加權值	A 國	B國
①	最先發現命名權	10		10	10		10
②	最先登陸管轄權	50		50	20		20
③	現有實際支配權	20	20		50	50	
④	雙方軍力對比權	20	12	8	20	12	8
⑤	……	…	…	…	…	…	…
	歸屬權	（100）	（32）	（68）	（100）	（62）	（38）

共通的判斷標準基礎上，進行真正有**建設性**、**有意義**、**有實效**、**共識可能**的討論（尋求共同的「系統平衡線」）。才能使得那些可能會影響兩國經濟，導致雙方國民感情惡化乃至引發戰爭衝突的諸如「邪惡」「惡魔」之類的極端性輿論和無秩序的暴力那樣的「雙損」行為得到遏制，才有可能實現真正意義上的相互理解與永久和平。

此外，雖然這種分配方式既不能保證一定容易實現，也不能保證一定能讓所有國家都得到皆大歡喜的結果，但按照這樣的思維方式制訂出的這樣的領土分配規則至少與沒有任何理論規則相比要進步得多，使雙方達到共識的可能性要大得多。即便其結果讓某一方乃至雙方都覺得「虧」了，但與因戰爭而付出的財產、精神、生命上的代價相比顯然是微不足道的。

（7）對侵略戰爭責任的認識

對於發動侵略戰爭的責任問題，往往會有各種不同的看法。

如果問到當時的日本普通老百姓為什麼不反對戰爭，他們會說我們是被政府控制，為形勢所迫（比如，如果反對則會被視為「日奸」，會遭排斥甚至坐牢等），況且我們只是做後勤支援並未直接參與戰爭。這種說法似乎就可以證明他們是一清二白的了。

既然如此，直接參與戰爭的日本軍人應該會認罪吧。可日本軍人卻說，我們也是被憲兵隊逼迫的，如果不入伍，一家人都會受到迫害，所以為了保護家人，不得已而為之。至於在戰場上燒殺掠搶，既是服從命令，也是為了自我生存，自古如此，有何罪過？這樣一來，日本軍人的責任似乎也就被推脫得一乾二淨了。

那麼，憲兵總該無處可逃吧？可憲兵卻說，我們是軍人，軍人以服從命令為天職。何罪之有？這下，連殺人不眨眼的憲兵們也似乎可以免遭罪責了。

　　這樣一來，似乎所有罪責都在日本政府，也就是說，當時推行軍國主義政策的政府首腦們了。就連中國政府的一貫見解也是「發動侵略戰爭的是極少數軍國主義分子，大多數日本人民同樣也是受害者」。 果真是這樣嗎？

　　實際上，這樣的分析結果違反了**「平衡」**以及**「人本為我」**這兩個基本定律。

　　因為，從「付出與得到」「權利與責任」這兩個平衡角度來看，如果侵略戰爭失敗則只由戰犯們來承擔責任的話，那麼，如果通過侵略戰爭得到的利益（土地礦產，能源資源，商貿經濟等）也就應該只由那少數幾個戰犯享有。事實上呢，無疑受益者是全體日本民眾。也正因為如此，大多數國民當時對侵略戰爭的態度是支持而不是反對——這也正是「人本為我」這一基本定律的體現。因此，我們可以說這種思想觀點是錯誤的。

　　雖然我們通過上述的**「對比凸顯論證法」**以及**「矛盾論證法」**證明了上述辯解的矛盾性，但是，為什麼說的人會產生這樣的思想而且似乎讓聽的人也覺得不無道理呢？即使聽上去感覺不對卻也不知道錯在何處，更不知道如何辨駁了呢？

　　實際上，這也同樣是因為陷入了「不講比率」這一思維誤區所致。因為，在「有與沒有」「都一樣有」這樣的要麼「極左」要麼「極右」或「極中」的思維模式支配下，辯解者通過找到其中的一個理由，可以輕而易舉地對整個事情加以全盤否定或肯定。因為只有「有」與「沒有」或「都一樣有」這三種結論。

　　實際上，這個問題的關鍵不在於「有」與「沒有」，而是在於**「究竟有多少」**（Degree）的問題。

　　首先，就像樹木生長發育都是因為紮根於土壤中那樣的道理一樣，任何思想的產生與蔓延都必須有其社會環境條件。也就是說，軍國主義思想的惡性膨脹，其根基來源於日本全體國民這一

遼闊肥沃的土壤中；用系統論觀點來說就是，這樣的思想與民眾的認識是屬於因果關係。因此，我們首先就可以說，日本所有國民都負有生產培育軍國主義思想的責任，而且，這點是非受迫性的。因此，我們可以說日本全體國民對此共同負有100%的責任。

其次，在參與或執行軍國主義政策的普通民眾中，真正屬於受迫性的是極少數，像日本共產黨那樣徹底反對的就更少了，而大多數國民在很大程度上起到了配合協作甚至推波助瀾的作用。不僅在思想言論上（比如歡慶日本軍隊勝利），還是在實際行動中（比如為日本軍隊制槍造炮）都可以說是戰爭的支持者和配合者。且主動性遠大於受迫性（儘管這又是洗腦式的軍國主義思想教育所致）。

普通士兵除了負有與普通民眾同樣的責任以外，還負有作為戰爭直接執行者的責任（且大多數為主動志願）。因為，如果侵略成功，那麼，他們無疑作為「功臣」「英雄」會享有更多的利益；既然失敗，也就理所應當承擔更大的責任。比如說，他們的責任大約是普通民眾1.5倍（當然這只是示例並非絕對）。

至於憲兵及高級士官則自然要比普通士兵責任要大得多。比如說是普通士兵的2倍。

將以上分析結果綜合起來，我們就可以對戰爭責任有一個大致相對的比例劃分。比如說：

甲乙級戰犯：憲兵隊：士兵：民眾＝45：30：15：10

這樣的比例性分析，不僅能使責任明確，更主要的是對於我們研究戰爭產生的根源以及如何防止戰爭發生上有著極其重要的意義。否則，人們就可以因為斬殺主要戰犯而將自己應當承擔的責任與戰爭的疼痛忘得一乾二淨，新一輪戰爭的胚胎又將在不知不覺中逐步形成，歷史悲劇又將重演……

（8）對新聞傳聞的認識

各種傳聞，尤其是標新立異的爆炸性新聞，往往容易引起人們的好奇心，並按傳播者所傳播的內容全盤接受。而這種刺激性，特異性，過激性的事件恰恰就往往帶有強烈的「極端片面」的特點。這也可以說是電視電影、報刊雜誌等新聞媒體容易具有的共通的性質特點。實際上，在歷史上的幾乎所有的侵略戰爭中，「極端片面」性報導在**鼓吹戰爭，煽動侵略**上都起到了極其重要的作用（即便有不少是被迫的）。而其所採取的手段，並不主要靠弄虛作假（因為那樣的話，有可能會被戳穿），而是只把某些局部、個別、突發性事件當作全部、整體、一貫性現象加以重點報導，刻意渲染，以達到混淆讀者觀眾視聽，激起廣大民眾民族對立情緒的目的，為發動侵略戰爭鋪平道路。尤其是這樣的做法與明目張膽地搞假報導相比，更具有欺騙性和危害性。

如果有某個中國人發表「沖繩是中國的」這樣過激的言論，那麼，幾乎所有的日本人聽到後馬上就會認為整個中國人都是這麼認為。反過來說，如果有某個日本右翼發表否定侵略中國的言論，就馬上認為所有日本人都是同一想法。顯然，這個觀點代表某個人是肯定的，但是否代表其它人，如果代表，究竟代表多少人，即這種言論**所占的比例究竟有多大**，這才是問題的關鍵。因為人的思想是自由的，所以有這樣的思想存在也毫不奇怪，但只要這種過激的思想所占的比例足夠小，就不會對大局造成影響。

但現實中恰恰相反，正是由於這種**「以偏概全，以點蓋面，以支代幹」**的極端片面性思維誤區，使我們在看待國與國，人與人之間的關係時，往往過於誇大負面，從而使得本來不是主流的敵對負面思想，通過相互刺激作用，反而逐漸變成主流，最終導致雙方信賴關係的徹底破裂。尤其是在現代網路時代，一小部分懷有極端思想的群體在網路上的言論往往會給人以代表整個國家

全體民眾思想的假像。這無疑對於加深兩國人民之間的誤會矛盾衝突會起到極其有害的作用。因此，我們不能不對這一思維誤區可能會造成的嚴重後果引起足夠的重視。

此外，人們常說的所謂**「偏聽偏信」**也屬此類。人們本來不想「偏聽偏信」，但為什麼又往往會造成「偏聽偏信」的後果呢？這恰恰又是因為人們陷入「不講比率」這一思維誤區卻自己又毫無察覺所致。因為當人們在向別人講述或申訴某件事情時，往往會不由自主地站在自己的立場，盡量挑選著說有利於自己的話（越是平衡觀差的人越是如此）。對此，我們不能有過多的強求，因為「人本為我」的規律難以違抗。問題在於我們聽者的認識態度。通常，我們會把重點放在判斷對方所說話的真實性。雖然這也重要，但還遠遠不夠。因為，首先，即便所言為實，但實際上如果只是整個事情的一部分，甚至是極少一部分，就會使我們很容易陷入以局部來概括整體，用枝節來代替主幹的思維誤區。此外，即便是事實，但由於受**「思維停滯」**的影響，我們往往不會去思考引發這一事實的本質原因而草率地做出錯誤的結論。

總之，為了避免陷入這樣的誤區，就要求我們首先要認識該現象的比例大小，其次就是要追究產生該現象的本質原因。

2、不講概率

在爭論問題時，如果一方說**「少數服從多數」**而被對方反駁說**「真理往往掌握在少數人手裡」**，恐怕往往無以對答，更不用說駁倒對方了。實際上，這就是因為陷入前面所講的**「不講比率」**和本節所講的「不講概率」這兩個思維誤區所至。所謂「不講比率」就是說，違反了「少數服從多數」這一基本原則。為什麼呢？因為，「少數服從多數」比之「多數服從少數」顯然符合

平衡原理得多。所謂「不講概率」，就是說，雖然也有「真理掌握在少數人手裡」的情況，但其概率顯然較小。因此，我們也只有以「少數服從多數」為基本原則，以盡可能地減少風險係數，從整體上達到優化決策的目的（儘管這也並不意味著因此可以完全忽視少數人的意見）——這也正是現代化議會制民主主義制度的最根本的理論依據。

此外，人們無論是在預測球隊輸贏，戰爭勝敗，股票漲跌，政治局勢，經濟趨勢也好，還是猜測人的心理，考察人的行為原因，查驗事物的發展根源也罷，往往只會用「肯定」或「否定」這兩種極端的思維及表達方式，而無視存在於這些事物中的「不確定性」這一概率因素，即陷入**「不講概率」**這一思維誤區。這樣的預測與其實際結果往往大相徑庭，長此以往，不僅會導致預測者的信用降低，而且也會逐漸使預測這一行為本身失去意義。

因此，這就要求我們，無論是在做成果預測還是原因分析，或者在與人討論甚或**辯論**時，都必須正確運用概率手法來對自己的觀點主張作出客觀恰當的表達。具體地說就是，儘量少有「絕對」「不可能」「100%」等斷定性詞語，而多用「可能性極大」「可能性大」「可能性小」「可能性極小」等概率性詞語。如果非得要下結論，就有必要作更進一步的調查核實，更深入地考察研究（**預測三原則**）。因為，一旦下定論，而又因證據不足理論不充分而受到質疑或反駁時，當事人很可能會因為個人自尊心而不得不強詞奪理，其結果不僅不能使自己的主張得到認可，反而還有可能落得一個自取其辱的下場。尤其是還可能因此擴大不必要的爭執，加深不必要的矛盾。而如果恰當地運用上述方法，則既可以給自己和他人都留有迴旋的餘地，也可以避免產生一些不必要的誤會，矛盾，爭辯與衝突，讓社會盡可能地多一份和諧與和平。

3、不講條件

　　作為「不講條件」這一思維誤區的最典型的例子莫過於妻子問丈夫：**「我和你媽掉水裡了，你救誰？」**這樣一個老掉牙的問題了。在沒有任何其它條件約束的情況下，要作出取捨，顯然是既不可能也沒有任何意義。**就像你不給我邊界條件讓我求解微積分或者是只給我一個方程式卻要求我求多元解一樣**。這裡的答案只能是**因人而異，因時而異，因場合環境狀況而不同**，怎麼可能有一個統一答案呢？這樣提問的本質目的並無過錯，只不過是想確認丈夫心目中自己與婆婆的位置哪個重要而已，但其方式實不可取。起碼，如果無條件的給妻子一個「當然救你啦」這樣的「滿意」回答的話，要麼是言不由衷，要麼是個「有了老婆忘了娘」的不孝之子。即使如此，妻子是否就可以放下心來，高枕無憂呢？其實不然，因為，如果他們的兒子也照此效仿的話，作為未來的婆婆，現在的母親的她恐怕也就難逃與現在婆婆同樣的厄運了（**替代論證法**）。可見，這種不講條件，強求結果的做法只有百害而無一益。

　　此外，在出版的諸多書籍雜誌中的標題中，不分場合不講條件的絕對性說法多如牛毛。比如「只要常吃它包你長命百歲」「一切健康在於胃」「只要養成這一個習慣就一定能當好領導」「把握這三點一定讓你成為億萬富翁」「誠實才是成功的捷徑」等等。

4、單向思維

　　所謂「單向思維」，就是指像交通上的「單向行駛」那樣，在考慮問題時，人們往往只是以某一個事物為中心，站在某一個角度來分析問題的現象。就如我們在第一節3裡講到有關是否存在外星人問題時所闡述過的那樣，如果僅僅站在人的角度，以人為

中心來看待問題，就只能得出「自然是為人的生存而被創造出來的」（地球的晝夜之分，溫度環境等）這樣偏頗的結論。但只要我們再進一步以宇宙及地球為中心，從自然的角度來看待問題，我們就能得出**「人是在適應自然的過程中誕生並生存進化過來的」**這樣的本質性結論。

再比如，我們有時會在電視節目裡看到有透視特異功能的人根據照片尋找失蹤者的節目。儘管透視特異功能的人東奔西跑使盡全身的解數，最終還是一無所獲，節目也就此結束，且下一個同樣類似地節目中，其結果也還是一樣。這不僅帶給觀眾深深的失望，尤其是給觀眾留下大大的疑問──這個所謂的超能人究竟是真還是假？！電視節目對此並未加以追究，似乎是沒有證實的方法。但實際上，只要我們跳出「單向思維」這一思維誤區，也就是說，我們把思考問題的中心與角度從「失蹤者」改為「超能力者」的話，要證明其真假性一點也不難。因為只要我們做一個讓超能力者透視實際在某地存在的人的試驗的話，其真偽便立刻得到證實。

可見我們在考慮問題時，**不僅要站在自身立場，尤其需要站在對方立場；不僅要看事物的正面，還要看事物的反面；不僅要看過去，還要看將來；不僅要從起點上游往終點下游看，還要習慣於從終點下游往起點上游看**（類似於所謂的「換位思考」）。只有這樣，才能幫助我們全面正確地分析問題和解決問題。

第四節　錯位短路

　　所謂「錯位短路」就是指無根據無理由地把系統內的某些要素從本來應該所處的位置上人為地強制性地移開，使其系統結構紊亂而造成系統內部要素的錯位與要素間關係的混淆的行為。其表現方式大致可以分為「前後倒置」與「越位短路」兩種。

1、前後倒置

　　在系統論中，我們講過系統的「因果律」，即對於自然產生的事物來說，有因才有果，有果必有因，前為因後為果，本質上說，這就是闡明了事物發展變化的順序關係。

　　而人們的思維順序又是怎樣的呢？雖然不少情況下是根據原因推斷其結果，但一旦出於某種主觀需要，即使對事物狀況不甚瞭解，也往往還會人為主觀的，極其勉強的先下結論，然後再為其已經公開的結論來尋找根據。也就是說採取了「先果後因」這一顛倒的思維順序。比如「先結論後根據」（「欲加之罪何患無辭」），「先目的後理由」（歷史上的侵略戰爭），「先情感後論證」（凡是自己人或對自己好的人所說的話都是好的，反之亦然）等。這樣的思維順序，當然就不能保證其結論的根據性，可靠性。而一旦作出結論，即使明知自己錯了，也因礙于信譽、威信、面子或者利益等因素，往往難於改變其觀點，即使為此不得不耗費大量的時間和精力去苦苦尋找本來就不存在的理由。或者在無法找到的情況下，就只好強詞奪理，或者乾脆來個死不承認。這樣做就只會造成人與人之間永無共識的無謂的爭論。

　　尤其值得注意的是，歷史上的哲學家們所提出的思想觀點，往往也同樣是這種思維模式。這也就使他們的觀點宛如「天上雲霧，地上塵埃；空中樓閣，水上浮萍；無源之水，無本之木」而

難以**「扎根於土，立足於地」**。這也正是造成哲學界幾千年來仍然處於「公說公有理，婆說婆有理」這一原始狀態的重要原因。

而BEST理論則是努力嚴格遵守了**「唯根據是論，唯理由是論，唯事實是論，唯邏輯是論」**及**「根據充分可做推斷，根據不足只做推測，沒有根據決不妄斷」**這七大**「論、斷」**原則（表2.15）。不過，這實際上也不過是體現了「根據」與「結論」之間的平衡原則。只有這樣才能使我們在討論或辯論時可以做到「進可攻，退可守」，在給自己的論說以足夠的迴旋餘地的同時，也能避免誤導對方，使討論具有建設性與有效性。

表2.15　論斷七原則

	唯根據是論
論	唯理由是論
	唯事實是論
	唯邏輯是論
	根據充分，可做推斷
斷	根據不足，只做推測
	沒有根據，決不妄斷

不過，這裡需要說明的是，如果不是對外部事情而是對自身情感，比如喜歡一個人，或者喜歡某件衣服，往往是先喜歡再找理由這樣的情況下，則不屬於順序顛倒這一範疇。因為這種情況屬於主觀情感，由某些潛在意識所作用，當然沒有必要一定要求有可以說明或確認的事實與根據。

2、越位短路

越位短路主要是指不遵循應有的系統性、順序性思維方式，將本來沒有直接因果關係（包括處於不同層次因果關係上）的兩

個要素牽強附會地以直接因果關係強行聯繫在一起的做法。

比如對小偷，你可以交給警察處置，但絕不可自己對其採取任何懲罰措施。因為「受損→報復」屬於個人行為，「犯罪→執法」屬於公眾社會行為。兩者雖然有著緊密的因果關係，但性質截然不同，因此不可隨意從前者越位到後者。也就是說，雖然犯罪理當受到懲罰，但不可跳過法制這一必須的中間環節。

還比如有的人當被問及「你會說英語嗎」時，他卻會來一句「為啥要會說英語呀」這樣的反問，這就是「越位短路」的簡單而典型的例子（往往為少數狡辯者所慣用）。這樣的回答越過是否「能」說英語這樣一個中間環節而直接竄到了是否「需要」說英語這樣一個問題上。還比如，人們一旦被問及自己意見主張的根據理由，便會立即意識到對方是在想否定自己的觀點。也就是說，超越了「自己的意見→其理由→對方的判斷（贊成或反對）」這樣一個因果順序關係鏈的「其理由」這一中間環節。

再比如，人們在從思想到行動這一行為過程中也往往容易陷入越位短路這一誤區。比如，誤以為「可以想的就可以說」「可以說的就可以做」「可以做的就可以隨便做」，但實際上則是「可以想的不一定就可以說」「可以說的不一定就可以做」「可以做的也就不一定可以隨便做」。比如，當你作為一個普通百姓時，你可以有你自身的信念思想，想什麼就說什麼。但如果成為政府官員或者公眾人物，則就必需考慮自身的身份立場與社會影響。你可以心裡想一萬遍要報仇雪恨，但不等於你可以把話直接說出來；即使你可以說出來，但也不等於真的就可以那樣做；即使那樣做，也不等於可以把事情做絕（比如把人打死等）。

還比如，東漢末年名士孔融就以其**「父與子，有什麼恩？論其本意，不過當時情欲發作而已」**之類的不孝言論為藉口而為曹操所殺，這段話的後半部分也許不無道理，但是否就可以直接成

為「無恩」的根據，「不孝」的理由呢？當然不是。因為就算無「生」之恩，但難道連「養育」之恩也沒有嗎？因此，這段話恰恰錯就錯在陷入了「越位短路」這一思維誤區上。即從「生」越過「養」這一中間環節一步直接跨到了「無恩」這個結論。

也許大家覺得這太理所當然，無需在此囉嗦。但實際上，只要看看各國政壇經常出現引發國際風波及社會輿論譴責的個別政要的問題發言就能夠理解其嚴重性。有關對種族性別歧視或敵視他國的發言，都是忘記了做為政府高官這一代表性立場而把個人的思想信念毫無修飾地越位到作為政府高官的思想信念上。而人們往往把批判的對象直指這種思想本身。雖說這也並無過錯，但實際上偏離了問題的要害。因為民主社會保障人的思想自由。因此，問題的要害在於作為政府高官發言的影響之大，範圍之廣，性質之嚴重。當自身的信念與國家利益相衝突時，應該以國家利益為重，等到卸職歸民則盡可言論自由了。

此外，人們在預測事物時，往往帶有強烈的主觀願望。比如說預測自己所喜歡的球隊的輸贏等時，往往會說「我猜一定能贏」。這實際上就是從**「客觀預測」**越位到**「主觀希望」**的這樣一種**「希望性預測」**的表現。而這樣做往往會造成與**「偷換概念」**（本章第五節）同樣的結果。

順便強調一下的是，本書是**把弄清因果關係與追究理論根據作為重要的論證手段**，因此，常常會自然而然地分析出事物在一定範圍內的矛盾之處與問題點（比如指出律師職業道德與社會公共道德的矛盾）。這樣做也許容易被人們越過這一部分而單純地誤解為對這樣的事物的好壞判斷與反對意見。其實，本書始終致力於排除那樣的**主觀性，個人性，感情性，固定性**觀念，一切只以BEST理論為終極評價標準——只要不陷入「越位短路」這一思維誤區，就不難理解這一點。

第五節　偷換概念

　　所謂「偷換概念」就是指，**在本來具有嚴密因果關係的連貫性思維過程中，有意或無意地把其中的某一概念用與其表面相似但實際有本質區別的另一概念加以替換，從而得出錯誤結論的這樣一種思維誤區。**

1、　用表象偷換本質

　　比如就「紅」的反義詞是什麼這個問題（圖2.27）。有的人說是「黑」，因為人們不是常說「紅心與黑心」嗎？不是還有《紅與黑》這本名著嗎？但有人卻不以為然，說應該是「綠」，因為人們常說「紅花配綠葉」「萬綠叢中一點紅」等等，何況交通信號不就是紅燈與綠燈嗎？但還有人更不服氣了，說理所應當是「白」，因為可以理直氣壯地舉出諸如「紅旗與白旗，紅臉和白臉，紅糖與白糖，紅喜事與白喪事，紅細胞與白細胞，紅旗與白旗」等好多例子來。

　　按照上述的思維方式，似乎任何一種說法都有它的道理。但我們對於這些說法的正確性可以首先從系統論的角度來概略性地分析一下。因為反義詞只可能有一個，比如「上下」「明暗」等等。也就是說，這其中最多只有一種說法是正確的。但其中任何一種說法都不能體現出比其他說法有更多的正確性。這也就意味著極有可能它們中間沒有一個是正確的。問題是如何驗證其正確性呢？

　　實際上，只要我們運用**「本質論」**去分析，就很容易使其得到證明。雖然大家都知道所謂反義詞就是指意思相反的詞，但對於它們之間並不是互不關聯，而恰恰是位居於同一事物上這一點卻未必真正懂得。按數學方式表示就是，**它表示的是一個連續體**

的兩個正好相反的方向或者不同的端點。按平衡論講就是，本屬於同一事物，只不過是平衡「度」不同而已。即正如本篇第一章第二節 1 所說過的那樣，是屬於**「相同的受容體」**和**「不同的失衡度」**。比如，所謂上下就是來源於「從上到下」，明暗就是來源於「從明到暗」等等。

因此，對於「紅」這一個詞，它所表達的意思就僅僅是顏色上的紅，而並不表示一種連續體的某個極端，自然也就沒有它的另一個極端。因此，我們就可以說，紅色這個詞是不存在與之相應的反義詞的，就像樹木，書籍，聲音也不存在反義詞一樣。

此外，如果我們運用**「矛盾論證法」**，也同樣可以證明這一點。也就是說，假設紅的反義詞是白的話，那麼，我們更可以說白的反義詞是黑（其理由似乎更為充分）。如果這樣的話，豈不得出「紅」與「黑」是同義詞或至少是近義詞這樣自相矛盾的結

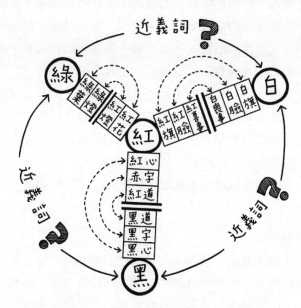

（圖2.27 對「紅色不存在反義詞」的證明）

論了嗎？與上面的第一種回答（說紅的反義詞是黑）豈不是恰恰相反更加顯得荒誕無稽了嗎（圖2.27）？

至此，我們從上述幾個方面已經對**「紅色不存在反義詞」**這一觀點給予了充分的論證。但是，作為本章的論述目的，我們的重點不在於證明這一問題本身，而是在於以此為例分析出人們產生這樣的錯誤認識的原因何在，即究竟是因為陷入了怎樣的思維誤區所致。這點比證明這個問題本身顯然更為重要。

實際上，這就是因為陷入「偷換概念」這一思維誤區所致。也就是說，把「紅」這一僅僅具有「顏色上意義」的詞與代表其他「寓意」的詞自覺不自覺地進行了替換（質的替換）。比如，在良心道德上，用「紅與黑」分別表示「善與惡」；在民間風俗上則用「紅與白」分別表示「喜與悲」；在企業結算時則用「黑字與赤字」分別表示「盈利與虧損」。可以看出，在上述三種情況下，紅白黑三種顏色所代表的寓意中，有時是正面，有時又是負面；彼此有時是對立面，有時又是同一面。其實，這一點也不奇怪，因為，它們歸根結底只是一種表現形式而非本質。顏色只不過是用來表示其寓意的工具而已，這時的顏色本身已經不具有任何本質特徵，可以由人的主觀意志隨意調換。因此，就會出現同一種顏色所表示的寓意會隨著所表述的領域（系統）的不同而不同，從而導致各種顏色之間在某一領域是反義詞，而在另一領域卻會成為同義詞或近義詞的「奇怪」現象。

這又是證明**本質論**與**系統論**的重要性的一個典型例子。

2、偷換系統

所謂**「偷換系統」**就是指在考慮某個問題時，有意無意地變換了系統範圍。比如事物的前提範圍，條件限制等。這種不以確定系統為前提的思維方式所考察的結果必然也是不確定的，錯誤

的。

　　比如，古代埃利亞學派哲學家芝諾就有一個有名的**「飛矢不動」**的論點。其理由是，飛箭在某一時刻是不動的，所以說飛箭是不動的。這種說法看上去似乎有道理，但這樣的推論實際上就是無視系統的結果。因為既然是飛箭（話的前半部分），那就意味著所考察的系統是一個時間在流失著的動的系統。既然時間不是靜止的，那麼飛箭也就不可能是靜止而必定是在運動著的。反之，如果考察時間靜止不動的系統（話的後半部分），不僅是飛箭不動，世界上所有的物體都是不動的，這種情況下，動與不動這個問題本身已經沒有任何意義了——因為動是只有相對於不動才能存在的。

　　而且，我們用數學方程式（T）也能證明這一點，即：

　　　　速度＝距離/時間＝0/0 → 沒有意義

　　這種觀點錯就錯在把「靜」與「動」這兩個完全不同的系統混為一談，其結論自相矛盾也就不足為怪。

　　除此以外，我們還可以運用**「延伸凸顯論證法」**來證明其觀點的錯誤性。也就是說，如果假設該說法正確，那麼就意味著「擱在地上的箭」與「發射出去的箭」都是不動的。既然如此，什麼情況下的箭才可以說是動的箭呢？恐怕就不可能回答得出來了。既然不存在「動」的箭，那麼作為其相互依存的對立面的「靜」的箭的意義也就必定隨之消失，也就是說靜與動這個概念將永遠消失。顯然，這不僅違背最基本的常識（人們顯然能夠明確地區分動與靜），也違背最基本的常理。因此，我們可以說這種說法純屬謬論。

　　除此以外，歷史上還有一個起源于公孫龍的著名的**「白馬非馬論」**。雖然我們覺得這是狡辯，但究竟「狡」在哪裡似乎很難說清楚。實際上問題還是出在「偷換系統」這一思維誤區上（圖

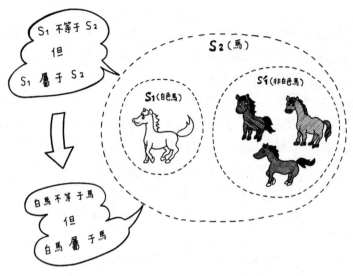

（圖2.28　「白馬非馬」之說的誤區分析圖）

2.28）。

　　也就是說，既然「白馬」是屬於「馬」這一大系統中的小系統，那麼，「馬」作為大系統所具有的共性，其所有的小系統也同樣具有。因此完全可以說白馬也是馬。只不過我們不能說白馬等於馬罷了。　用數學方式來表達就是：

$$白馬 < 馬$$
$$白馬 \neq 馬$$

　　再比如，當人們後悔以前做出過的某種選擇時，常說「要是**時光倒流**的話，我就不會那樣選錯了」。我們姑且先不討論時光究竟是否能夠倒流這個問題，而是假設時光可以如其所願能夠倒流。在這種情況下，看看我們究竟能否真的就可以避免錯誤或者說至少能夠減少犯錯的可能性呢？

　　實際上，這裡就又陷入了「偷換系統」的思維誤區（圖2.29）。所謂時光倒流，並不意味著你可以照現在的你（知道錯在何處的你）的原樣倒流，而是你依然要回到當時那樣的你（不知道正確

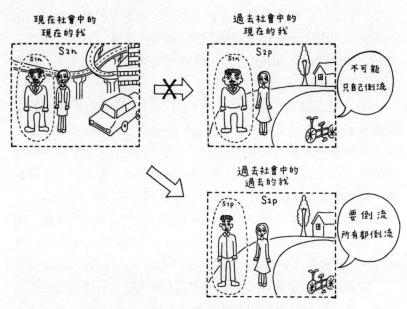

（圖2.29　「如果時光倒流」之説的誤區分析圖）

方向的你）。也就是說，**幾乎所有的人只著眼于時光倒流，而對於「你也必須同樣倒流」這一點渾然不覺**。因為這是兩個完全不相同的系統。既然如此，在你當時那樣的知識水準環境條件下，按照概率論，你做出錯誤決定的可能性同樣大（雖然不排除你做出正確或較為正確的可能性）。

再退一萬步講，就算我們只讓時光倒流而自己不倒流，即可以帶著現在的我回到從前，結果是否就會好些呢？

實際上，只要我們牢牢不忘系統論，就能夠很容易得出否定的結論。為什麼呢？因為，我們可以發現這裡忽視了一個重要的前提條件，那就是，**不是僅僅你可以帶著現在的你回到從前，而是這個世界所有的人都可以帶著現在的他和你一樣回到從前**。既然如此，那麼你做出選擇的前提條件，即由人組成的社會環境（系統）也隨之而變，他們也都與你同樣變成有經驗的「聰明

人了，那麼，你的選擇是否正確又將成為不確定因素。比如，你後悔要是在中國80年代末期買股票買房產就大賺了，可大家都這麼想，那股票當時就必定狂漲，哪能有後來的大賺呢？這也就證明了，這種條件下也還是行不通。

只有用這樣的思維方式，才能真正幫助我們對**「過去的事就過去了」**這句話做到內心理解並實際做到，才能在諸如選擇失誤，愛情失戀，事業失敗等問題上不過於糾結、沉淪，減少因此自暴自棄乃至自盡的可能性。從而真正能夠使之轉化為**「吸取教訓，總結經驗，面向未來，不斷奮鬥」**那樣的積極向上的精神。

再比如，如果有人指出了毛澤東發動文化大革命的錯誤，那麼有人就會罵他是漢奸。道理很「簡單」，因為毛澤東是抗日英雄，你反對他老人家就是反對抗日，反對抗日就是漢奸賣國賊。

這裡所謂「簡單」，實際上就是不按邏輯，不講道理的牽強附會，理論上就是典型的「偷換系統」的一個例子。這裡有兩次偷換，第一次就是把反對文化大革命與反對毛澤東進行了偷換，即把文化大革命這一「政策行為」的概念偷換成了毛澤東這一個「人」的概念。第二次就是進一步把反對毛澤東與反對抗日又進一步進行了偷換，即把毛澤東這一個「人」的概念又進一步偷換成了抗日這一「行為」概念（國民黨蔣介石也不僅抗日而且擔負了主戰場的重任，按此道理反對蔣介石的毛澤東不也成了賣國賊了嗎？）。

這種思維方式的錯誤之處，理論上講就在於把系統內部中處於從屬關係（大系統包含小系統）的兩個系統當作為並列關係。通俗的講就是混淆了整體與局部的關係。雖然對於這樣的思維方式，只要稍加分析，其荒唐之處便明晰可見，但現實中，犯這樣錯誤的卻並不少見，且往往為詭辯者所用。而我們雖明知其錯，卻因為缺乏理論根據，難免反駁無力，使得這樣的歪理仍然可以在社會上橫行。因此，我們只有以**系統論**為理論根據，指出其錯

誤所在（明確思維誤區類別），那麼，其謬論便不難攻破，**「偷換概念」**的詭辯術也才會越來越沒有市場。

再比如，在對事還是對人這個問題上，這一誤區的表現尤為突出。如果自己的意見遭到反對，大多數人都會首先感覺到是在反對自己這個人（當然，這種情況也並非全無），反之亦然。於是便會出現關係好的之間多有附和之言，而關係壞的之間便常有反對之聲。這種偏離追求事物真理這一本來目的的做法，勢必會大大妨礙我們對正確意見的充分吸收，影響我們做出正確的判斷。**如果我們能夠對這一思維誤區有所認識，那麼我們就能夠更加心平氣和地對待不同甚至是反對意見；更加冷靜地分析附和之聲，奉承之詞；也才能真正做到忠言逆耳，正確分辨是非忠奸，而不會為讒言所魅惑，為甜言蜜語所蒙蔽。**

還比如，某國政府發表與另一國有關的政治聲明。發表前，另一國政府對該國的聲明內容提出過不同甚至反對意見。對此，有評論家就公開進行批判，其理由是**「干涉內政！」**。這句話聽上去似乎覺得不無道理。即使覺得是詭辯，被這樣一頂大帽子一扣，卻也不知詭在哪裡了。

實際上，這也同樣是「偷換系統」的做法。因為所謂干涉內政是指對於一個國家內部的「國內事物」的干涉。這時的系統是「國家內」。而發表與他國有關的聲明，則顯然是屬於兩國或多國間的「國際事務」，這時的系統是「兩國間」或「國際間」。系統不同自然不可同日而語，因此我們可以說這種說法是錯誤的。

此外，在「極端片面」一節裡已經講到過的「日本人殘酷」「美國人霸道」「中國人醜陋」的說法也是「偷換概念」的一種表現。這裡就是把「日本人」與「日本軍隊」，「美國人」與「強大的美國」，「中國人」與「中國人的醜陋之處」各自進行了偷換。

尤其是，「既然以色列現在那麼橫行霸道，殺害了那麼多巴

勒斯坦人，就說明當初希特勒滅絕以色列民族的作法是正確的」這樣的說法也同樣是**「偷換概念」**的表現。即，把二戰時期的德國猶太人和現在的以色列猶太人進行偷換（偷換系統）的同時，還把殺害巴勒斯坦人這一行為手段偷換成了目的。

由此可見，只有這樣運用理論性、邏輯性、根本性的分析方法，才能完全徹底地**駁倒謬論，說服對方，統一思想，取得共識**。

3、用手段偷換目的

（1）在看待「愛國」問題上

人們對於那些愛國英雄及愛國行為無不崇拜敬仰，而對那些賣國賊及賣國行為無不切齒痛恨。這無疑是理所當然天經地義的。但問題往往是在評價某個人或事究竟是愛國還是賣國這樣的問題上，人們的看法為何又有很大分歧甚至截然相反呢？

實際上，其原因就在於人們在究竟什麼是愛國，什麼是賣國的問題上只有一個模糊概念而沒有本質認識。其結果，人們往往就不知不覺把對敵國態度是否強硬當作衡量愛國與否的直接標準了。

比如說，在圍繞領土爭端問題上，當事國雙方都表現為，口號喊得越響，話說得越硬，遊行力度越大，抵制商品越堅決，軍事行動越強勢才顯得越愛國，當事人就越被視為愛國英雄。而對於那些試圖通過改善關係以求得和平解決的行為通通視之為賣國行為而遭人唾棄。凡是看該國的電視劇，吃該國的料理，買該國的產品，唱該國的歌，說該國的話，到該國旅遊或參賽的，總之，一切與該國有關連的言行都可以輕而易舉地被扣上漢奸賣國賊的罪名。

在這樣一種儘管是虛象假影但卻已經固定形成了的強大輿

論壓力下，為了不被扣上賣國賊的帽子，擔當漢奸的罪名，大多數國民不得不順應大流，不敢有任何絲毫顯得軟弱的言行。許多戰爭狂在發動侵略戰爭時都巧妙地利用了民眾的這一幼稚思想與單純心理。無論是德國與日本發動二次世界大戰時也好，還是美國發動對阿富汗及伊拉克的戰爭也好，都是在愛國主義這一名目下，麻痹和操縱著單純的廣大民眾。而對少數理性的反戰派則可以以賣國賊的名義輕易加以打壓。因為賣國賊這項罪名太容易引起公憤，從而對其打擊鎮壓也就太名正言順了。日本共產黨在二戰時期一致被當作「日奸」「異端」「賣國賊」受到血腥鎮壓就是典型例子──儘管直到今天，沒有任何事實證明日本共產黨有任何的賣國行徑。

那麼，事情真相究竟怎樣呢？如果這樣的思維方式是錯誤的話，又錯在何處呢？實際上，這樣的思維方式，錯就錯在除了陷入只看其表不究其裡這樣的**「思維停滯」**誤區以外，最主要的就是又恰恰在於顛倒了「目的與手段」的位置關係，即陷入了**「偷換概念」**這一思維誤區。

因為，所謂「賣國」「漢奸」的本質是什麼呢？其本質就是指那些企圖通過犧牲國家民族整體利益來謀取個人或集團利益的思想或行為。這裡就有兩個條件。第一個條件就是他必須是以謀求個人或集團利益為目的。第二個條件就是他必須是以犧牲國家民族利益為手段。這應當是衡量是否賣國的兩個基本標準，也是兩個必要充分條件。反之，愛國行為自然就是指維護國家民族利益的行為，哪怕犧牲個人利益。在這一層因果關係中，前者是目的，後者為手段。 這也應當是衡量愛國與否的兩個基本標準。

那麼，對敵國表現得是否強硬與上面所講的兩個條件又是什麼關係呢？僅就是否強硬這點顯然不屬於上述因果關係的任何一部分，它歸根結底只不過是在實施愛國或賣國行為時所採取的手

段方法而已。也就是說，在愛國這一大目標大前提下，根據當時敵我雙方的力量對比，國際國內的局勢環境，遵循平衡論各項原則，有時可以硬，有時必須軟。究竟應該硬還是應該軟，何時硬何時軟，如何硬如何軟，硬軟到何種程度（「5W1DEF分析法」）等等這樣的問題歸根結底只是一個手段方法（T）上的不同，而不代表愛國這一主觀思想，根本目的的不同。毛澤東領導下的共產黨在抗日戰爭時期，與日本侵略者殊死搏鬥是愛國，那麼在戰後主動放棄對日賠款擱置釣魚島爭議而求得中日邦交正常化的行為就是賣國嗎？當然不是。這是在當時國際大環境（與蘇聯鬧翻，國際上受孤立等）下，為了國家利益而採取的一種策略。蔣介石即使在抗戰初期採取了消極抗日，積極反共的政策，那也只不過是他站在國民黨的立場上的同時也站在全中國的立場上，從考慮國民黨及中國整體利益出發採取的一種策略方針而已。雖然這種做法對於共產黨來說自然不會是好，對於中國來說也不一定就是好，但不能就此說他不愛國甚至是賣國。從國民黨最終以犧牲數以百萬軍隊的代價實際承擔了正面戰場艱鉅的抵抗任務就足以證明這一點。

此外，我們還可以用「對比凸顯論證法」來證明這種思維方式的荒謬性。也就是說，如果日本也採取上面的這種教條式的愛國方式的話，姑且不說其它，單就不使用漢字這點，恐怕幾乎是不可能的。因為漢字已經成為日本政治經濟文化系統中必不可少的核心工具，已經與其完全融為一體不可分割。再者，關係壞的時候排斥一切，那好的時候又全面接受的話，豈不跟三歲小孩一樣的幼稚可笑？因此，日本人恐怕連想都不會這樣想。那麼，這是否意味著日本人就不愛國呢？其結論不言而喻。即便日本民眾反對日美安保條約，反對安倍政權制定的安保法律也未必就是不愛國。

因此，應該說我們必須以愛國為總體指導思想。但應該**容許在戰略戰術，方法手段上的多樣性與靈活性。應該以國家長遠的最高利益為衡量標準**。而實現此目的的最佳手段依然只有**「互利互惠」**，而不應該僅僅按態度的軟硬這一形式上的表面上的東西來束縛我們真正的愛國思想和愛國方略。過激的口號，過硬的態度所造成的實際效果，有時不僅算不上愛國，反而恰恰是害國。

還需要值得特別說明的是，就有關**「愛國主義」**這一思想本身的評價，我們還有待于把它作為一個專門課題，按照BEST理論進行系統分析，具體討論。但我們如果對此連上述最起碼的認識都沒有，那麼，就不僅不能讓它帶給我們和平和幸福，反而只會給國家間種族間帶來不信，仇恨，爭鬥，戰爭，痛苦。

（2）在看待「撒謊」與「誠實」問題上

如果僅僅說「撒謊」，從直覺上恐怕沒有人不認為那是「壞」。人們往往只要用「你撒謊」「你騙人」來指責對方，似乎就可以輕而易舉地斷罪于對方。而被指責方斷然不敢背上騙子的罪名則會極力辯解，無法辯解便只好死不承認。但實際上，這樣的指責與辯解其實沒有涉及到問題的本質，沒有爭辯到問題的焦點。撒謊這一行為有時卻很需要。比如，心裡再討厭的人也不能直接說出來，再無能的上司也不能當面說他無能，再有自信也要在眾人面前表現得謙虛，為了拒絕但又不想傷對方面子時也會撒謊推託等等。也就是說，不能不分場合地一概斷定「撒謊」都是壞。那麼，為什麼同樣是撒謊卻會有兩種截然不同的結果呢？這難道不是自相矛盾嗎？如果不矛盾，又在哪裡才能得到統一呢？

實際上，其根本原因就在於自覺不自覺地**「用手段偷換目的」**所致。大家都在潛意識裡把撒謊當成了目的，但實際上撒謊只不過是一種手段（這同時也是**「錯位短路」**這一誤區的表現）。既然是手段就不具備好壞特性（對由該目的與手段組成

的系統來說）。如果其目的是好的（當然，好壞的評價並非絕對，必須與系統相關聯才有意義），那麼這種撒謊就是必要的；如果目的是壞的，那麼即使「誠實」也是壞的。比如，暴露人的隱私，揭人之短等等。從這個意義上講，單是一味籠統地教育子女「誠實」「仁義」等顯然是錯誤的。

（3）在子女家庭教育問題上

人的行為究竟為了誰？這個問題看上去似乎很簡單，誰都應該很清楚。但實際上，絕大部分人在絕大部分情況下都對此產生著相當大的誤會（參見第一章〈人性論〉第二節1及第三章〈情感論〉第四節1）。

社會上子女叛逆現象普遍存在，傷害乃至殺害父母的現象時有發生，其根本原因正是在此。這種案例的發生經過大都很相似。首先是父母望子成龍。他們的做法主要表現在三個方面。第一是子女的培養目標由父母決定（科學家、音樂家、藝術家等）。第二是為實現既定的理想目標在經濟上全力支援（有的甚至傾家蕩產），在生活上關懷備至（近乎對待小皇帝）。第三是，在學習及生活方式上按父母制定的方針路線嚴加管教（比如近乎對待犯人一樣，24小時監控其學習情況，嚴格禁止任何交友遊玩活動，強迫出國留學非拿到博士學位不可回國等）。而這樣做的結果，不但沒有獲得子女的感恩之心，反而讓子女逐漸產生強烈的敵對仇恨心理甚至猛烈抵抗行為。即便如此，父母在沒有讓孩子明確懂得這樣做的目的的情況下，只是本著對孩子的一片「愛心」和對在子女前途上的強烈的責任感驅使下，仍然一意孤行。這樣就為形成子女的「反抗期」埋下種子，實在積怨太久忍無可忍的情況下，甚至會走向暴力傷害父母那樣的極端犯罪之路（對留學美國的孩子說出「拿不到博士學位就別活著見我」的母親在迎接兒子回國的機場裡被兒子親手殺害）。這似乎實在讓人費解，究竟

問題出在哪裡呢？是否可以僅僅把責任全部歸結於子女就萬事大吉了呢？

實際上，這裡面也同樣潛藏著家長們的「用手段偷換目的」這樣一個重大誤區。且更為致命的是家長們對此卻毫無察覺或者一直在自欺欺人。也就是說，他們把上面三種行為做法都自以為是其目的。實際上其目的不知不覺變換為**「讓子女一切按照自己的意願行事」**，且其手段是**「強制性」**的（圖2.30）。

沿父母鋪的軌道行走

按父母定的模式成長

（圖2.30 父母的強制性教育）

為什麼這麼說呢？首先，在第一個方面或者是在第三個方面上，父母都不是根據子女自身的愛好興趣、適應能力、天資素質，而是按照自身的價值觀、生活標準、行動準則來決定子女的奮鬥目標及行為活動方式。這種做法，顯然都是一種**「損人利己」**式的**「自我」**過頭的**「自私」**行為。這裡的**「損人」**就是過分地剝奪了子女自我思想、自我選擇、自我行動的權利。讓子女做其最討厭的事，學習一些毫無興趣的東西，受著難以忍受的管

制等等這樣粗暴的干預行為與坐監牢受酷刑無異，子女何以不反呢？這裡的**「利己」**就是說父母只是為了滿足自己的主觀願望或自我價值的實現。比如有的僅僅不過是為了讓子女延續自己未曾實現的理想，圓自己一生未圓的夢（把違背心願而生下來的女兒強制性地當作男孩培養就是再好不過的典型例子）。也就是說，他們只不過把子女僅僅當作了個人財產，可以任意擺佈驅使的工具而已。按系統論，人性論的觀點就是說，實質上不是站在子女的「自我」立場上思考問題，而僅僅是站在自身的「自我」立場上的一種**「自私」**的作法。且問題的關鍵在於父母自身卻對於自己所做的一切都只是為了子女這點深信不疑，所以才會不顧子女反對抵抗一意孤行，最終釀成大禍 （舊社會「父母逼婚」現象也正是這一誤區的突出表現）。

當然，單就第二個方面而言，確實是利人損己的行為。但如果讓子女感覺到那只是為了操縱控制自己的手段而已的話，子女自然不會領情。但如果確實自始至終都只是以為孩子著想為本質目的，卻仍然產生同樣後果的話，則便可以歸結為手段問題。即歸結於如何讓子女從感情上真正接受，從道理上真正懂得而所採取的方式方法上的問題了（T）。這也同時又是另一種思維誤區──**「不講效率」**（負效率）所致。

因此，要從根本上解決這樣的問題，消除這樣的雙損行為，就有必要讓父母們首先把自己的行為的本質目的真正認識清楚，並把它正確地傳達給子女。同時懂得只有在尊重子女自身意願的前提下的建議幫助才是真正有效的這個道理，從而使父母們自發地，有效地調整或控制自己對子女的「欺霸」行為。

此外，上司對部下太過嚴厲的高壓式教育方式與**摧殘式管理方法**（power harassment）實際上也是屬於用手段偷換目的的行為。表面上是為了教育，實際上已經不知不覺將其偷偷地轉換為恃強凌弱，發洩情緒的手段了。

（4）在看待財色欲望問題上

人們對於財色欲望大多持負面印象，比如就有「萬惡淫為首」「女人是禍水」「錢是禍根」「欲望是萬惡之源」的說法。這也是一種典型的「用手段偷換目的」的思維方式的表現。

實際上，無論是「淫」「錢」也好，還是「女人」「欲望」也好，都只不過是人們謀求幸福的工具手段，本身並不帶有絲毫「壞」的本質因素。恰恰相反，它們是我們生活中不可缺少的，往往還是給我們帶來無窮無盡的快樂和幸福的源泉。不用說，**「性」的本質是性快樂及傳宗接代；女人的本質是為了構成男人幸福不可缺少的另一半（反之亦然）；錢的本質是對一個人勞動成果的社會評價；欲望的本質則是人們生存與社會進步的根本動力。**這裡面都絲毫不帶有任何「好」與「壞」的必然性。因此，它們本身沒有絲毫的罪責，真正的罪責在於使用它們的人。

因此，從這個意義上講，**喜歡「名利權色」，追求「吃喝玩樂」**未必就是壞事。關鍵要看是否與自身能力及所處環境相平衡。

（5）在人們的日常行為目的上

對於「顧客第一」「客人優先」這樣的道理，我們也許大都能夠懂得那是一種手段而不是最終目的，但對於我們日常進行的各種行為活動的目的究竟是什麼，恐怕不一定都有一個明確的認識。往往只不過是抱著「大家都這麼做」「歷來都這麼做」這樣單純的從眾心理。這樣一來，就會不知不覺地忘記了目的而把行為本身誤以為成了目的。這種情況，通常可以用**「為做什麼而做什麼」**這樣的句型來代表它。比如「為工作而工作」「為開會而開會」「為發言而發言」「為爭論而爭論」「為批評而批評」「為遵守道德而遵守道德」「為結婚而結婚」「為活著而活著」等等。

比如，最常見的一個現象就是，人們在**討論爭論**某個問題

時，看上去是為了爭論問題的正確與否，找到事情的真相或真理，但實際上最終相互認同達到共識的情況並不多見。往往是雙方各執一詞，互不相讓。即使有一方退讓，也不會從心底裡承認。為什麼會這樣呢？實際上，原因就在於此時爭論的目的已經銳變為雙方或一方只是為了證明自己觀點的正確，至於事情的真相事物的真理已經無關緊要。也就是並非為了「**求真**」，而只不過是為了「輸贏」而爭，甚至不顧輸贏只是**為爭而爭**罷了。這樣一來，由於你只是抱著「贏」或者「爭」的目的，那麼，你的思維就只會圍繞著「贏」或者「爭」來旋轉。從而造成兩種後果。其一是由於放棄追尋事物的本質，更多的只能挑選那些對各自有利的表面現象上做文章，自然就使雙方主張永遠是平行線。其二是為對方思維所左右，極端地說就是有可能對方說左你偏說右，對方說右你偏說左。因為你的目的僅僅就是為了形式上的輸贏。既然如此，理所當然地不僅說服不了對方，反而只會增加對方的反感和敵視。如果對方也如此，那就成為僅僅為了發洩情緒那樣的與小孩「吵架」無異的水準了。

當然，必須特別說明的是，我們雖然在這裡說爭論的本質目的不是為了戰勝對方，但並不意味著這個本質目的不會以戰勝對方這一形式結果表現出來。也就是說，即使我們不以爭贏取勝，而是以追本求真為目的，但卻往往會達到取勝說服的自然效果。因為，唯有「**本質**」與「**真理**」才是真正可以立於不敗之地的。再說，即使有形式上的輸贏之分，但找到了真理便實際上是體現了雙方共同的勝利。即實際上是「**雙贏**」結果（當然要具有這樣的眼光，則需要達到一定的BEST理論的深度）。因此，「**追本求真，互補雙贏**」才是我們在討論辯論時應當遵守的基本宗旨。

再比如有個別的**愛情偏執狂**，明知對方不愛自己，卻仍然瘋狂追求，甚至跟蹤糾纏，不達目的誓不甘休。對此，「神經病」

「愛過頭了」之類的話顯然對於阻止這種行為絲毫無濟於事。因為，反而會被這樣的人說成對方才是自私，這一切都是為了給對方「無私的愛」。這樣一來，只要不讓其真正弄清楚這些行為**「本質上究竟是為了誰」**以及**「真正的目的究竟是什麼」**，那麼首先就無法從道理上駁倒其正當性，更不用說從情理上糾正其盲目性了。這正是由於把手段誤認為目的所致。即，為了「自己」的愛與幸福，而不是「對方」的愛與幸福（即**「自私」**）。所謂愛對方也只不過是實現這一目的的手段而已。正因為是手段，所以才會如此「不擇手段」，哪怕讓對方痛苦甚至讓對方失去生命都在所不惜。

因此，從這個意義上講，既然結婚是為了幸福，那麼不幸福的婚寧可不結（即使大齡）；既然爭論不是為了達到共識，那麼從開始就不要爭論（哪怕是有把握爭贏）；如果開會沒有任何實質上的意義，那麼這個會從開始就不必開（即使是慣例）；如果沒有實際作用的所謂的道德觀念我們也就壓根兒不必遵守（即使是幾千年的傳統）等等。

只有從這樣的廣度（S）與深度（E）上去認識問題，說明問題，才能使得人們在對待各種社會關係問題上，容易相互理解，減少誤會衝突。

4、用結果偷換目的

一般來說，小偷偷東西自然不會有人說好，但如果偷的是貪官，恐怕就會有人暗暗稱快。電腦黑客本來應該是人類大敵，但如果攻擊的是自己的敵人則會為其拍手叫好。實際上，這就是典型的「用結果偷換目的」這一思維誤區的表現。即用「偷了貪官的東西」這一「結果」偷換了小偷當初的「偷東西」這一「目的」，或者是用「敵人受到攻擊」這一「結果」偷換了黑客當初

的「破壞網路公共秩序」這一本來的「目的」。因為其目的僅僅在於偷東西，而不在於只偷貪官的東西。或者是，其目的仍然主要在於破壞網路公共秩序，而不在於僅僅是攻擊敵人的網路（有一天也許會把目標指向自己）。因此，即使偷的是貪官也照樣應該嚴懲不貸，即使攻擊的是敵人也不可幸災樂禍。

5、用原因偷換理由

人們在為自己準備實施的行為作論證，或者對於自己已經實施的行為作辯護時，都需要說出正當的理由。有的理由確實正當，而像下面的這些例子又如何呢？

比如，有的員工會毫不猶豫地把「路上堵車」當作上班遲到的正當理由；也有的人會把在趕赴婚宴途中遭遇車禍的責任歸咎於新婚夫婦。其理由很簡單——如果不堵車，或者不參加婚宴就不會遲到或遭遇車禍。更典型的例子是，一個落難之人在因誘姦好心收留他的朋友之妻而遭到責問時，居然可以歸罪於「朋友的收留」與「朋友之妻的美麗」……。

對於這些說法，雖然我們明知是「歪理」，但聽起來卻又會讓人覺得似乎像那麼回事，或者說並非全無道理。因為來源於「如果沒有那樣的事情（原因），就不會有這樣的事情（結果）」這樣一個似乎合乎邏輯的推理。從而，不僅讓人無法反駁，而且本人也就真的這麼認為而可以做到「心安理得」，說起來也似乎「振振有詞」。其結果是犯錯者有錯不能糾，加害者有罪可以逃，而受害者則有冤無處伸。這樣，對於犯錯犯罪現象不僅起不到預防效果，反而會起到促發作用。

為什麼會這樣呢？根本原因就在於用原因偷換了理由，即它們之間並非真正對應的因果關係。也就是說，其所述的原因並非是導致該結果的本質原因，而只不過是屬於影響該結果的，附屬

性的，隨機性的客觀因素之一而已。

　　就以上面提到的事情為例。顯然，堵車並沒有造成所有受堵的人都遲到。也就是說，這兩者之間沒有絕對必然的聯繫。雖然可以說是影響因素，是表面性原因，但不是本質原因（理由）。本質原因在於本人對於遲到的重視程度不夠所致。如果不解決這一根本問題，就遲到而言，經常性的遲到現象就無法杜絕。今天可以是因為堵車，明天就有可能是班車晚點，後天就有可能是鬧鐘壞了等等。同樣，誘姦朋友妻子的理由自然也不成立。道理很簡單。因為收留也好，妻子長得漂亮也好，雖然是誘姦的原因，但不能成為理由。由於其欲望的滿足是通過侵犯他人正當權益這一毀衡性行為來實現的，就屬於侵權的「壞」的行為。

　　這樣分析之後，我們才可以說其所講的是原因而不能成其理由，才可以指責其說法牽強附會，強詞奪理。也只有這樣運用**建立在本質論，系統論，平衡論基礎上的邏輯分析方法**，才能使自己的主張簡潔易懂，合情合理，義正詞嚴，使犯錯者明白懂得，心服口服。

第六節　類比不當

　　所謂「類比不當」就是指把有本質區別的事物當作本質相同或相近的事物加以類比的一種思維誤區。它主要表現在為闡述某種觀點或為證明某種觀點的正確性而做的打比方及引經據典的行為中。其根本原因就在於弄不清事物的本質區別所致。

　　既然是想用比喻來闡述某種真理或者說明某種問題，那麼就必然要求比喻和被比喻的雙方都具有本質上的共同點。比如把「遠勞之師」比喻成「強弩之末」，還有像「良藥苦口利於病，忠言逆耳利於行」「路遙知馬力，日久見人心」「合抱之木，生於毫末；九層之台，起於壘土；千里之行，始於足下」「泰山不讓土壤故能成其大；河海不擇細流故能成其深；王者不卻眾庶故能明其德」這樣的類比是很貼切的，因為所比較的兩件事物的本質是一致的。

　　但是，像董仲舒的「天有陰陽，人有卑尊；天有五行，人有五常；人有四肢，天有四方；人有喜怒哀樂，天有春夏秋冬；故人是一個小的天，天是一個大的人」這樣的類比又如何呢？顯然，其所比較的兩件事物之間沒有共同的本質。首先，這裡的陰陽，五行，卑尊，五常之類都只不過是主觀人為性的定義，不代表「天」（這裡主要是指「自然」）或「人」的任何本性。換句話說就是連拿出來做比喻的基本資格都沒有。既然如此，把這些放在一起類比只能說是牽強附會，勉強湊數了。因為，**這裡的五行（金木水火土）與五常（仁義禮知信）、四方與四肢、喜怒哀樂與春夏秋冬等並無任何必然對應關係，只不過被勉強按數字相同而湊合在一起了而已**。比如，人的感情不只是四種，還有「喜怒哀懼愛惡欲」七情這樣的說法。按這種七情說法的話又如何與「春夏秋冬」四季相對應呢？何況連這七情又都還另有「喜怒哀

樂驚恐憂」之說呢？既然如此，又怎能保證何時不冒出個「八情」乃至「九情」的說法出來呢？另外，人的四肢是很明確的劃分，而所謂「天」的方向卻是正如「四面八方」所說的那樣，有無數個方向（360度），又何以能夠與四肢相對應呢？這種牽強附會式的比喻，不僅不能幫助我們**探索真理，認識真相，說明問題**，反而只會讓我們**偏離真理，模糊真相，誤導思維**。

再比如，當談到謙虛問題時，往往會拿出「稻穗越是碩果累累就越是把頭低得越深」這樣的例子來類比。這就是典型的因為只看表象不究本質而導致的「類比不當」的結果（圖2.31）。顯然，稻穗是被穀粒壓得低下了頭而與表示謙虛毫無相關。況且人是否謙虛更主要的是在內心而不在於頭抬得高與低這一表面現象。不過，僅僅如此，也許我們還不能說找到了這種比喻法錯誤的充分理由，因為有時僅僅為了說明問題的方便，會採取用表象做比喻的做法。但只要我們不讓**「思維停滯」**，更深一步思考一下，便不難得出這樣的結論。即，越有成果越有能力就越要低頭這種邏輯恰恰是與平衡論背道而馳的。雖然自滿過頭會成為驕傲，但謙虛過頭也就反而變成了虛偽。關鍵問題只不過在於不能過頭（失衡）。既然如此，這樣的類比終究解答不了為什麼要謙虛這個問題，也就起不到發人深省的作用，達不到真正的**教育**效果。

這種試圖以表面現象相類比來掩蓋或者偷換事物本質的做法也是政客們用以欺騙蒙蔽民眾的慣用伎倆。比如有政治家就所謂的「集體自衛權」類比成「幫助失火的鄰居救火」。看上去似乎相似，但實際上這兩者之間有著三個方面的本質區別。一是產生的原因，前者是主觀人為，後者則是客觀被動；二是處理的手段，前者不僅包含抵禦而且包括攻擊，後者唯有抵禦而無主動攻擊；三是結果，前者不僅有可能會使事態進一步擴大，而且會因此加大自身也遭受攻擊的可能性，但後者不會留下新的禍根。

（圖2.31　用稻穗比喻謙虛的「類比不當」）

　　當然，需要特別強調的是文學上的比喻與哲學上的類比本質不同，不可混淆。前者是增強文學性而採取的一種表達方式（屬於技術T的範疇），因此，不一定要求其本質相同。

第七節　自相矛盾

　　「**自相矛盾**」說起來太簡單，似乎不值一提，但在人們的日常生活中卻屢見不鮮。而且最致命的問題是本人毫無察覺，從而根本就無法防止和改進。其表現有哪些呢？主要有「**目的與手段**」的矛盾（或稱「**縱向性矛盾**」）與「**手段與手段的矛盾**」（或稱「**橫向性矛盾**」）。按本質論，系統論的觀點就是，在某一相對固定的系統內，對於某種事物的態度，看法，做法缺乏應有的本質上的一貫性和一致性。值得特別強調的是，這裡的「系統」「本質」與「應有」很重要，因為，必須把它與不問條件的、機械的、表面的一貫性與一致性從根本上區分開來。況且，我們會注意到，正因為追求機械的、表面的、不問條件的一貫性與一致性，才反而破壞了本質上的一貫性和一致性。比如在本章第一節中已經論述過的荀或對漢王朝及許褚對曹操的「忠」便是表面上矛盾，實際上一致的典型例子。

　　在明確了這裡所講的「自相矛盾」的本質涵義之後，就讓我們來分析一下它的幾個主要表現。

1、「目的與手段」的矛盾

　　所謂「目的與手段的矛盾」就是指為達到某種目的所採取的手段起到的卻是恰恰相反的效果，而本人卻對此毫無認識。比如，假設丈夫喜歡上了別的女性，妻子的本意是希望丈夫能夠回心轉意。也就是說，要丈夫不喜歡別人而喜歡自己。可她採取的方法是什麼呢？是對丈夫從早到晚吵鬧不停，辱罵不休，甚至鬧到工作單位使丈夫輕則臉面盡失，重則降級停職。她這樣做除了發洩自己的不滿、失望、憤怒以外，同時也是希望這樣能夠強制性地控制丈夫的行為，給丈夫的外遇製造客觀上的障礙。這樣的

出發點看上去似乎是朝著目標的。但實際上已經不知不覺的大大偏離了本心所向。已經忘記了「回心轉意」這四個字中的「心」「意」二字了。其實際結果則是，由於她在這些言行中，不可避免地表現出作為人特別是作為女人的「醜惡」的一面，確切的說就是「負愛素」的釋放。可想而知，這樣的「負愛素」釋放得越多，丈夫對妻子的愛感就會越少，對丈夫傷害的越多，造成的損失越多，丈夫的「情素」也就會越少，何以叫丈夫回「心」轉「意」呢？只怕是離得越來越遠。即使勉強一時見效，也只是表面而已。如果內心對妻子的「愛素」「情素」所剩無幾，甚至蕩然無存的話，其後果可想而知。也就是說，妻子的所作所為對丈夫「心」的離開不僅起不到控制反而起到了促進作用，即手段所起到的效果恰恰與其目的相反。因此，如果你的目的是希望你丈夫回心轉意，也就是說，是讓你丈夫的「心」回來，而不只是社會關係上的，表面上的，物質意義上的「身」回來，那麼，你採取的方法就**不應該是積累「負愛素」與「負情素」，而應當是增加你的「正愛素」與「正情素」**。

　　也許有人會說，難道不應該這樣作而是放任自流嗎？況且，有的不也是這樣把丈夫管住了嗎？之所以提出這樣的問題。實際上又是陷入了前面已經討論過的**「錯位短路」**這一思維誤區。也就是說，我們現在討論的是目的與手段是否一致的問題，即妻子的行為是否與希望丈夫回心轉意這一目的相一致的問題，而不是如何解決婚外情這樣一個更大、更複雜的問題。對於那樣的問題，我們就只有運用BEST理論，具體問題靈活解決了。

　　這種目的與手段自相矛盾的思維誤區，表現得最多最突出的恐怕無異於教育領域了，且最致命的是教育者本人毫無察覺。

　　比如，對於通過一個農婦因救朱元璋而得到大恩相報，即**「因果報應」**的故事來教育人行善積德的教育方法，我們曾經在

本篇第一章——人性論裡從人性的角度進行了分析，在這裡，我們還可以從「自相矛盾」這一思維誤區的角度來對其予以進一步的剖析。

這種說法潛藏著兩大矛盾。第一個便是給人以「行善往往能夠得到回報」這樣一種錯覺，即理論與實際的矛盾。第二個矛盾就是其說法本身理論上就自相矛盾。所謂的行善本質上就意味著不是為了自己的利益，也就是說，如果其行為具有某種功利性目的，那麼就不能稱之為行善。但這裡的說法則是赤裸裸地肯定了行善的目的可以是為了「謀取回報」（儘管教育者因陷入「思維停滯」這一思維誤區而並未意識到這一點）。這就等於**曲解了行善的本意，混淆了「行善」與「謀利」這兩種本質完全不同的行為的區別**。顯然，這就造成了思維過程中的前後矛盾。

而這兩個矛盾所造成的教育結果便是不僅不能保證起到正作用，反而有時還會起到反作用。即，不僅不能普及深化反而還會消除人們的行善思想，阻礙人們的行善行為——這正是陷入「目的與手段的矛盾」這一誤區的典型例子。

與此做法一樣，在教育學生不要恃強欺弱時，又會講述與此類似的故事。比如說，有個在班上一直霸道成性的同學某天掉進水裡差點淹死，幸好被那個總受他欺侮的同學救了過來。從此，那個霸道的同學便認識到了自己的錯誤，再也不欺侮其它同學了。

這樣的教育方式與上面講的方式同出一轍，同樣包含著與上述的兩個基本矛盾，只不過得出的卻是**「惡有善報」**這樣一個**否定「善有善報」**說法的結論（足見這些說法之**虛偽性**）。雖然這兩種結論本質上截然相反，自相矛盾，但作為一種通用的說教方法，往往同時為教育者或教材所採用卻渾然不知在自我否定。既然如此，其教育效果便無可期待。

2、「手段與手段」的矛盾

所謂「手段與手段的矛盾」就是指，對在同一系統中同一屬性上的要素採取著不同標準區別對待的做法，從而破壞系統內部平衡，促使內部要素之間矛盾加劇，內耗增多，阻礙系統整體目標的順利實現。這近似於人們通常所說的「雙重標準」的涵義。

最簡單的例子，比如公司在分配獎金時。必須事先制定好獎金分配統一標準與規則並照此實施。這樣做的本質就是通過遵循按功計酬，按勞分配這一公認的平衡原則以求得系統在成果分配上的平衡，才能達到激發員工的積極性的目的。否則，如果採取雙重或多重標準，甚至根本就不按標準，僅憑老闆的喜好情緒，隨意而行，那麼必定會在職工中引起不滿，造成嫉妒，加劇矛盾，打擊積極性，破壞合作性。雖然用這樣簡單的例子來說明這一點似乎顯得小題大作，覺得淺顯易懂，不足為奇。但一旦換成較大較複雜的系統，人們對於其中的自相矛盾便分不清、看不透、認識不到了。下面，就有關幾個社會性問題做一番考證。

（1）對性取向多樣化的歧視與民主主義制度基本思想的矛盾

長久以來，社會對於同性戀的歧視排擠及法律上的禁止結婚以及其它對性取向多樣化的蔑視便是典型的自相矛盾的作法。同性戀也好，特殊的性取向也好，都是該類群體獲得性幸福的一種手段，本質目的與異性戀一樣，只是方式不同而已。只要他們沒有給社會或他人造成傷害或損失，就應當與異性戀一視同仁。否則，就是社會給予這一弱小群體的不公正待遇，與自由民主社會裡的民主自由宗旨自相矛盾。也許有人會說，這類群體違背了人的自然繁衍生息規律，實際上這又是因為受固有的傳統道德禮儀觀念的束縛，陷入了「思維停滯」這一誤區，沒有更深一步看透本質，分清主次的結果。實際上只要明白男女自然分配原理（參見第一篇第二章第二節12（1）），即他（她）們歸根結底都只不

過是由於人的性別度的隨機性分佈，而偶爾處於男女中間邊界線的位置而已。因此其比例自然極小，對於人類的繁衍生息的影響實在微乎其微，與流產、生病、事故及戰爭對於生命的扼殺相比更顯得微不足道，根本無需杞人憂天。即使再退一步說，就算「同性戀者」屬於非健康者，既然我們對於天生腦癱、殘疾者都一律加以保護，且沒有說剝奪他們戀愛結婚生兒育女的權利的話，有何理由歧視排斥同性戀這類群體呢？可見社會在對待「智障殘疾者」與「同性戀者」之間存在著自身都意識不到的自相矛盾的思維方式。

（2）貪汙腐化的根本原因在於財富分配制度上的自相矛盾

對於政府官員的貪汙腐化現象，我們往往把矛頭只指向貪官個人，把原因只歸咎於個人的思想品德。如果僅僅局限於個人來看待這個問題，也並非完全沒有道理，因為並不是所有的官員都一定是貪官。但我們研究的是整個社會，那麼，我們就應該用系統的視野，從分析社會制度著手，從根本上認識清楚這一社會性問題。

實際上，其本質原因就在於社會財富分配上的不平衡方式造成官員心理狀態的「**內失衡**」和「**外失衡**」所致（圖2.32）。

所謂「**內失衡**」是指幹部手上的「權」與其得到的「利」處於極度不平衡狀態。一個縣長一年有著獨自支配幾十億甚至上百億資金的權利，而自己的年工資則只有區區幾萬，也就是說造成了個人權利極大而回報極小這一極端的反差現象（極端不平衡狀態）。

所謂「**外失衡**」又包括兩種。一種是這些官員低微的工資收入與圍在他們周圍且掌握著他們經濟命脈的富翁們的巨額利潤鮮明對比下的心理失衡。富豪們揮金如土，奢侈淫靡的生活方式與本應清正廉潔的官員的樸素生活也會形成強烈反差。雖然這些富

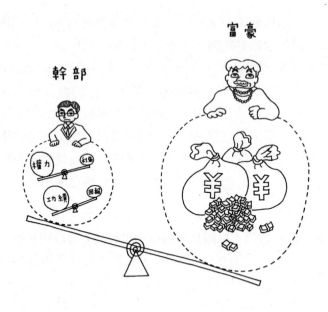

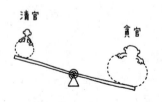

（圖2.32　貪官的「內失衡」與「外失衡」）

豪們的財富也是他們在商業界勤奮拼搏得來的，但政府官員又何嘗不是通過在政界拼打，其中也不乏政績卓著才好不容易爬到那樣高的位置的呢？哪怕就算是投機鑽營，走後門靠關係得來的，那也是不但需要努力還需要有手腕，而且擔風險的。總之都是要作出很多付出與犧牲的呢？

　　另一種便是官員群體間的失衡。也就是說，一旦出現這樣的貪官且得不到及時懲治的話，那麼就又會造成其它本來廉潔奉公

的官員們的心理不平衡。這樣的連鎖效應便會促使貪汙腐化成為社會的普遍現象而得不到根本的遏制。

這兩種極度的內外失衡狀態，就造成了官員們強烈的求衡欲，即形成實施貪汙腐化行為的強大壓力。當其壓力超過自身的平衡能力（自我節制能力）以後，他們便會挺而走險，走上貪汙犯罪的道路。因此，想指望人的思想道德水準的提高或者期待貪官們的良心發現來從根本上解決這一社會現象是完全不可能的。這點，我們從某些高唱社會道德，大喊廉潔奉公的旗手們，實際上卻是貪汙腐化的帶頭人這點就足以看出所謂的思想道德教育的局限性（雖然不能說完全沒有作用）。

總之，這一問題的解決只有從上述的三種失衡狀態入手。其具體的辦法可以有很多。比如說縮小社會貧富差距，加大政府執政透明度，完善民間檢舉監督體制，增強政府自淨能力，限制個人權利，提高官員工資，增加高收入群體的稅收，加強法制建設，加大反貪力度等等。當然，至於解決貪汙腐化這個問題的具體辦法，因為既不是本書的目的，也不是本書的重點，所以我們不必要也不可能在此細究。在此，只是想通過這個現實例子，說明自我矛盾的危害性及其應有的基本思維方式。

（3）社會司法制度上的自相矛盾

在現代民主社會，建立司法制度的目的是什麼呢？顯然應當就是為了維護社會的公平正義。自然這也就包括檢查機關、律師、法官在內。但事實上呢？律師卻有其獨自的職業道德，那就是一切以委託人利益為最高利益。既然如此，那麼，即使明知委託人確實犯罪，但還是想方設法哪怕弄虛作假也要極力為其辯護成無罪。而對於受害者一方來說，便是故意製造冤假錯案。而製造這樣的冤假錯案越多就說明其辯護能力越強，便越是聲高望重，越是受到世人的尊重。這也就意味著越是有錢人，便越是可

以雇到這樣的「好」律師，就越有可能逃脫罪責。而這樣的不公平不平等現象卻可以堂而皇之的大行其道無需擔心受到批判。

顯然，這裡就存在著幾重自相矛盾。其一是司法制度的目的與律師行為目的之間的自相矛盾。前者為公平正義，而後者則為唯委託人是利，即使故意製造冤假錯案。其二是律師職業道德與社會道德之間的自相矛盾，前者可以堂而皇之地違反後者。其三是律師職業道德與其它職業道德的矛盾。作為所有行業的職業道德幾乎都是以社會整體公共利益為最高利益——即使損害委託者利益。比如，如果科學家要發明可能會危及人類的物種，那麼必定會受到輿論的譴責；工程技術人員在設計時，不能只是考慮委託方的經濟利益，而必須考慮居民影響，景觀環境等問題——那怕與委託方發生衝突；即使以執行命令為天職的士兵，如果參加的是侵略戰爭，當然也必然受到輿論的譴責、社會的懲罰以及良心的自責。

當然，這與律師個人毫無關係。作為律師為了遵守職業道德即使違反社會公德與良心也是迫不得已，自然也無可非議。其根本原因在於社會系統（S）。也就是說，在於司法制度的缺陷。至於怎樣彌補這樣的缺陷，我們在此不做深入研究，但有一點可以肯定的是，仍然需要應用平衡理論，採取槓桿措施。比如，如果最終判明事實與律師辯護相反尤其是在故意所為的情況下，那麼該律師就應當負起相應的責任（評價降低，輿論批判等）。而現在的做法是，律師對自己的辯護的真實性可以不負任何責任。

說到這裡，也許有人會把律師的職業道德與醫生的職業道德相提並論。也就是是說，醫生不也是不管好人壞人都治嗎？但實際上，這又是陷入了**「類比不當」**的思維誤區（見本章第六節）。這兩者本質根本不同。在行為目的上，前者是唯客人主觀所需，其手段則可以不顧事實真相；而後者則唯客人治病所求，手段上來不得半點虛假。至於救的究竟是好人還是壞人，這本身已經超

出了醫生的職業範圍，當然也就不應該劃入職業道德範圍中來。而維護公平正義則是律師本來的職責範圍，所以，如果其行為結果與其相反，我們就可以說是自相矛盾——這就是它們的本質區別。

（4）　一些規章制度上的自相矛盾

社會上的各個政府機構，各類管理部門，學會協會委員會等都有權獨自制定各種規章制度、管理條例。但這些制度訂得是否公平合理有效，則難以得到保障。因為社會上既不存在一個獨立於管理體系之外的具有中立性的評審機構，也不存在一個可以保障各種規章制度的客觀性、公平性、合理性與有效性的統一的評審標準，從而使一些規章制度難免受主管部門主觀性因素影響而做不到公平合理有效。

比如，在一些資格職稱考試制度中，其考試科目一般分「專業」與「一般」（非專業)兩大部分。同一個人如果想要取得幾個專業的資格的話，不僅需要接受幾個不同專業的考試，而且每考一個專業就都需要再接受一次「一般」部分的考試（表2.16）。

這裡，看似公平合理，其實矛盾不公。為什麼呢？我們只要從考試的本質來考慮便不難理解。只要一個考生擁有一個專業的資格，也就是說通過了一次「一般」科目的考試，那麼就意味著對於該考生的一般科目的能力已經予以認可，且承認終生有效（資格終生有效）。這也就意味著同一考生在以後應考其它專業時也應該同樣有效。既然如此，也就沒有再考的必要。如果再考，就等於撤銷了前一次對該考生在一般科目上的認可。這就等於人為地製造了資格擁有數不同者之間的付出與回報的不平衡。

實際上，如果採取第二次以後的考試中取消一般科目考試的方法的話，不僅可以大大減輕考生多項專業應考時的多餘負擔，而且對於減輕組織考試工作量也能起到良好的促進作用。

（表2.16 資格考試科目有效期限比較表）

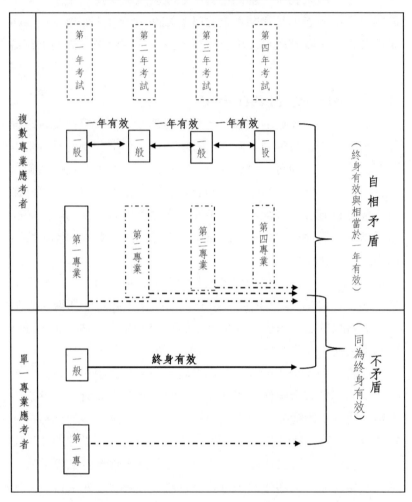

　　此外，還有的資格考試制度規定必須參加指定的培訓班以後，才有資格參加考試。比如日本的「混凝土診斷士」資格考試規定其培訓後的有效期為兩年（培訓期2天，費用約2萬日元）。

　　這裡，我們會產生兩個疑問。其一是為什麼需要規定有效期。其二是就算需要規定，為什麼是兩年，其根據在哪裡呢？

首先，讓我們看看規定有效期的必要性。

可以想到的唯一理由恐怕就是因為時間長了會忘記，所以要重新補習。這種說法看似有道理，實際上是陷入了**「偷換概念」**中的**「用手段偷換目的」**這一思維誤區（本章第五節3）所致。因為這裡培訓的目的是為了獲得應考資格，學習本身反而成為其手段（這點可以從即使有足夠知識的考生也不得不參加培訓這點便很容易理解）。即用「學習」這一「手段」把「經歷」這一「目的」進行了偷換。也就是說，不在於確認現在有多少知識（培訓中並無任何考試），而在於確認是否有過學習相關知識的經歷——這才是把培訓設定為「應考資格」之一的本質目的。但無論是主辦方也好，還是考生也好對此都並未表現出什麼正式的明確的認識。

分析到此，其自相矛盾性就顯而易見了。既然要求的是「經歷」，那麼，對於這樣的技術性資格，就不應該設定有效期。因為「經歷」作為歷史是永遠不會消失的。

實際上，只要把這種做法與通常做法比較一下，其矛盾性也就更加突顯出來。比如，有的資格考試需要大學畢業，但基本上不存在還進一步限制大學畢業多少年以內的現象。要是有這樣的規定的話，豈不是為了資格考試還得再讀一次大學不可？

據上分析，我們可以說，設定培訓有效期限的做法本身自相矛盾，不存在必要性。

再退一萬步說就算存在必要性，那麼，也還存在一個究竟應該設定為幾年才算合理的問題。

在討論這個問題以前，有必要對此設定一個大致的衡量標準，也就是**「系統平衡線」**位置。這裡的「系統平衡線」位置應該在哪裡呢？就在於，合格者接受培訓的次數應當平均在1次左右。換句話說就是，平均來說，恰好在培訓有效期到期那一年合格。因為，合格所需要的培訓次數平均為一次這樣的標準是再自然不過的了（基礎知識水準低於平均水準才需要再培訓）。

實際上，這也就是合格者的平均考試次(年)數，即培訓有效期應當等於合格者的平均應考次數，而它又與合格率互為倒數。因此，我們便可以得出結論——培訓有效期應當大致等於平均合格率的倒數。比如合格率為10%、20%、50%的情況下，其培訓有效期應分別為10年、5年、2年。按此計算，上述的「混凝土診斷士」資格考試的平均合格率為20%，那麼其培訓有效期限就應當為5年而不應當為2年。反過來我們也可以推算，在此制度下的平均接受培訓的次數為5/2＝2.5次！其中的1.5次的培訓所耗費的時間與費用便是無謂的浪費了！

我們只有這樣在BEST理論指導下，消除一些規章制度中大量存在著的自相矛盾之處，才能夠減少一些不必要的**社會矛盾、人間摩擦、周折浪費**，從而有益於**社會和諧、生產高效、人類幸福**。

（5）在一些傳統習慣上的自相矛盾

有不少傳統習慣有著自相矛盾的特點，這同時也是思維停滯的一種表現。

比如國際網球賽，當自己打出的球觸網後就近落入對方場地，使對方反應不及而失分時，應該向對方示意道歉。這似乎已經成為一個公認的講禮貌的傳統習慣。

這樣的傳統習慣究竟有沒有其必要性與合理性呢？首先，本質上講，道歉應該是在自己作出有損于對方的事情時的表現。這種情況顯然不是，因為既沒違規也未失禮，相反，如果能有意打出這樣的球，則反而是天下絕技，會與網前吊球，ASE球，死角球等其它高難度球技一樣受到欣賞。因此沒有任何必要性。既然如此，這樣做不僅顯得多此一舉，而且與競技基本思想自相矛盾。體育競技的基本思想就在於公平競爭。其具體涵義就體現在一要「遵守規則」，二要「克敵制勝」這兩點上。而這種做法，存在著兩種矛盾。一是並未違規與道歉的矛盾（無需道歉）。二

是明明高興卻裝作道歉的矛盾（何必造作）。如果僅此而已，我們還不能斷定這樣做一定不妥，因為有時無故道歉是為了安慰對方，對對手表示友好；假意做作有時是為了緩和氣氛，讓觀眾賞心悅目。也就是說這種做法作為一種必不可少的維衡行為，有時是一種緩解人際矛盾，潤滑相互關係的一個重要的手段（Ｔ）。因此，如果選手的行為自始至終都貫穿的是這一思想，採取的是同一手段，那麼也許無可非議。問題是除此以外的其它情況下的表現卻又如何呢？

首先，在爭分奪勝上，選手的為己行為表現得最為完全徹底，而且有過之而無不及。這只要從我們會經常看到選手為自己爭分的場面，而從未看到過為對方爭分的現象這點就不難得到證明。其次，對於對方的失誤丟分可以喜形於色；對於對方的強攻得分可以斜目怒視；甚至當自己打出一記ASE球後可以狂吼「come on！」，或者伸拳舞臂，盡顯其威；作為一種心裡戰術，有時甚至故意激怒對方等等。這種做法赤裸裸地表現出了強烈的「為己」心理。客觀上也給對手造成了一定的心理壓力，甚至無異於一種「示威」行為。而這與禮貌謙讓恰恰背道而馳。既然如此，因觸網掉球得分而道歉的行為，顯然就是**「不僅表裡不一，而且前後矛盾，與整體行為相衝突」**的行為。這正是人們通常所說的「虛偽」。而這三點正是所謂**「虛偽」的判斷標準**。

順便提一下，人們往往使用虛偽這一詞，但對其本質涵義未必就做到了真正理解。比如，有人會把口是心非言不由衷的表達方式或者各種禮儀、禮貌、謙遜行為一律看做是「虛偽」。顯然這是錯誤的。因為正如上面已經提到過的那樣，這些往往是減少人際摩擦的潤滑劑，緩解人際矛盾的緩衝器。比如，讚美女性容貌，吹捧上司才能，恭敬於人，謙卑於己，禮讓三分，在球場上即使輸球也要在結束時握手乃至擁抱等等。儘管這些都不一定發自內心，但只要適度，就是不可缺少的必需的維衡行為。

（6）在一些習慣說法上的自相矛盾

社會上存在著不少看似有道理實際是自相矛盾的習慣說法。

比如「**因果報應**」之說。雖然我們已經在人性論裡從分析本質著手對其予以否定，但實際上我們還可以通過指出其自相矛盾（**矛盾論證法**）的地方進一步予以驗證。如何驗證呢？

我們不妨假設發生了兇殺案件（圖2.33）。讓我們考慮一下如何處置這個問題。首先是，殺人犯罪，理當受罰。但按照因果報應說，被害人之所以被殺，肯定是因為做了什麼壞事，所以對被害人來說是「罪有應得」。既然如此，兇手也就不算有罪，反而是為了兌現因果報應所為，甚至可以說是伸張正義，為民除害而理當嘉獎。這樣一來，就得出了既是好事又是壞事這樣兩個完全相反的結論，這就恰好證明了這種說法的自相矛盾性。因此，我們說這種說法是站不住腳的。

再比如，哲學上有一句名言，那就是「**沒有一個真理是絕對**

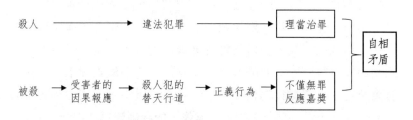

（圖2.33 「因果報應」之説在處理刑事案件上的自我矛盾）

的」。實際上，這也是自相矛盾的說法。確切地說就是一種自我否定的說法。因為，一方面這句話是對其它真理的絕對性進行了否定，但同時又對自身也進行了否定。既然如此，這句話就成為一個意義不確定的話——說了等於沒說。這就反過來證明了絕對的真理是存在且是唯一的，即我們已經在前面論證過的——「**真理只有一種，真相只有一個**」這個道理。

第八節　不講效率

1、效率的定義及其公式

　　所謂「不講效率」的意思看上去似乎太明白不過的了。但是，在日常生活中人們是否真正懂得它的涵義，真正認識到它的重要性，真正貫穿到了實際行動中去呢？答案顯然是否定的。

　　何謂效率？我們在此必須給予它一個完整的定義。所謂**效率**就是「成果」與「成本」的比。廣義地說就是在「結果」與其「行為」的比。按「系統論」便是，在一個系統內，一種「輸出」與「輸入」的比。如果用E（efficiency）表示效率係數，用O（Output）表示輸出(成果)，用I（input）表示輸入（行為），則可用公式：

$$E = O / I$$

表示。這便是可以普遍適用於世界上所有目的性行為的效率公式。

2、效率是決策的唯一目標與檢驗其正確性的基本標準

　　人們之所以鍥而不捨地探索著社會制度上的改革進步，生產技術上的發明創造以及日常生活中的簡捷方便，正是為了在提高人們**「生活享受度」**的同時，降低為此所需要的**「工作操勞度」**。這也正是促進人類社會不斷進步發展，人類生活水準不斷提高的根本動力。因此，它也就自然而然成為我們決策（選擇方法與手段）時所追求的唯一目標，檢驗我們決策正確與否的基本標準。

　　按照這一公式的本質思想，對於各種不同的情況下，我們可以有更具體的表達方式。比如，在公司經營上就可以變換為「利潤/總成本」；製作一部影片時便成為「票房收入/總製片費」等

等。上述這些情況，一般都比較容易讓人理解。因為這些大都可用具體數字來表示，可以成為衡量其行為優劣的直觀性指標。但這些表示的大都局限于「硬體技術」的範圍。而正如我們在第一篇第二章第四節〈技術論〉裡已經闡述過的那樣，「軟體技術」的停滯不前是造成人類幸福度得不到提高的根本原因。具體地說就是系統效率低下。這裡的系統除了社會大系統（以世界或者國家為單位）以外，還包括各種大大小小、形形色色的社會團體（工廠、企業、機關、學校、家庭等），甚至包括組成社會最基本的單位——個人。因此，**要提高從整個社會到個人的幸福效率，就有必要在人的一切活動中始終如一地貫穿「效率」這一思想，使所有的效率所指的方向最終朝著人的「幸福」這一最終目標**（目的與手段的一致）。

3、不講效率的直接原因就在於未能對其具體化、明確化、定性化以及最低限度的定量化

綜觀人們日常生活中的基本行為模式，不難看出，人們大多只是機械性地遵守著各種規章制度；按部就班地作著自己份內的工作；習慣性地履行著自己應該履行的職責；被動性的執行著上司的命令或指示；隨大流式的跟著大家做同樣的事情等等。

之所以這樣，一方面是由於對效率的重要性與普遍性的認識不夠，另一方面是由於沒有人把各種情況下的效率這一概念具體化、定性化以及最起碼的定量化，從而使人們難以運用它。因此，我們在讓人們充分認識到效率的普遍性與重要性的同時，還有必要將其具體化以及盡可能的定量化。而且，不只是應用於工作活動或商業行為上，也同樣可以並且應該適用于友愛情愛，婚姻家庭等情感領域。只是後者在定量化上難度較大。但即使只是定性化甚至只是使這一概念得到明確，也將能對我們的工作生活

起到非常重要甚至是決定性的優化作用。

比如說，公司在招收或評價其員工時便可用**「期待貢獻度／雇用成本」**這一效率值；丈夫或妻子在家庭中的效率值便是**「對家庭的貢獻度／享受家庭服務度」**，人才教育時便可用**「因教育而產生的社會價值／教育成本」**等等。

4、「不講根據」是講求效率的最大障礙

在現代社會中，無論是各級政府管理機構作出的各種法律政策規定也好，還是由各個社會團體自行制訂的各種規章制度（廠規、店規、校規、會規、族規等）也好，都是由管理方頒佈，被管理方執行。雖然，對於那些能夠說明其理由的規定會作出相應的解釋說明，但一旦遇到說不清理由或者是說出理由會于管理方不利的情況下，頒佈方往往會回避搪塞，要麼乾脆一句「就是這麼規定的」而拒絕正面回答。而這些制度所管理的對象們則因為「認識」到那是規定，所以也就潛意識地覺得只有遵守的義務，沒有質詢的權利，從而使得某些規章制度即使再不合理再不公平，也照樣暢通無阻，或者即使心有怨言也只能默默遵守。直到引發大的社會矛盾（失衡）甚至造成嚴重社會後果（毀衡）之後才引起重視。而對已經造成的損失則用一句「沒經驗，沒想到」便可把責任推卸得一乾二淨。

其根本癥結就在於**「不講根據」**，其原因主要有兩個方面。

一是人們普遍認為有些說法做法是可以沒有根據，可以只憑人的直覺或信念的。比如，喜歡上誰就屬於前者，信奉上帝就屬於後者。實際上，這裡所謂的直覺其實也是有根據的，這個根據就是因為對方具有你所追求的愛素，而這些愛素本來就存在於你的意識裡，只不過你沒有仔細去審視分析，使其徹底明確而已。用什麼方法可以證明這一點呢？方法很簡單，只要你把喜歡的人

和你不喜歡的人之間的不同特點比較一下，就一目了然了。而這裡所謂的信念則是可以沒有根據的，從古到今，這點似乎已經被人們普遍默認。比如，歷史上只要被人們冠上「哲學家」「思想家」或者「聖人」的稱號，則無論是像「上帝」「菩薩」那樣的**「存在性假設」**也好，還是像「人善論」「人惡論」，以及在世界本源問題上的「真氣論」「金木水火土論」等那樣的**「規律性假設」**也罷，人們都將其奉為真理，深信不疑，頂禮膜拜（對此我們已經在第一節〈思維停滯〉中闡述過）。當然作為一種宗教或者一種信念，也許可以不需要根據，因為只要它們起到成為一部分人的精神寄託的好地方則未嘗不可。但在我們的社會這一系統的運行中，如果都不講究根據的話，則必定難以形成一個公平合理、穩定和諧的社會。

第二個原因便是，有些事情很難把其根據弄清楚。這裡就牽涉到一個技術（T）問題。首先是一個思維順序問題，即如何按根據說話的問題。不能先得出結論後再找根據（思維誤區**「錯位短路」**中的**「前後倒置」**），而是必須遵守按根據得出結論的思維原則。再就是思維技術問題。正是因為以往沒有任何人提供一套系統、全面、有效且普遍適用的思維方式，才使得我們普通人難以做到這一點。實際上，只要我們掌握BEST理論所提供的思維方式，都必定能夠得到最佳的思維結果。在這裡具體地說又是什麼呢？就是**「因果關係的連環化」**。即如圖2.34所示的那樣，明確每一個變化要素在不同因果關係中的因果位置。各個相關要素之間，彼此環環相扣，從起點一直連續銜接到終點而中途不出現斷點。我們又可以把圖中的這條鏈稱之為**「因果鏈」**。

如果我們不像上述的那樣**「事事講究根據，步步追求理由」**，而是將其省略，那麼從短期內、表面上、局部性的眼光來看似乎節省了時間精力，但從長遠的、實質上、總體性的眼光來看其結

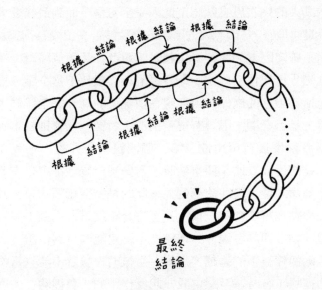

（圖2.34 因果鏈）

果必定是低效的，或者是無效的，甚至是適得其反的。因為，不
講究理由所得出的結論，或者不建立在有根據基礎上的決策往往
只能讓人走錯路，走彎路甚至是走與目標相反的路。這樣一來，
不僅不能推進事情發展，反而還要為糾正錯誤或者收拾殘局花費
額外的時間與精力，其實際結果則反而是負效率。

　　尤其需要提醒注意的是，這裡所講的根據必須是確實可信
的根據。什麼才是確實可信的根據呢？就是指在一定的容許範圍
內，來自於規範規定、文獻報告、調查資料以及合理嚴密的推論
或者嚴格精確的演算結果的根據。也就是說不能以人的主觀猜
測、隨意想像、間接性傳聞等為根據。即使是親身的經驗之談，
也不能盲信。因為它們即使可以成為我們尋找根據的嚮導，但決
不可不做分析就盲目的當作下結論的理由。否則反而會受到誤
導。比如，因幾次戀愛失敗就認定世界上的所有女人都不可信；

因受過某人的幾次恩惠就認定此人完全可信，而到最後受大騙上大當就是典型例子。因為人的所謂的經驗能否真正成為「經驗」，還受兩種不確定因素的影響。也就是說還存在著兩個障礙。第一個障礙就是**「可比性」**問題，即容易陷入**「類比不當」**這一思維誤區。包括經驗上的條件是否與現在情況下的條件完全等同，或者說本質上是否一樣。因為有很多情況，看似一樣實則根本不同，那麼兩者就不具有可比性。第二個問題就是人的「主觀性」問題。人在傳達或表述某件事情時，自覺不自覺地都會帶有不同程度的主觀傾向性。從即使兩個人經歷的是完全相同的事，其各自的看法觀點也可能會不一樣，甚至完全相反這一現象上看就足以證明這一點。即其客觀性、準確性不一定能夠得到保證。因此，如果這兩個障礙不能逾越，那麼，這樣的經驗就不能夠當作可以照搬的經驗，有時甚至還會成為起反作用的**「負經驗」**（區別於**「正經驗」**）。「一旦被蛇咬，十年怕井繩」就是一個典型例子。按系統論的觀點就是我們也必須給經驗打上一個係數K，即**「經驗效率係數」**。百分之百可以照搬照用的K＝1，完全沒有參考價值的K＝0，起正面作用的為正，起負面影響的為負。而這個係數的正負大小則取決於經驗者感受問題，認識問題，分析問題的能力。

在教育上也是如此。對於各種學習或技術上的問題，無論是學生對老師的提問請教，還是子女對家長的刨根問底，以及部下對上司的深追細究，只要超出他們自身的知識水準，往往同樣會拿**「歷來如此」「大家一樣」「天經地義」「理所應當」**的話來回避。不行的話，也許就會用「按書上寫的記，照以往的經驗做就行了，問那麼多理由幹嘛？」之類的話來搪塞。實際上我們應該說**「歷來如此，未必現在就可以如此」「大家一樣，未必我們就一定一樣」「天經地義從何談起，理所應當有何依據」**。按

照這樣一種輕視根據，回避根據的**填鴨式教育方式**教育出來的人才，可想而知必定是**只會生搬硬套，不會靈活運用；只會死記硬背，不會融匯貫通**。其工作效率自然很難有所提高。

此外，在討論辯論時，人們也往往忽視根據的重要性。正如我們闡述過的**「論斷七原則」**那樣，應該以**「根據充分可做推斷，根據不足只做推測，沒有根據不可妄斷」**為基本原則。這樣才可以做到「進可攻，退可守」，給自己的論說以足夠的迴旋餘地與自由空間。這才是**「口才」的正道**。也才是**真正能夠徹底擊破各式各樣的「詭辯」的永恆的武器**。因此，在辯論中，在沒有足夠的把握或者根據的情況下，少用「肯定」「百分之百」「不可能」「一派胡言」「一點都沒道理」等極端性的斷定語句，而應當多用「不敢斷定，但可能性大」「也許有可能，但是可能性小」「不是說一點道理都沒有，但不充分」「不是說完全沒有道理，只是說不適合這種情況」等那樣的平衡性柔軟詞彙。這樣才能在不給對方留有鑽空子的機會以保證使自己的觀點至少立於不敗之地的同時，為巧妙而有效地擊中詭辯要害留下伏筆。

5、只有從「教育效率」的角度出發才能根本改革現行教育制度

在現行的教育制度下，培養一個大學生需要12年，碩士生15年，博士生18年，對此誰也不會產生疑問。但如果我們從效率的角度來審視一下，便可發現其中存在著許多浪費空耗，其效率係數極其低下。

在說明這個問題以前，我們有必要明確從學到用的過程中存在著的兩個主要的效率係數。一個就是**「教育有用係數」**。它是指在學校的培養目標中，在工作中真正起作用的占多大比例。即：

$$教育有用係數＝有用知識量／目標知識量$$

它是對於「**學以致用**」的程度的評價。100%表示學盡其用，0%表示學非所用，而大多數情況則是介於這兩者之間。雖然不可能做到100%，但只要有這一概念就會幫助我們盡可能朝著減少「**學非所用**」增加「**學而有用**」的方向努力。以便於進一步明確培養目標，端正教育方向，最終趨近於「**學用接軌**」。

另一個就是「**教育有效係數**」，就是說讓學生掌握到手的知識究竟占目標知識量的百分之幾。即：

$$教育有效係數＝學得知識量／目標知識量$$

而現實呢？大多數情況下，恐怕是在60分萬歲的口號下，不認真學習，僅以對付考試過關為目的。自然是學習囫圇吞棗，考前死記硬背，考後忘得一乾二淨。既然如此，還不如降低教學目標，縮小學習範圍，縮短教學時間，讓學生更早地接受社會再教育，更早地獲得實踐經驗。這樣做反而可以使社會更早更多地增加有用人才。因為實際上，從個人一生的角度來講：

$$個人生產效率＝有效生產時間／總壽命$$

那麼，極其概略的計算一下，大致平均的「**個人生產效率**」＝（60年－22年）／75年＝0.5，足見個人本身的生產效率何等低下。因此，有必要而且完全能夠通過縮短教育時間和延長工作年限達到提高個人生產效率的目的。

實際上，究竟如何提高個人生產效率這個問題本身並不是我們在這裡討論的重點，因為人各有異，事各千秋，具體事情可以由當事人按照BEST理論進行最優化決策。我們在這裡最主要想強調的就是，我們在決策時，無論任何情況都必須時時抓住「效率」這個概念，緊緊圍繞「效率」這一中心，才能做到事半功倍，使

人的生活輕鬆愉快，幸福指數不斷提高。

6、從開會成本入手提高開會效率

不講效率的典型莫過於開會及為開會出差上了。各行各業各個部門每天都有數不清的會議。但有多少人認真從效率這一角度來考察過會議的必要性與有效性呢？

按照效率的定義，我們可以把**「會議效率」**值設定為「會議成果」與「會議成本」的比值，即：

會議效率＝會議成果／會議成本

那麼，這個公式就意味著，如果要提高會議效率，就要求除了會議對於所議事項必須在現有條件下盡可能多的得出明確的結論（包括決定與待定）以外，還要求盡可能降低會議成本。我們把它具體歸納為「開會七原則」（表2.17）。

表2.17　開會七原則

No	原　則	注意事項
一	明確會議目的	緊抓會議主線
二	適當選定人員	重視參會的必要性
三	做好準備工作	議程及資料準備或預備會議的召開
四	重視會議成本	不可忽視參會人員的「工資」成本
五	優化開會方式	靈活運用電話、電子郵件等多種方式
六	抓重點善總結	避免因陷入「思維停滯、極端片面、錯位短路、偷換概念、自相矛盾」等思維誤區而導致發言偏題跑題、討論雜亂無章的局面，及時誘導，適當總結。
七	做好會議記錄	明確決定事項與責任所在，便於今後實施與對照檢查。

7、「舍大取小」也是「不講效率」的突出表現

除非很明顯的情況下，人們往往會犯表面上「舍小取大」，但實際上是「舍大取小」的錯誤。雖然人們常把這種錯誤比作「撿了芝麻丟了西瓜」，但實際上如果真的是這兩樣東西出現在眼前，恐怕沒有人會做那樣的傻事。因此，問題的關鍵就在於如何區分什麼是芝麻，什麼是西瓜上了。

那麼，如何區分呢？實際上，這就是一個效率問題。比如，妻子平常非常節儉，因為丈夫買貴了一樣東西，即使只是貴了1、2塊，妻子也會埋怨嘮叨半天，甚至與丈夫大吵大鬧。這作為妻子對節約的一種信念，也許無可非議，甚至難能可貴（其本人可能就是因為這麼認為才覺得理直氣壯），但從效率的角度看，實在是得不償失。因為1、2塊錢的損失與丈夫的心情好壞以及夫妻之間因吵架而導致的感情損失相比，實在是微不足道（此時的效果值＝[2元－夫妻各自心情損耗－夫妻感情損失]，顯然是個大負值）。

因此我們不能只是憑直覺感情辦事，按模糊意識所為，而是需要經常性地分析出效率因素，並不斷努力提高效率係數。

這裡，我們雖然列出了公式，但沒有必要也不可能對此作精確計算。因為，只要這個公式能夠給我們一個大致的結果或者哪怕僅僅是一個定性概念，那麼它對於我們分析問題的本質，把握要素的相關關係（位置輕重等），從而幫助我們作出合理高效的決策就已經足夠了。

8、講究效率不可忽視非金錢性及間接性隱蔽性成本

即使日常生活中的一些小小的事情，也都會存在著效率上的很大差別。人們雖然重視像買便宜機票、買打折衣服那樣的講求效率的成果，但卻往往會忽視由此產生的一些非金錢性、間接

性、隱蔽性成本而使其效率大大降低且本人毫無察覺。家庭主婦
大多很注重節約，但由於沒有從根本上理解效率的涵義而往往作
出事與原違為的行為來。比如，有的主婦發現在郊外的蔬菜店便
宜便特地從市內開車去買，這樣一來，單就蔬菜價格可能是便宜
了些，但如果把車費或汽油費以及因耽誤更多時間而可以算入在
內的人工費則恐怕其效率值反而為負了。

　　除此以外，人們即使可以看到那些與金錢間接掛鉤的東西，
但也往往難以把那些不大容易用金錢來衡量的東西考慮到成本或
成果裡來。比如，吃自助餐，雖然人已經吃飽了，但有的人還是
勉強著盡可能的多吃。生怕沒有把本吃回來，或者說最好多吃一
點，才會有划算或者賺了一把的感覺。對此，人們大多只會單從
小氣、自私、貪婪之類的人的所謂的素質教養那樣的角度來看待
這個問題。這顯然是錯誤的。因為那是非本質非系統的看法（對
此前面已多有敘述，在此省略）。而本質上講這也只不過是一個
技術（T）問題。這個技術是什麼呢？就是講求效率的技術。這
種做法只不過是一種講求效率能力低下的一種表現。

　　這種做法表面上看上去似乎是在講效率，因為成本（餐費）
一樣而成果（吃的東西）越多似乎自然就說明效率越高。但實際
上，這裡就忽視了因暴飲暴食而有可能傷害身體這一負面後果（這
也是思維停滯的表現之一）。與金錢直接掛鉤的可能會是因病而
產生的醫療費，與金錢間接掛鉤的就是因看病或休假而損失的時
間（人工費）。還有看上去似乎與金錢無關或者說無法用金錢來
衡量的「健康損失」。其結果便是——名為賺實為虧，短期看象
賺長期看是虧。這就是不講效率的後果。尤其是如果大家都這麼
做的話，要麼餐館提價（羊毛出在羊身上），要麼關店你將無法
再享服務——這就更是成為造成「雙損」的罪魁禍首了。

9、效率可以為我們評價事物提供非常方便有效的標準

明確了效率這一概念，對於我們正確的評價事物以及尋找解決問題的突破口往往能起到非常重要的作用。

比如，就職業棒球隊而言，隊員的成績一目了然，那麼教練的成績如何評價呢？一般來講都是以輸贏而論，只看結果不分析其原因內容，贏了繼續幹，輸了就有被炒魷魚的危險。顯然，決定輸贏的除了教練本身的組織、教育、指導指揮能力以外，當然還有全體隊員的整體綜合能力水準、訓練環境條件、機遇或運氣等其它因素。因此，我們在評價教練的成績時，就應當把取決於教練能力的部分從其中分離出來。問題是如何分離呢？也就是說，拿什麼標準來判別呢？實際上，這個問題本質上就可以歸結為「**指導效率**」和「**指揮效率**」兩個方面。所謂「指導效率」就是指教練在提高隊員個人技術水準上所起到的作用效果。因此，我們可以用

指導效率＝隊員成績提高度／指導期間

來表示。而指揮效率就是球隊的系統效率，即如何使有限的戰力得到充分有效的發揮。這正是衡量教練指揮水準的一個指標。如果能夠讓一個隊員個人平均技術水準並不都很高的球隊取得好成績，無疑這就說明教練現場指揮有方，即指揮效率高。比如，恰當安排擊球手的上場順序，適時更換投球手，不失時機的採取「犧牲打」「保送」「盜壘」之類的戰略戰術等等。因此，我們可以用公式：

指揮效率＝比賽成績／隊員平均技術水準

來表示。

再比如，在實施安全保障措施時，正確運用效率概念可以為我們決策提供極大方便。這時我們可以稱之為「**防危效率**」。就是指對某種危險事件發生的預防效果與其成本的比值，即：

$$防危效率＝防危效果 / 成本$$

在如果要保證絕對安全則需要花費巨額成本或者即使耗資無限也無法保證絕對安全的情況下，有這樣明確的評價指標就不會使我們的思維總是在成本與效果這兩種極端情況間徘徊，可以有一個明確的比較值。比如，在建造原子能核電站或者抗震防災工程時只需考慮如何以最小的防護成本獲得最大的預防效果就行了。

10、感情同樣也存在著效率

那麼，在情感領域是否也存在著感情效率或者說是否有必要講究效率呢？答案是有，而且是必須要有。

比如，就像「可憐天下父母心」這句話所描述的那樣，父母對孩子大都投入很多很深的感情，可是子女對父母的感情回報呢？則千差萬別（這裡的回報只是指對父母的感情深厚程度，不表示諸如經濟支援等對父母實際的報恩行為）。有的對父母情深義重，孝敬溫柔，但有的卻不僅不知恩圖報，反而恩將仇報，欺侮虐待，乃至毒打殘害。如果我們把**「感情效率」**定義為**「感情回報」**與**「感情投入」**之比的話，那麼，有的為正，有的為零，有的甚至為負。即：

$$感情效率＝感情回報 / 感情投入$$

這就說明我們在進行感情投資時，光有一顆深厚的愛心是不夠的，同樣需要講究效率。即需要講究教育關愛的方式方法。也只有具有這樣的意識觀念才可能在教育方式方法上下功夫。

不僅在父母與子女之間如此，實際上在人與人之間所有的感情交流中都存在著一個感情效率問題。我們雖然無法也沒有必要對所有的感情效率進行精確計算，但在我們的思維中是否具有「感情效率」這一概念，考慮「感情效率」這一因素，則其為人

處世的方式方法以及其結果成效必然會有天壤之別。注意並恰當
地運用這一概念的,便會使自己在感情上少走彎路,少受創傷。
相反,則可能總是曲折徘徊,甚或傷痕累累。

11、對事物的客觀評價離不開「效率係數」

　　人們對於事物在進行定量評價時,往往只是按照原始的固定
的標準或尺度去衡量或比較。比如說到工作經驗,即使同樣是橋
樑工程師,所從事的期間也一樣,但其經歷的各項工程項目則無
論在大小規模上(從跨海橋到人行橋)也好,還是在形式種類上
(吊橋,拱橋,鋼橋,混凝土橋,木橋等)會大有不同。即使經
歷的項目幾乎完全相同,而能否把「經歷」轉換為「經驗」,也
就是說,能否把經歷中的專業知識、成功經驗、失敗教訓真正變
成自己的東西,可以在今後相似或相近的設計業務中發揮正確作
用,則又會因每個人的努力程度、悟性好壞、總結能力的水準不
同而不同。

　　那麼,我們如何對此加以區分比較呢?效率係數無疑給我們
帶來極大的方便。也就是說,我們在講到人的經驗年數時,就有
必要給其實際年數乘上一個**經驗效率係數**,即:

　　　　經驗評價值E＝經驗效率係數k×經歷時間n

　　如果把在經歷項目、努力程度、悟性能力上居於中等平均水
準的人的經驗效率係數定為1的話,那麼,工程師們的經驗效率
係數就既可能會大於1,也可能會小於1。即同樣是10年的工作經
驗,有的可以評價為15年(效率係數為1.5),有的則只能評價
為6年(效率係數為0.6)。我們在評價或挑選工程技術人員時,
就可以通過這樣的定量化評價方式,使我們的評價更客觀,更直
觀。

　　除此以外,在年齡、壽命、幸福等方面的評價問題上,只要

我們正確運用「效率」這一概念，也同樣會使我們的認識**從模糊變得清晰，從極端變得全面**，就會使我們在同一問題的看法上容易**「得到統一，達到共識，形成公識」**。

比如年齡。除了日曆上的年齡（我們可稱之為實際年齡）以外，實際上還有外觀年齡、健康年齡、教育年齡、工作年齡、性年齡、人生年齡等。這裡的人生年齡是指人所經受的各種社會經驗，人生體驗（酸甜苦辣、悲歡離合、高低起伏等）的多少強弱。這些年齡都可以通過效率係數來換算。比如50歲的人看上去只有30歲，那麼她的外觀年齡係數就是30/50＝0.6（顯年輕）。相反，假設30歲的人看上去像50歲，那麼她的外觀年齡係數就是50/30＝1.4（顯老氣）。同樣、性年齡＝性年齡係數×實際性年齡（這裡的性年齡係數表示的就是性生活的頻繁程度）。

有了這樣的概念，我們就不會在究竟應該平平淡淡長壽好，還是轟轟烈烈段短命優的問題上爭論不休了。一個偉人或一代明星（比如鄧麗君）哪怕只有30年壽命，也比一個普通百歲老壽星的「人生年齡」長得多——因為兩者的**「人生濃度係數」**無法相比。如果把這一認識轉換到我們的實際生活中，就意味著我們**不僅需要在如何長壽上做努力，而且更需要在如何使我們每天的生活更充實、更有含量、更有意義上下功夫**。

12、人生效率

人們常說，人活著就要活得有意義。這這句話本身沒錯，但若就此為止，則只不過是一句空洞口號。因為，重要的不再於「有沒有」，而是在於究竟**「有多大」**（Degree）意義這個問題上如何具體評價。

實際上，這就是一個我們在第二章〈幸福論〉中已經講述過的「人生效率」問題。具體地說就是如何使自己做到在人生道路

上儘量**「少走彎路，少費周折，有的放矢，有行必果」**。因此，當我們在人生道路上碰到像離婚、離職、打官司、工作上的衝突、人際關係的矛盾、生活上的糾紛、感情上的糾葛等問題時，如果我們能夠站在「人生效率」這個高度來看待審視它們，那麼必定會給予我們以更新的啟示，從而減少因感情衝動或目光短淺而帶來的人生周折和浪費，幫助我們找到更有效的解決辦法。

13、所謂價值工程（VE）只不過是「本質論」「系統論」「效率」概念在產品開發上的應用而已

從事產品開發的技術人員都需要掌握一種稱之為**「價值工程」**（VE－Value Engineering）的專業技術。雖然這項技術看上去似乎發想獨特，其學說獨成體系，但實際上，只不過是**「本質論」「系統論」**和我們在這裡所講的**「效率」**這一概念在這一領域的綜合體現。因為價值工程的最根本的公式只有一個，那就是：

$$E＝V/C \quad （價值＝功能/成本）$$

即，產品價值與其功能成正比，而與其成本成反比。功能越高，成本越低，其商品價值就越大。反之則小。因此，我們只要在如何提高功能、減少成本上下工夫就行了。

實際上，我們首先可以注意到，這裡的$E＝V/C$恰恰就是效率公式$E＝O/I$的翻版。其次，我們注意到公式的分子是「功能」而不是特指某種產品，這又恰恰是價值工程唯一比之以前的產品開發思想有本質性進步的關鍵地方。因為按通常的思維方式，買東西就是買的東西本身，比如，買釘書機就是買的釘書機這個東西。但價值工程認為買賣的不是「釘書機」本身，而是其釘書這一「功能」。因此，只要能夠代替這一功能，不一定局限於釘書機，於是迴紋針便由此誕生。冰箱也同樣如此。看上去買的是冰箱，實際上買的是製冷這一功能（圖2.35）。

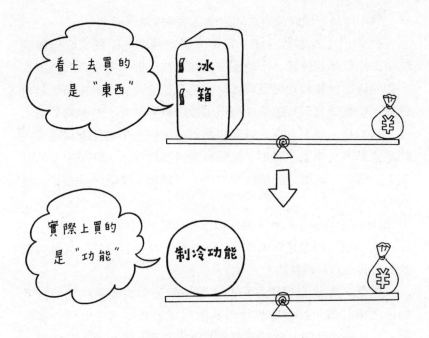

（圖2.35 購買冰箱的本質）

這樣的創造性思維似乎很先進很獨特，其實只不過是BEST理論中的「本質論」與「系統論」及「效率」概念在產品開發上的應用而已（這本質上與在第三章第四節1裡闡述過的「『情感』的對象究竟是誰？」也是同一道理）。也就是說，（買賣的）東西是表象，功能才是本質；東西是手段，功能才是目的。總之，**我們只要牢牢掌握BEST理論的思想方式，無須借助於任何奇思怪想或者天才靈感，任何人都可以創造發明出這樣類似的學說，或者說不必依靠這樣的學說，我們也能自行找到解決問題的方法。**

14、講效率必須首先確定參照系統

在BEST理論中，我們已經闡述過，好壞與否的評價離不開系

統，效率作為一種評價方式同樣也必須遵守這一原則。

比如，在日本有這樣一種不成文的制度，即國家政府機關的中高級幹部退休後，一般都會到在業務上與原所在政府機關有密切關係的民營公司再就職（特別是公共建設行業）。雖說是再就職，但實際上只是象徵性地與現政府機關進行一些聯絡勾通工作，有的甚至並不上班，只是掛名而已。但企業為什麼需要雇用呢？就是因為如果不雇用，就難以獲得競標權（一種不成文的默契）。因此，如果只是從公司立場（子系統）來講，其效率係數為：

退休官僚效率係數＝獲得競標權業務量／退休官僚雇用成本

這個值一般是足夠大的，也就是說，是有意義的。且越大就說明其雇用的意義就越大。

但是，如果我們不是只站在某一個公司而是站在整個行業的角度來評價，就很容易發現其效率係數幾乎為零這樣一個事實。為什麼呢？因為該行業每年的總業務量（總預算）是相對一定的。那麼，雖然退休官僚的雇用可以增加各個公司的相對業務量，但對於增加整個行業的業務量幾乎沒有任何作用。一個公司如果因多雇用退休官僚而使業務量增加多少，那麼就意味著其它公司會相應地減少多少，其業務量總和並未改變。即在該行業（母系統）的效率係數為0。如果大家都不雇用的話，各個公司的業務量依舊不會減少，但卻可以節省政府官僚的那一大筆工資（往往高於一般職員平均工資）用以增加公司盈利或職工收入。分析到這裡，我們就很清楚的明白了，所有公司為雇用政府官僚所花費的成本中除了在增強官民聯絡上所體現的極其有限的作用以外，大部分是不產生任何實際效率的浪費。這樣，我們就可以從理論上有根據地說明這種制度的不合理性、欺騙性、剝削性。甚至還可以理直氣壯地譴責這種行為實質上是一種**變相腐敗**行

為。只不過與一般的貪汙腐敗行為相比在形式上貪得堂而皇之，腐得名正言順而已。

這樣的分析方式再一次說明了，**對於社會的各種不合理現象，不應該首先只是從人的性格思想、道德品質上找原因，而是首先要從系統、本質、平衡上找原因，這樣才會使得我們的「認識具有客觀性，思維具有系統性，觀點具有說服力，行動具有推動力」**（表2.18）。

表2.18　BEST理論四大作用

NO	領域	作用
一	認識	客觀性
二	思維	系統性
三	觀點	說服力
四	行動	推動力

15、我們不是要考慮該不該「患得患失」，而是應該考慮如何「患得患失」

人們往往會批評別人的行為「患得患失」。實際上，「患得患失」正是講求效率的表現。這就說明其行為本身並沒有錯，問題的本質則在於是否「會」患得患失，即是否真正**理解了效率概念，明確了效率因素，選准了效率對象，確定了效率標準**。有時，如果為了最終自我的「得」，就有必要在手段上採取「我失彼得」的策略。這也就近似於人們通常所說的「吃小虧占大便宜」或者「捨不得羊套不住狼」這樣的道理。而「貪小便宜吃大虧」「撿了芝麻丟了西瓜」就是典型的不會「患得患失」的例子。當然，如果「患得患失」過了頭（比如處處患得患失，時時患得患失，事無巨細患得患失）就成了**「斤斤計較」**，甚至反而陷入「捨大取小」那樣的思維誤區，自然是不可取的做法。

16、本書所講述的「效率」概念與通常所講的「效率」涵義的區別

　　我們在這裡所強調的效率與一般人們所講的效率的不同之處就在於，其一是這一概念所及廣度的不同。我們強調效率不僅指物質社會還包括感情世界都是無時不有無處不在的。人們受傳統觀念束縛，似乎覺得對感情談效率就是不純潔甚至還可以扣上對感情的褻瀆這樣的帽子。實際上，這是掩耳盜鈴，自欺欺人的作法（也是「思維停滯」的表現）。社會上發生的形形色色的感情上的苦惱、糾紛、衝突往往都是「不講」或者「不會講」感情效率所致（要麼效率係數低，或者為零甚至為負）。這一概念在感情領域的應用將會大大減少人與人之間的感情摩擦，大大增進人與人之間的感情濃度，從而對人類和諧起到實實在在的作用。其二就是對這一概念認識深度的不同。我們提倡的是盡可能的將「效率」這一概念更加**明確化、具體化、定性化或者最低限度的定量化，便於理解，適於應用**。我們只需要在其「廣度」與「深度」這兩個方面作出努力，就必將使我們的**工作學習更多一些順暢寬裕，個人生活更多一些輕鬆快樂，人類社會更多一些和諧幸福**。

第九節 名稱誤導

1、命名的本質目的

　　大家知道，命名的本質目的就在於用最簡潔的字或詞把它與所有其它事物完全區分開來。因此，人們大多以表達其本質特點的方式來命名一件新事物（**「本質性命名」**）。如洗衣機、照相機、飛機、航空母艦等等。這些名字都用所需要的最少限度的詞準確而且充分地表述了它與其它事物的本質區別。這樣的命名就很容易讓人們通過顧名思義而對該事物的本質特點理解得一清二楚。也就是說少用了哪個字都不能準確的確定它，添加了哪個字都會顯得多餘。

　　比如，就「航空母艦」這個詞來說，「航空」兩字表明了它（通過艦載機）具有飛行這一功能，「母」則表達了它具備機場這個性能，「艦」則標示它還有軍艦這個作用。它們從本質上與其他陸海空軍事裝備進行了嚴格的區分。

2、非本質性命名的不良誤導

　　當然，如果就只應該如何命名這一點而言，大多數情況下即使不是「本質性命名」（**「非本質性命名」**）實際上大可不必吹毛求庛，過於苛刻，只要一般人都能容易理解並取得共識，為大多數人所接受，即使偏離本質也未嘗不可。如「酒店」這種說法與其住宿這一主要特點相去甚遠，「紅綠燈」的說法也不全面（漏掉了黃色），「馬路」這種說法更是與現實情況相去甚遠。它們準確的說分別應該叫做「賓館」「信號燈」及「公路」。但這樣的叫法由來已久，在人們的心目中已成定局，有的改用其他說法反而讓人不習慣。再者如果使用表述其本質的專業詞語則顯得比

較生硬難懂（如把「高速公路」稱之為「無交叉點公路」）。因此，像高速公路這樣的命名也算是順其自然，無可非議，更沒有必要去改換它。在此提出來加以分析的目的無非只是為了強調這樣的命名有時會對人進行誤導，引起人的誤會。因為我們記憶、理解及表達事物時往往都只使用該事物的名字，而人們顧名思義的習慣往往就使得它像錯誤的路標一樣引導我們的思維偏離主幹道走向岔路，或者像煙幕一樣讓我們無法看清事情的本來面目**（本質）**。其直接影響主要表現在以下三個方面（表2.19）。

表2.19　非本質性命名三大後果

	障　礙
一	妨礙理解學習
二	妨礙思維創造
三	妨礙思想溝通

其一是妨礙我們理解學習。因為事物的現象多種多樣飄忽不定，且隨環境條件的變化而變化，我們要學習它，記住它就很難。但它在某方面的本質卻只有一個。因此我們抓住了本質就能夠事半功倍地把它學到手。所謂「綱舉目張」中的「綱」就是指本質，「目」就是指現象。

其二是妨礙我們的思維創造。比如高速公路我們只要認清了與其它道路沒有平面交叉是高速公路的本質的話，那麼在研究如何更進一步提高高速公路的現代化管理水準這個問題上，就可以緊緊圍繞著如何充分發揮沒有平面交叉（全封閉式）這個本質特點而展開研究。比如，為節省成本如何選擇立體交叉盡可能少的路徑，或者在高速公路上可以首先試用全自動駕駛系統等等。

其三是妨礙人與人之間的思想溝通。比如「酒店」這種叫法就讓很多外國人困惑不解，不能保證不走錯門。「高鐵」與「動

車」由於難以從字面上理解到它們的本質區別，從而也很難保證
不會跑錯車站。為什麼會這樣呢？第一，違反了系統思維法的步
驟2——「正確組建系統結構」，即沒有合理地進行分門別類。在
這裡，「動車」是表示有自動行走能力的車輛。而「高鐵」一般
來說表示的則是平均時速在200公里以上的高速鐵路。歸根結底
前者是車輛（同類的有「非機動車輛」），後者是線路（同類的
有「普通鐵路」）。第二，違反了系統思維法的步驟3——嚴密分
析相關關係。只有處於並列關係的事物我們才能將其區分開來。
而動車與高鐵的關係不是並列關係而是從屬關係。即雖然「高
鐵」上大都使用「動車」或「動車組」，但「動車」歸根結底
只不過是「高鐵」的一個組成部分（它同時還可以成為普通鐵路
系統的一部分）。也就是說，動車是高鐵這個大系統中的一個子
系統。它們從「位置」上看，高鐵是「母」，動車是「子」；從因
果關係上講，動車是「因」，高鐵是「果」。或者說動車是「手
段」，高鐵是「目的」。既然它們並非處於「並列」的關係我們
又何以能夠把它們「相提並論」呢？

　　因此，按**「系統思維法」**，應該把高鐵和普通鐵路作為同
一層次的並列關係加以區分。它們的本質區別在於線路系統的不
同。高鐵線路上不存在普通鐵路，普通鐵路上不存在高鐵。也就
是說兩者完全獨立，互不相關。它們與是否採用動車沒有本質性
的、決定性的、必然性的聯繫。如果將來今後隨著科技的進步，
用更先進的車輛代替了動車，高速鐵路的名字也並不一定需要更
改。但現在為人們普遍使用的所謂「動車」這個名字就與實體
（新型車輛）不符，甚至風馬牛不相及。這也就正好反過來說明
目前所通用的「動車」這個詞（動車時刻表等）沒有表示出事物
的本質（就像以前一直把「公路」叫做「馬路」一樣）。因此，
在日本，它們分別被稱作「新幹線」和「在來線」以示區別。這

裡的「線」就恰恰體現了它們的本質區別在「線」上。而在「在來線」這個系統內根據車速高低還進一步分為「特急」「快速」「普通」三個等級。

當然，需要再次說明的是，在此闡明這種說法的不確切性的目的遠不在於為了否定「動車」這個詞（實際上把它用在僅僅表示車輛類別是再恰當不過了，因為它與一般車輛的本質區別恰恰在於「動」與「被動」的區別），即使使用它也不會立刻給人們的旅行帶來很大的不便。在這裡只是想通過一個簡單的例子來說明一點，那就是，如果我們在其它重大事情上所進行的訊息交流也流於表面不強調本質的話，就有可能給我們造成直接損失甚至嚴重後果（歷史上發生過的僅僅由於翻譯錯誤而引起國家間的誤解甚至導致關係破裂的事實也證明了這一點）。

3、由非本質性命名誤導的典型實例

在日本高速公路上施行著一種叫做「通勤割引」的制度，翻譯成中文就是「上下班減價」的意思。按字面上理解的話，其意思應該為：「只要是因上下班使用高速公路的車輛就都有權享受減價制度」。反過來說，「只要不是因上下班使用高速公路的就都無權享受減價制度」。但實際上的具體規定是，早上7點到9點，傍晚5點到7點，所有車輛無論其目的是上班還是度假，無論是運人還是載貨都一律減價30%。也就是說，作為減價條件的本質在於行車「時間段」而與行車「目的」毫無任何關係。因為受這樣的誤導，有個別的公司在決定新臨時工的交通費補貼時，居然把高速公路使用費一律按減價30%後的價格進行計算，並據此簽訂了合同。但新員工進公司後因為幾乎每天都要加班，大多在7點以後才能回家，從而不能享有高速公路費減價的待遇。這樣的誤會就等於在公司與職工之間埋下了產生矛盾與糾紛的禍根。

在專業用語上，尤其有較大的直接影響作用。土木專業中，有一個叫「群樁效果」的日語詞彙，單從字面上講應該是正效應（日語詞典裡的解釋也是「好的結果」），在這裡表示的就應當是具有單個樁承載力之和以上的承載力。比如，2個樁可以發出3個樁的作用。但實際上呢？它表示的卻是當幾個樁近距離配置時，其每根樁的承載力會比單獨配置時要小。因此，嚴格的說，應該是負面影響而不是正面效果，因此，不應當稱之為「群樁效果」而應當稱之為「群樁影響」才恰當，否則容易引起初學者的誤會和增加使用時犯錯的可能性。

再比如，在日本，停車場的收費方式都是既有通過在進出口設置的欄杆及計費器來進行的，也有由人來直接管理（計時收費）的。但在八十年代末，開始流行一種新的停車方式，就是按順序在每個車位上編上號碼，並安上一個可以控制（卡住或者鬆開）汽車輪胎旋轉移動的半旋轉式控制板。當把車停進去時，控制板就會旋轉上去卡住輪胎，按號碼在計費器上繳費後這個控制

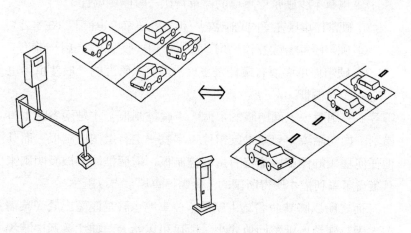

（圖2.36 硬幣停車場與一般停車場的本質區別）

板方才旋轉下來予以放行。那麼，人們給這種停車場又是如何命名的呢？人們稱之為「硬幣停車場」（圖2.36）。

這種叫法顯然屬於非本質性命名。因為它既不表示目的手段，更不表示其本質特點。因此，我們曾經利用講演會作了幾次問答實驗，也就是說向聽講者提出「硬幣停車場」與「一般停車場」的本質區別是什麼這個問題。其回答結果實在出乎意料，主要有，

①「硬幣停車場使用硬幣，而一般停車場不使用硬幣」；

②「硬幣停車場比一般停車場便宜」；

③「硬幣停車場在室內，一般停車場在室外」；

④「一般停車場需要管理人而硬幣停車場不需要」；

⑤「一般停車場有欄杆而硬幣停車場沒有」；

等等。我們可以注意到這些答案竟跟我們提高速公路與普通公路的區別時的答案驚人的相似，即都在表象上打轉而怎麼也講不到本質上來。實際上：

①哪種停車場的收費器都既可以使用硬幣也可以使用紙幣；

②也有不少硬幣停車場的停車費比一般停車場貴；

③硬幣停車場在室內的確較少，但一般停車場也有不少在室外；

④硬幣停車場當然不需要管理人員，但一般停車場也不一定有；

⑤硬幣停車場沒有欄杆是事實，但有人管理的一般停車場也沒有欄杆。

等等。不用說，上面所講的那個「車輪控制板」才是兩者的本質區別。換句話說，只要是硬幣停車場就一定有這個控制板，而其他任何種類的停車場都沒有這個控制板。這個控制板被發明出來且獲得了專利權才使得所謂的「硬幣停車場」得以誕生。

而之所以將其命名為「硬幣」停車場也許是僅僅出於商業需要，因為硬幣比紙幣面值要小，所以可以給人一種比普通停車場便宜的錯覺，這就是一種誤導。

第十節 決策陷阱

在我們的人生道路上，每時每刻隨時隨地都會面臨著各種各樣大大小小的**選擇與決策**。而人們又會像「一失足成千古恨」「棋錯一著，滿盤皆輸」所說的那樣，往往為以往的錯誤選擇而後悔。可見，能否正確地進行「選擇」與「決策」對於我們的人生極其重要！

那麼，在這方面，人們大多會容易陷入怎樣的思維誤區呢？

1、無窮循環

日常生活中，我們往往會碰到這樣的情況。比如買件東西，有甲乙丙三種可供選擇。甲的特點為價廉功能低，乙的特點為價貴而功能好，丙的特點是功能多。這時，有不少人的思維方式便是，剛覺得甲的低價格划算決定買甲時，又捨不得乙的高功能轉而想買乙；但隨之又覺得丙的多功能很誘人，轉而又覺得還是甲合算，但又嫌甲的功能不夠好……如此循環往復，終難作最後決定（圖2.37）。我們可以把它稱之為「無窮循環」式的思維方式。正是本節所要闡述的「決策陷阱」這一思維誤區的第一種表

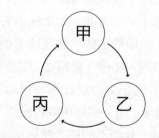

（圖2.37 無窮循環式思維示意圖）

現形式。

　　這一思維誤區在國家間領土問題上是「和平交涉」還是「武裝奪取」問題上也有著突出體現（其解決辦法只有這兩種）。而當事國往往只是在「和談」與「武力」這兩者之間做著永不休止的循環。也就是說，首先試圖通過自我主張來證明己方的正確性、正義性、合法性。但一旦得不到對方的認可，便又試圖通過武力解決。而一旦意識到武力解決的辦法未必能成功，或者覺得其伴隨的損失過大的情況下，又轉而寄希望於和平談判。但由於雙方沒有談判的共同標準，可想而知其結果只能是以破裂而告終，繼而又轉向只有訴諸武力……，如此循環往復，除了不斷加深國民雙方感情上的傷害，經濟上的損失以外，還有可能因擦槍走火引發兩國實際上都不願意進行的戰爭（雙損）。

　　正確的思維方式應該是，至少在同一階段中作出明確的相對穩定的決擇。比如，首先選擇和談方式，那麼，就應該在暫不考慮武力奪取的前提下，全心盡力謀求和平解決（比如按照本章第三節1（6）所提議的「加權評價法」）。而且，必須以雙方都有可能接受的辦法為前提。一方的主張如果根本不可能得到對方的認可，那麼，這樣的主張即使在己方效果再大，在由雙方組成的領土紛爭這一系統中的效果也會幾乎為零，也就等於沒有任何主張。那麼，堅持這樣的主張就顯得毫無意義，純屬浪費時間和精力，還不如直接動武。另一方面，如果你擁有足夠的能力可以取勝，並能維持長久（長期穩定的平衡狀態）的話，這也不失為一種選擇。但如果做不到，那麼，就應該立即放棄戰爭這一選擇，哪怕是作一些犧牲，也要全力以赴再次爭取和平解決。只有這樣，才能從「無窮循環」這一誤區中解脫出來。

　　有必要提醒的是，我們不能把「無窮循環」與「優柔寡斷」簡單地等同起來。因為前者只不過是造成後者這一結果的原因之一而已。

2、最差選擇

所謂「最差選擇」就是指，在可供選擇的方案中，由於不切實際地追求過高或過多的目標而失去了本來可以穩妥達到的目標的機會這樣一種思維誤區。人們常說的「騎虎難下」「高不成低不就」「魚與熊掌不可得兼」等近似於這一思維誤區的表現形式。

比如，大學教授看到別人下海經商，也想追隨其後走致富之路。但一方面是在有對發財致富的欲望的同時，又有對經商失敗的恐懼；另一方面是在有對幹部工資過低而不滿的同時，又有對職位穩定性及榮譽性的眷戀。在這兩組矛盾心裡作用下，難下決心，但又不甘心。從而只得一心兩用，一邊尋求下海經商之道，一邊勉強維持教學工作。幾年下來，其結果便是：眼看著決心下海的一個個發財致富，安心留職的一個個被提拔高升，唯有自己既未致富又未高升，沒趕上任何一股潮流。實際上，只要當時明確選擇其中任何一種，都比現在的狀況要好得多。這就是「決策陷阱」這一思維誤區的另一種表現形式——「最差選擇」。

為避免陷入「無窮循環」與「最差選擇」這樣的「決策陷阱」，就需要我們具有客觀正確的「平衡視力」與「平衡能力」，而這也是只有通過對BEST理論的學習和運用才能實現的。

第十一節 「思維誤區」一覽表

表2.20 「思維誤區」一覽表

	主 項	分 項
1	思維停滯	「說」與「聽」
		「教」與「學」
		「預測」與「推測」
2	盲信盲從	警句格言
		偉人名言
		傳說傳聞
		傳統經驗
		占卜算卦
3	極端片面	不講比率
		不講概率
		不講條件
		單向思維
4	錯位短路	前後倒置
		越位短路
5	偷換概念	用表象偷換本質
		偷換系統
		用手段偷換目的
		用結果偷換目的
		用原因偷換理由
6	類比不當	
7	自相矛盾	目的與手段
		手段與手段
8	不講效率	
9	名稱誤導	
10	決策陷阱	無窮循環
		最差選擇

本章小結

（1）人在思維方式上主要存在①思維停滯②盲信盲從③極端
片面④錯位短路⑤偷換概念⑥類比不當⑦自相矛盾⑧不
講效率⑨名稱誤導⑩決擇陷阱等十種常見「思維誤區」。

（2）「思維停滯」產生的根源在於人們易於感受或接受那些
「表面、外在、直觀、傳統、常識」性東西，而懶於更
深一步地去思考那些「實質、內在、抽象、開拓、創
造」性東西的緣故。即「停於表面，止於局部；只憑感
覺，不用思維」的結果。

（3）5W1DEF是我們分析問題時都必須首先弄清楚的8個基本
要素（「5W1DEF分析法」）。

（4）同一民族的祖先並不因姓氏不同而不同。

（5）劉備的「忠厚」與曹操的「奸詐」殊途同歸；劉備的「仁
義」與曹操的「殘暴」也是同出一撤。

（6）「爾虞我詐，勾心鬥角；見風使舵，唯利是圖；陽奉陰
違，兩面三刀；口是心非，老奸巨猾；嫉賢妒能，六親
不認；忠言逆耳，心狠手辣；順我者昌，逆我者亡」是
任何想成就帝王霸主的共通本質。

（7）「本象誤同」：把本質與表象等同起來的思維方式。

（8）「殘酷」不限於某種特定人種，而是「戰爭」的本性。

（9）在看待民族及國家關係問題上，我們必須把眼光向縱
（歷史變化）橫（周邊環境）兩個方向擴展開來。在此
基礎上，再把眼光聚焦到具體的民族、國家、統治集
團、統治者、個人進行考察。這樣才能使我們看清本
質，才有可能在減輕甚至消除受害方的固有成見和維護
加害方的人格自尊的前提基礎上，使不同的國家民族真

正做到「相互理解，彼此諒解，真心和解」。

（10）政治家所說的「民」是指支持擁護自己的「民」；獨裁者所說的「國」是指自己統治下的「國」；恐怖分子所說的「正義」是指符合自己思想的「正義」；霸權主義者所講的「和平」是指本國稱霸世界的「和平」；侵略主義者所講的「自衛」是將自身的權利領土範圍擴大解釋後的「自衛」；殖民統治者所講的「共榮」是以本民族統治為前提條件下的「共榮」。

（11）在分析任何問題時，我們都必須把本質、平衡、系統、技術當作不可分割的四個重要組成部分同時考慮綜合分析——這也正是BEST理論的重要特性之一。

（12）貪汙腐化現象普遍存在的主要原因在於社會管理制度而不在於個人思想品德。

（13）勸說告誡時最重要的不是要告訴「不能做」錯事，而是要幫助他辨別「什麼是」錯事。

（14）在教學上有「傳達」和「講授」這兩種根本不同的方式。現行的「教·學」方式以前者居多，即多以「機械式」「填鴨式」那樣的「低效低能」方式為主流。

（15）以「本質理解、知識關聯、直觀印象、形象推理」為基準的「EICL學習法」是「教·學」的最有效手段。

（16）無論是「飛機飛行原理」還是「浮力」與「靜水壓方向」乃至「牛頓定律」，即使是普通人，只要應用「EICL學習法」，不僅可以輕鬆理解，永久記憶，甚至要發明它也並不困難。

（17）太陽與地球不是為人而被創造，而是人因可以適應這樣的條件而誕生又因為為適應這樣的環境而進化。

（18）只要我們衝破「思維停滯」誤區，對事物原因本質追

根溯源，那麼，對於一些公式定理，我們就可以不因為覺得神秘莫測而只得依靠死記硬背；對於那些毫無根據的假說偽學便可以明辨是非而不再盲信盲從;對於無論多麼複雜深奧的問題，我們都可以「咀嚼咬碎，化整為零；從繁到簡，由大變小；從表到裡，由淺入深；取其精華，去其糟粕；步步分解，層層擊破」。從而做到「事半功倍，高效多能」，使我們的教學科研變得「生動活潑，興趣冉然，輕鬆愉快，一勞永逸」，對未知事物的推測與預想也就會更具有科學性、可靠性與準確性。

（19）無論是警句格言還是偉人名言，歸根結底只是一個思「想」、一個觀「點」（充其量觀「線」）。即並不是像BEST理論那樣，建立在一個完整「理論體系」基礎之上的，具有普遍性的觀「體」。這就決定了其思想觀點無法突破專業領域、時代環境及個人性格經歷的局限性以及個人看待問題的偏僻性，無視現實的盲目性，憑空假設的虛假性以及給後人帶來其解釋的隨意性等方面的盲點，自然也就不能成為「放之四海而皆準，用之萬代而皆通」，可以「縱穿歷史，橫跨宇宙」的普遍真理，充其量不過是一種「說法」「說教」而已。其結果自然只不過是一些「天上雲霧，地上塵埃；空中樓閣，水上浮萍；無源之水，無本之木」那樣的「空洞理論、缺陷學說、片面思想」，也就必然會造成自相矛盾、相互矛盾。而唯一能夠糾正和克服這些的便是本書所創建的具有「科學性、邏輯性、系統性、立體性、統一性、普遍性、大眾性、實用性」特點的BEST理論體系。

（20）對任何事物的認識，如果最終追究不到平衡這一本質上來，其結論都將不具有其真實性與有效性。

（21）迄今為止的傳統「哲學家」大都只不過是「教育家」「思想家」。

（22）在事物發展與時間的關係中，前者是本，後者是表；前者是因，後者是果。這就決定了僅僅依據時間這一要素對未來尤其是對像人類毀滅這樣的預測是不可能的，被這種謠言所左右也是極其愚蠢的。

（23）預測三原則：「只憑科學根據，不按想像假設」「保持理由根據與預測精度的平衡」「只預測大致範圍，不斷定精確結果」。

（24）我們有必要劃清「民族傳統文化」與「客觀真理」的界限，不能讓前者左右後者。

（25）「極端片面」有「極左」「極右」「極中」「極無」這四種表現形式。它又主要表現在「不講比率」「不講概率」「不講條件」「單向思維」這四個方面。

（26）「不講比率」主要表現在「人物評價」「矛盾處理」「詢問表達」「對人生、成功、國際糾紛、戰爭責任、新聞傳聞的認識」等各方面。尤其是在諸如「愛情與金錢」「愛情與事業」「心靈美與外表美」「名與利」「工作與休息」「現在與將來」「靠人與靠己」等認識問題上及「物質與精神」「唯物與唯心」「理論與實踐」「先天與後天」等哲學社會問題上表現得最為突出。

（27）「無」因為「有」而存在，且沒有「有」的經歷便無法到達「無」的境界。人們正是在「有」與「無」的平衡中才能感受到幸福。

（28）歸根結底，本質的視力，平衡的視線，系統的視野，技術的手段才是我們「觀察問題，理解問題，分析問題，解決問題」的最佳良方。

（29）七大「論」「斷」原則：「唯根據是論，唯理由是論，唯邏輯是論，唯事實是論」「根據充分可做推斷，根據不足只做推測，沒有根據決不妄斷」。

（30）「錯位短路」的表現方式大致可以分為「前後倒置」與「越位短路」兩種。比如、「先結論後根據」「先目的後理由」「先情感後論證」就屬於前者。誤以為「可以想的就可以說」「可以說的就可以做」「可以做的就可以隨便做」的情況就屬於後者。

（31）我們在考慮問題時，不僅要站在自身，尤其需要站在對方立場；不僅要看事物的正面，還要看其反面；不僅要看過去，還要看將來；不僅要從起點上游往終點下游看，還要習慣於從終點下游往起點上游看。

（32）「偷換概念」主要表現在「用表象偷換本質」「用手段偷換目的」「用結果偷換目的」「用原因偷換理由」以及「偷換系統」等幾個方面。尤其是「用手段偷換目的」這一思維誤區在看待「愛國」「撒謊」「欲望」等問題上以及在「子女教育」及其它「日常行為目的」上都有著較為突出的表現。

（33）所謂反義詞的本質就是一個連續體的兩個極端點。因此顏色本身不存在反義詞，只有當它用來喻示某種特定的意義之後才會具有各種場合不同條件下的相反意義。而誤認為顏色有反義詞的觀點正是陷入「偷換概念」中的「偷換系統」這一思維誤區所致。

（34）所謂「飛矢不動」及「白馬非馬」謬論的錯誤根源就

在於「偷換系統」。所謂「時光倒流」的無意義性不僅僅在於其沒有可能性，而更主要的是在於即使可能也依然毫無意義。只有從根本上認識到這一點，我們才能夠真正發揮出「吸取教訓，總結經驗，面向未來，不斷奮鬥」那樣的積極向上的精神。

（35）像「日本人殘酷」「美國人霸道」「中國人醜陋」的說法就是由於陷入「偷換系統」思維誤區而將「整體與局部」「整個人與其個別事」進行偷換的結果。

（36）不分場合不講方法的「強硬」「排斥」「對抗」「挑釁」未必總是愛國的最好手段，「和平」「反戰」「友好」「寬容」也未必就等於賣國漢奸。兩者雖有手段不同但不一定就有目的之異。許多獨裁者、戰爭狂、野心家正是巧妙地利用了民眾在這一問題上的幼稚思想與單純心理為發起侵略戰爭製造輿論創造環境。

（37）父母對於子女的嚴厲式的管制教育名義上是為子女而實際上往往不知不覺是在為「己」，且本人毫無自知。這是導致子女出現「反抗期」以及造成對父母敵視心理及至暴力行為的本質原因。

（38）喜歡「名利權色」，追求「吃喝玩樂」未必就是壞事。關鍵要看是否與自身能力及所處環境相平衡。

（39）人們往往並未真正明確其自身的行為目的究竟是什麼，大多是處於「為做什麼而做什麼」的狀態。

（40）辯論的基本宗旨：「追本求真，互補雙贏」

（41）「類比不當」現象在以往的格言俗語，歷史上的思想家及政治家言論中常常出現，它往往會成為我們理解事物本質，探求真相真理的一大障礙。

（42）「自相矛盾」主要表現在「目的與手段的矛盾」「手

段與手段的矛盾」上。人在行為上因感情用事導致方法不當而事與願違，以及在教育上因方法不當而適得其反的現象便是前者。而後者則在社會財富分配制度、司法制度、行政法規、規章制度、傳統習慣、習慣說法上有著較多的體現。尤其是由於財富分配上的自相矛盾而造成的政府官員身上的「內失衡」與「外失衡」才是貪汙腐化現象普遍發生的根本原因。

（43）效率公式：E＝O/I。即：效率＝輸出/輸入

（44）效率是決策正確與否的檢驗標準。

（45）不講求效率的直接原因就在於未能對其具體化、明確化、定性化以及最低限度的定量化。

（46）效率公式可以普遍適用於各行各業。比如，員工的雇傭效率、會議效率、出差效率、家庭效率、教育效率、指導效率、指揮效率、防危效率、人生效率等等。

（47）「不講根據」是講效率的最大障礙。這既是以往諸多哲學家發表言論時的通病，也是權力者發號施令時的慣用手法，更是人們在進行教育，發表意見，討論辯論時往往存在的根本問題。所謂講根據就是指「因果關係的連環化」，且其根據必須來自於規範規定、文獻報告、調查資料、合理嚴密的推論或者嚴格精確的演算。即使是所謂的「經驗之談」也不能忽視其可能潛藏著的「可比性」與「主觀性」這兩個問題。

（48）只有從「教育效率」的角度出發，引進「教育有用係數」與「教育有效係數」這兩個概念，才能使現行教育制度得到根本性的改善。

（49）看上去是「舍小取大」，實際上是「舍大取小」的行為在我們的日常生活中經常發生。

（50）講究效率不可忽視非金錢性及間接性、隱蔽性成本。

（51）在製造業盛行的所謂「價值工程」（VE）正是本質論、系統論思想與效率概念在產品開發上的應用。

（52）講求效率有必要首先確定參照系統。

（53）對於各種不合理現象，不應該只是從人的思想道德上找原因，而是首先要從本質、平衡、系統上找根源。這樣才能使我們的「認識具有客觀性、思維具有系統性、觀點具有說服力、行動具有推動力」。

（54）我們不需要考慮是否「應該」患得患失，而是需要學會「如何」患得患失。但絕不可過度而陷入「斤斤計較」的泥坑。

（55）本書所講的效率概念與通常所講的效率在深度與廣度上有根本不同。

（56）「名稱誤導」是日常生活中常見的一種思維誤區。一些非本質性命名不僅妨礙我們學習上的進步及創造力的發展，尤其是會妨礙人與人之間的意思溝通。

（57）為避免陷入「無窮循環」與「最差選擇」這樣的「決策陷阱」，就需要我們具有客觀正確的平衡觀和具備正確把握事物失衡度的能力，而這也只有通過對BEST理論的學習和掌握才能實現。

附　　錄

附錄I：「邏輯論證法」一覽表

「邏輯論證法」一覽表

NO	論證法		定　義
1	演繹法		用演繹推理形式進行論證，即從已知的一般性原理推出個別性論斷正確的論證方法。
2	因果法		按事物的因果關係依次追究下去直至找到正確答案為止的論證方法。
3	引證法		通過引用公式，公理，公法，公論等約定俗成的東西並以此為依據來證明論點的論證方法。
4	反證法		先提出與定理中的結論相反的假定，然後按這個假定推導出與已知條件相矛盾的結果，以此通過否定假設而反證出原定理正確的論證方法。
5	矛盾法		通過指出其理論具有自相矛盾或與其它既定正確觀點相矛盾的特性而證明其謬誤性的論證方法。
6	替代法		通過把某個命題中的事物用本質相同的其他事物加以替代後看其結論是否仍然相同來論證其正確與否的論證方法。
7	類比法		是指由一類事物所具有的某種屬性，可以推測與其類似的事物也應具有這種屬性的推理方法。
8	假設法		首先提出與論點不同的各種假設，然後通過證明按這些假設所推導出的結果的真偽性來證明其論點正確與否的論證方法。
9	凸顯法	對比凸顯法	把兩種事物加以對照比較後，推導出它們之間的差異點，使結論映襯而出的論證方法。對比可以是兩個對象之間的橫向比較，也可以是同一對象自身前後不同階段之間的縱向比較。
		延伸凸顯法	通過延伸事物範圍或者擴大事物規模使其本質能夠得到更突出的體現來論證其觀點的論證方法。

附錄II：本書要點「金字塔式歸納總結」圖

一個目的： 人類幸福

二種手段： 公平．合理

三個模型圖： 系統平衡結構型圖．BEST 理論模型圖．自我模型圖

四大應用論： 人性論．幸福論．情感論．思維誤區論

五大基礎理論： 本質論．平衡論．系統論．技術論．BEST 理論

六大特性： 科學性．系統性．統一性．普遍性．實用性．大眾性

七大論點： 因果論．世界有序可知論．真理真相唯一論．宇宙自生有限論．人本為「我」論．完全系統論．哲學論

八種分析法： 本質求解法．系統思維法．5W1DEF 分析法．加權評價法．情感系分析法．EICL 學習法．幸福設計算法．效率計算法

九種邏輯論證法： 演繹法．因果法．引證法．反證法．矛盾法．替代法．類比法．假設法．凸顯法

十種思維誤區： 思維停滯．盲信盲從．極端片面．錯立短路．偷換概念．類比不當．自相矛盾．不講效率．名兩誤導．決策陷阱

附錄III：本書文句精選

精選文句	論點
學習效率低，工作成效差，遇事無主見，努力無結果	不講求本質的弊端
真心理解，確實做到，長久實行。	本質性認識的作用
決定著所有事物的存在與變化， 支配著所有生物的動機與欲望。	本質的特點
誕生于平衡，存在于平衡，變化于平衡，消亡于平衡。	萬事萬物的本質
流於形式，行於表面；起于一時，終於一刻。	非本質性認識的弊端
離開平衡無以談系統，離開系統無以說平衡。	系統與平衡的關係
透視本質(E)的視力，衡量平衡(B)的視線， 俯瞰系統(S)的視野，運用技術(T)的手段。	BEST理論四大要素
萬物共有，普遍存在；無時不有，無處不在； 大小不同，強弱不等；形式多樣，變化多端。	四維要素的共同特點
緊密相連，相互依存；共同作用，缺一不可。	四維要素相互關係
以本質為深度，以平衡為尺度， 以系統為廣度，以技術為力度。	解決問題的根本方法
認識具有客觀性，思維具有全面性， 觀點具有說服力，行動具有推動力。	BEST理論的有效性
自然哲理，客觀真理，普遍規律，統一法則。	BEST理論的科學性
平衡是相對的，不平衡是絕對的； 絕對的平衡都是相對的，而相對的平衡才是絕對的。	平衡的相對與絕對
不求絕對平均平等，但求相對平穩平衡。	平衡與平等
同樣是人，但人皆不同。	人的平等
極樂無有，天堂不在。	極樂與天堂
有因必有果，有果必有因； 無因必無果，無果必無因； 同因雖必同果，同果未必同因。	因果律
人本為「我」，天經地義。	人性論第一定律
互利互惠，理所當然。	人性論第二定律

體現在個人自我上便是「目的為我，手段為人」； 體現在人際關係上便是「互為手段，各有目的」； 體現在社會整體上便是「人人為我，我為人人」。	人性論第二定律應用
以「平衡理論」為基本思想， 以「人本為我」為基本前提， 以「互利互惠」為基本目標。	人際關係的基本原則
不分「背景場合狀況能力」的「博愛」是虛偽無用的； 不分「主次大小輕重緩急」的「奉公」是空洞無力的。	博愛與奉公
浪費，誤解，欺騙，矛盾，犯罪，爭鬥，衝突，戰爭。	雙損之後果
真理只有一種，真相只有一個。	真理真相唯一論
世界有序，宇宙可知。	世界有序可知論
宇宙自生，世界有限。	宇宙自生有限論
只存在精神享受，不存在物質享受。	精神享受論
少走彎路，少費周折，有的放矢，有行必果。	人生效率
不求愛與情的分別對等，但求愛與情的總體平衡。	男女愛情平衡
愛為自然產生，情為主觀所為； 愛可單向獨立，情需雙向互動； 可以要求情的同等，不可強求愛的均一。	愛與情的區別
唯根據是論，唯理由是論，唯邏輯是論，唯事實是論。 根據充分可做推斷， 根據不足只做推測， 沒有根據不可妄斷。	論斷七原則
僅為主觀願望，決非客觀規律。	因果報應之說
相同的受容體，不同的失衡度。	反義詞之本質
牽強附會，似是而非，根據不足，論據無力。	只為利不求真的特徵
模糊認識，攪渾思想，淹沒真相，埋沒真理。	只為利不求真的弊端
觀點不一，認識不同，矛盾不斷，爭鬥不滅。	只為利不求真的後果
停于表面，止於局部；只憑感覺，不據思維。	思維停滯的特徵

習慣順從表面，外在，直觀，感情，傳統，常識性的東西； 懶於思考實質，內在，抽象，理性，開拓，創造性的事物。	思維停滯的後果
劉備的「忠」與曹操的「奸」既是同出一撤； 劉備的「仁」與曹操的「惡」也乃殊途同歸。	曹操與劉備的 忠奸仁惡
追本求真，互補雙贏。	辯論的基本宗旨
不是地球為了讓人生存而誕生， 而是人類為了適應地球而進化。	人與地球
知道是什麼才會有智力， 知道為什麼才會有動機， 知道怎麼做才會有能力。	教育三要點
一是按書本教材照本宣科， 二是對公式定理強灌硬塞， 三是對解題做答生搬硬套。	填鴨式教學特徵
從繁到簡，由大變小；從表到裡，由淺入深； 取其精華，去其糟粕；步步分解，層層擊破。	教、學之本
本質理解，知識關聯，自然聯想，形象推理。	EICL學習法要點
生動活潑，興趣盎然，輕鬆愉快，一勞永逸。	EICL學習法效用
歷來如此，大家一樣，天經地義，理所應當。	教育不講根據常用語
勾心鬥角，爾虞我詐；見風使舵，唯利是圖； 陽奉陰違，兩面三刀；老奸巨猾，心狠手辣； 嫉賢妒能，六親不認；順我者昌，逆我者亡。	帝王霸者的本性
專業立場的局限性，時代環境的受迫性， 性格經歷的特殊性，看待問題的偏頗性。	傳統哲學家的缺陷
空洞理論，缺陷學說，片面思想，矛盾觀點。 天上雲霧，地上塵埃； 空中樓閣，水上浮萍； 無源之水，無本之木。	傳統哲學的特點
公說公有理，婆說婆有理； 仁者見仁，智者見智； 各執己見，永無共識。	傳統哲學的矛盾性

點統一於線，線統一於面，面統一於體。	傳統哲學與四維哲學
目標不清，表裡不明， 主次不辯，輕重不分， 雜亂無章，混淆無序。	非系統性思維的弊端
先結論後根據，先目的後理由，先情感後論證。	前後倒置性思維特點
機械性地遵守著各種各樣的規則， 習慣性地履行著自己應盡的職責， 被動性地執行著上司無盡的指示， 按部就班地做著自己份內的工作， 隨大流地做著與大家同樣的事情。	思維停滯， 盲信盲從， 不講效率的表現

通往幸福之路

附錄Ⅳ：「新造詞語」一覽表

No	新造詞語	參照頁數
1	情感的複合性	p.186
2	性屬性，性素	p.69
3	性失衡度，性別度，男性度，女性度	p.71
4	愛素，情素，厭素，恨素，情感素，情感素分析法	p.194
5	真情度	p.202
6	感情平衡線	p.208
7	感情黑字，感情赤字	p.208
8	感情效率	p.355
9	嵌合式，粘結式（男女交往方式）	p.210
10	人性論第一定律，人性論第二定律	p.139，p.144
11	自我幾何模型圖，自我軸心，非我	p.149～p.150
12	雙利，雙損	p.158
13	基本生存欲，基本幸福要素	p.173
14	高級享受欲，高級幸福要素	p.174
15	自我相對性，他人相對性，時間消磨性	p.174～p.175
16	基本生存目標值，基本生存評價值，基本生存欲滿足度	p.176
17	高級享受目標值，高級享受評價值，高級享受欲滿足度	p.176
18	自我相對性係數，他人相對性係數，時間消磨性係數	p.176
19	個人生產效率	p.350
20	人生效率	p.176
21	人生濃度係數	p.357
22	教育三要點	p.37
23	教育兩方式	p.240
24	EICL學習法（艾克爾學習法）	p.243
25	教育有用係數，教育有效係數	p.349～p.350
26	系統思維法	p.110
27	5W1DEF分析法	p.217
28	替代法，凸顯法	p.382
29	金字塔式歸納總結法	p.383
30	單向思維	p.300
31	極中，極無	p.280

附錄V：「新定義詞語」一覽表

No	新定義詞語	參照頁數
1	愛，情，愛情	p.187～p.188
2	愛情度	p.196
3	實情	p.203
4	感情傷害	p.210
5	幸福度，人生效率	p.176
6	物質享受，精神享受	p.167
7	人生自我價值，人生社會價值	p.176～p.177
8	人本為我	p.139
9	自我，自私，無私	p.153
10	虛偽	p.341
11	因果律	p.98
12	加權評價法	p.111
13	反義詞	p.139
14	偷換概念	p.306
15	效率	p.343
16	經驗效率係數	p.348
17	會議效率	p.351
18	指導效率，指揮效率	p.354
19	哲學	p.68
20	傳統哲學	p.44
21	科學哲學	p.29
22	本質（E）	p.32
23	平衡（B），失衡，失衡度	p.9
24	求衡	p.46
25	絕對平衡	p.49
26	相對平衡，動態平衡	p.54
27	平衡分析	p.110
28	系統（S）	p.19
29	良性循環，惡性循環	p.83
30	技術（T）	p.26
31	硬體技術，軟體技術	p.122，p.123

國家圖書館出版品預行編目資料

BEST理論——通往幸福之路 / 鍾廣喜
　--初版-- 臺北市：博客思出版事業網：2017.01
　ISBN：978-986-93351-6-4（平裝）

1.人生哲學

191.9　　　　　　　　　　　　　　　　105018650

現代哲學系列 2

BEST理論——通往幸福之路

作　　　者：鍾廣喜
繪　　　者：安藤かえ
編　　　輯：塗宇樵
美　　　編：塗宇樵
封面設計：塗宇樵
出 版 者：博客思出版事業網
發　　　行：博客思出版事業網
地　　　址：台北市中正區重慶南路1段121號8樓之14
電　　　話：(02)2331-1675或(02)2331-1691
傳　　　真：(02)2382-6225
E—MAIL：books5w@gmail.com或books5w@yahoo.com.tw
網路書店：http://bookstv.com.tw/、http://store.pchome.com.tw/yesbooks/
　　　　　http://www.5w.com.tw、華文網路書店、三民書局
　　　　　博客來網路書店 http：//www.books.com.tw
總 經 銷：成信文化事業股份有限公司
電　　　話：02-2219-2080　　傳　真：02-2219-2180
劃撥戶名：蘭臺出版社 帳號：18995335
香港代理：香港聯合零售有限公司
地　　　址：香港新界大蒲汀麗路36號中華商務印刷大樓
　　　　　C&C Building, 36,Ting, Lai, Road, Tai,Po, New,Territories
電　　　話：(852)2150-2100　　傳　真：(852)2356-0735
總 經 銷：廈門外圖集團有限公司
地　　　址：廈門市湖裡區悅華路8號4樓
電　　　話：86-592-2230177　　傳　真：86-592-5365089
出版日期：2017年01月 初版
定　　　價：新臺幣380元整（平裝）
ISBN：978-986-93351-6-4